Tilman Birr
On se left you see se Siegessäule
Erlebnisse eines Stadtbilderklärers

Tilman Birr

On se left you see se Siegessäule

Erlebnisse eines
Stadtbilderklärers

MANHATTAN

Vorbemerkung
Dieses Buch erhebt keinen Faktizitätsanspruch. Es behandelt trotz gelegentlicher Nennung vermeintlich realer Namen typisierte Personen, die es so oder so ähnlich gibt oder geben könnte. Diese Urbilder wurden durch künstlerische Gestaltung des Stoffs und dessen Ein- und Unterordnung in den Gesamtorganismus dieses Kunstwerks gegenüber den im Text beschriebenen Abbildern so stark verselbständigt, dass das Individuelle, Persönlich-Intime zugunsten des Allgemeinen, Zeichenhaften der Figuren objektiviert ist. Für alle Leser erkennbar erschöpft sich der Text nicht in einer reportagehaften Schilderung von realen Personen und Ereignissen, sondern besitzt eine zweite Ebene hinter der realistischen Ebene. Es findet ein Spiel des Autors mit der Verschränkung von Wahrheit und Fiktion statt, das bewusst Grenzen verschwimmen lässt.

Verlagsgruppe Random House FSC-DEU-0100
Das für dieses Buch verwendete FSC®-zertifizierte Papier
EOS liefert Salzer Papier, St. Pölten, Austria.

Manhattan Bücher erscheinen im
Wilhelm Goldmann Verlag, München,
einem Unternehmen der Verlagsgruppe Random House GmbH

1. Auflage
Erstveröffentlichung März 2012
Copyright © 2012 by Tilman Birr
Copyright © dieser Ausgabe 2012
by Wilhelm Goldmann Verlag, München,
in der Verlagsgruppe Random House GmbH
Die Nutzung des Labels Manhattan erfolgt
mit freundlicher Genehmigung
des Hans-im-Glück-Verlags, München
Satz: Uhl + Massopust, Aalen
Druck und Bindung: Friedrich Pustet KG, Regensburg
Printed in Germany
ISBN 978-3-442-54702-9

www.manhattan-verlag.de

Inhalt

Einen Job suchen 7

Wer Arbeit will ... 12

Wo war ich jetzt? 18

Se Berliners call it liebevoll ... 24

Chronik meiner Nebenjobs 31

Anna 38

Klaus 46

Das kennen Sie nicht mehr 52

Rätsel der Menschheit 60

Die größte Party des Jahres 66

Martin 73

Hoadabazl 80

I wanna taste you, but your lips are venomous Preußen 85

Kunststückchen 93

Klaus II 100

Und? Was machst du so? 105

Privatspa 116

Cerveza 121

Zuhälter auf Urlaub 129

Dein Führer 135

Dis kammer nich so verallgemeinern 145

Keen Service 152

Irgendwas ist ja immer 158

Die Zukunft 163

Feierabendschnaps 171

Warum ich nicht mehr Französisch spreche 174

John Maynard 182

Klaus III 189

Einen Job verlieren 193

The Dining Dead 197

Hitler has only got one ball 204

If you like to gamble, I tell you I'm your man 209

Der Tag danach 228

Wir kämpfen dagegen an 239

Can you help me occupy my brain? 255

Wo man hier so hingeht 267

Klaus IV 275

Und wenn du noch was wissen willst,
dann fragst du einfach 279

Man muss ja helfen, wo man kann 283

Klaus V 288

Vielen Dank für Ihre Aufmerksamkeit 292

Einen Mitarbeiter suchen 297

Einen Job suchen

T*uut.*
»Hallo?«
»Ja, hallo, bin ich da bei Matthias?«
»Na, wen haste denn angerufen?«
»Hallo, hier ist Tilman. Ich hab –«
»Wer ist da?«
»Tilman. Ich hab deine Nummer vom –«
»Kenn keenen Tilman.«
Klick.

Tuut.
»Hallo?«
»Ja, Tilman nochmal. Wir sind wohl eben gerade unterbrochen worden.«
»Nee, simmer nich. Ich hab aufgelegt.«
»Passts dir grade nich, oder …?«
»Ich mach bei keiner Umfrage mit, und ich will auch nüscht gewinnen.«
»Jetzt warte doch mal ab! Es geht um deine Arbeit auf dem Schiff.«
»Bin ich gefeuert?«
»Nein! Ich hab deine Nummer vom Thomas. Der Thomas hat mir erzählt, dass du als Ansager auf sonem Spreedampfer arbeitest, und ich –«
»Das heißt nicht Ansager, das heißt Stadtbilderklärer.«

»Is ja egal. Auf jeden Fall hat der Thomas –«
»Nee, ist nicht egal. Ein Ansager sagt was an. Der quatscht nur runter. Ich erkläre. Mann, ich studiere doch nicht umsonst!«
»Der Thomas hat erzählt, die würden für diesen Job noch Leute suchen.«
»Ja, na und?«
»Ich wollte dich mal fragen, ob du da eine Telefonnummer hast oder ob du mir was über den Job erzählen kannst.«
»Das isn Job, gibt Geld. Ich erkläre, die zahlen.«
»Und was machst du da?«
»Was hab ich denn gerade gesagt?«
»Also du sagst quasi: Links sehen Sie das und das, das wurde dann und dann gebaut. Rechts sehen Sie das und das, das wird gerade renoviert.«
»Ich sehe, du hast auch studiert, wa?«
»Und wo fährt der Dampfer lang?«
»Das ist kein Dampfer. Wir fahren mit Benzin.«
»Bitte?«
»Wat heißt denn Dampfer? Glaubst du, wir fahren da mit sonem Schaufelraddampfer rum wie bei Tom Sawyer oder was? Tuut, tuut, Alta? Nächster Halt: Onkel Toms Hütte, Alta? Und unter Deck stehen die Neger und schippen Kohle in den Ofen?«
»Heißt das nicht so?«
»Nee, heißt dit nich.«
»Aber kann man doch auch sagen, oder? Dampfer? Oder Ansager.«
»Ick brauch mir von dir nich meine Arbeit erklärn lassen.«
Klick.

Tuut.
»Wat is?«
»Also gut, du bist – dings – Stadterklärer.«
»Bild!«
»Stadterklärerbild?«
»Stadtbilderklärer.«
»Gut. Du bist Stadtbilderklärer und arbeitest nicht auf dem Dampfer, sondern auf dem Boot.«
»Ein Boot is was zum Rudern. Ich arbeite aufm Schiff.«
»Na, dann halt Schiff. Und wo fährt das Schiff lang?«
»Na, auf der Landstraße wird dit Ding kaum fahren, wa?«
»Mooaaah!«
»Na komme, nu rege dich ma nich auf, Schnuckileinschen. Ich fahre immer die kurze Tour: vom Palast der Republik zu Berge bis zur Mühlendammschleuse, denn umdrehen und zu Tal bis zum Tiergarten kurz vor der Martin-Luther-Brücke. Kurzer Stopp an der Schwangeren Auster und wieder zurück bis Palast.«
»Und da muss man dann die ganze Zeit reden?«
»So siehts aus. Du kriegst am Anfang son Skript, aber das ist voller Fehler. Ich musste das erst mal durcharbeiten und korrigieren. Und dann musst du ja jede Ansage auch noch auf Englisch wiederholen.«
»Das kann ich ja.«
»Supi. Klasse. Toll. Er kann Englisch!«
»Hast du denn eine Telefonnummer, wo ich mich mal bewerben kann?«
»Ja, hab ich auch.«
»Super.«
»…«
»Kann ich die Nummer auch haben?«

»Na ja, ich mach mal ne ganz große Ausnahme, Kollege. Wart mal grade.«

Raschel, raschel.

»Hier: Hammer und Zirkel Reederei. 030 2809▮▮«

»Danke.«

»Macht dann zehn Öre Vermittlungsgebühr.«

»...«

»Kleener Spaß, Alta. Und du willst da jetzt anfangen?«

»Naja, mal schauen. Klingt ja eigentlich nach ner ganz netten Arbeit.«

»Ganz nette Arbeit, jaja. Pass mal auf, ich erzähl dir was, Kollege. Wenn du sechs Touren hintereinander gemacht hast, immer nur mit einer halben Stunde Pause dazwischen, die du nich mal bezahlt kriegst, dann klingst du am nächsten Tag wie Konrad Kujau. Du quatschst dir da n Wolf und hast dit allet historisch super recherchiert und so, und nach der Tour kommen die Amis zu dir und wollen wissen, was Hitler heute so macht und ob der noch im Parlament sitzt. Den Australiern musst du erklären, dass Westberlin eingemauert war. Die glauben doch, dass Deutschland in der Mitte mipm Lineal geteilt war, und Berlin lag halt zufällig auf der Grenzlinie. Dann kommen irngdwelche Glatzen aus Brandenburg und wollen von dir wissen, wo der Führerbunker gewesen is. Na, da hör ich doch schon den Schäferhund bellen, Alta. Und die Bootsführer kieken dich mipm Arsch nich an, weil –«

»Aber die suchen noch Leute?«

»Ja, ick glaube schon.«

»Dann werd ich da mal anrufen.«

»Ick warne dir. Das ist kein Job für Freunde des Mittagsschlafs. Du bist die ganze Zeit unter Strom. Das ist nicht einfach ein bisschen Blabla, das ist ein Knochenjob. Dann kommen da Rentner, die glauben, sie wissen alles besser,

weil sie Hitler und Ulbricht persönlich gekannt haben. Und denn wollen die dir was erzählen von –«
»Jaja.«
Klick.

Wer Arbeit will ...

Ich wählte. Es tutete. Eine Frau meldete sich.
»Ja?«
Ja wer?
»Hallo, ist da die Hammer und Zirkel Reederei?«
»Junger Mann, wir heißen Kreuz und Krone.«
»Oh, Entschuldigung... äh... Guten Tach, ich habe gehört, dass Sie noch Stadtbilderklärer suchen, und wollte mich gern bewerben.«
»Moment mal«, sagte die Frau, nahm anscheinend den Hörer vom Ohr und rief ins Büro hinein: »Hans, hier is einer, der sagt, er will hier arbeiten.«
Aus dem Hintergrund hörte ich eine Männerstimme: »Kenn ick nich. Leg auf!«
Trotzdem kam der Mann ans Telefon und machte mit mir einen Termin aus.
Ich habe ein Vorstellungsgespräch, dachte ich, jetzt kann ich mitreden. Nach besoffen sein, Führerschein machen und Sex haben war dies die letzte Erfahrung, die mir zum Erwachsensein noch gefehlt hatte. Meine Kenntnisse über Bewerbungsgespräche beschränkten sich auf Informationen aus zweiter Hand. Die Zeitschrift »Junge Karriere«, die ich als Bonus mit meinem Studentenabonnement einer Berliner Tageszeitung bekam, goss dieses Thema jeden Monat neu auf: »Die zehn größten Fehler im Bewerbungsgespräch«, »So mache ich einen guten Eindruck im Bewer-

bungsgespräch«, »Keine Angst vorm Jobinterview«, »Wie man im Bewerbungsgespräch punktet – Personalchefs packen aus«. Eine Art Dr. Sommer für Berufsanfänger. Vielleicht hätte ich das genauso interessiert lesen sollen, wie ich als Vierzehnjähriger Dr. Sommer gelesen hatte.

Manchmal erzählten mir auch Freunde oder flüchtige Unibekanntschaften von ihren Bewerbungsgesprächen, in denen häufig dieselben Fragen gestellt wurden, die man schlau beantworten musste.

»Was sind denn Ihre Schwächen?«

Hier muss man eine Schwäche nennen, die eigentlich eine Stärke ist:

»Ich bin total penibel. Ich will immer alles ganz genau und gründlich erledigen. Hihihi.«

»Wo sehen Sie sich in fünf Jahren?«

Hier soll man Aufstiegswillen und Ehrgeiz zeigen:

»Auf Ihrem Stuhl.«

»Was würden Sie beim nächsten Bewerbungsgespräch anders machen?«

Hier muss man Selbstvertrauen beweisen, ruhig auch mit Humor:

»Ich würde zwei gleichfarbige Socken anziehen.«

Anscheinend gab es in Bewerbungsgesprächen eine Art Liturgie: Der Rebbe singt etwas vor, und der Khossed muss die richtige Antwort zurücksingen. Dies sei die Grundvoraussetzung für die Einstellung, zusammen mit einem abgeschlossenen Studium, mehreren Auslandssemestern, einem Stapel Praktikumszeugnisse, Kinderlosigkeit, der Beteuerung, kein Privatleben zu haben sowie Alkohol und Feste zu verabscheuen, und der Bereitschaft, auf Abruf den Chef nachts aus dem Puff abzuholen und nach Hause zu fahren.

Ein paar Tage später fuhr ich in einen Berliner Außenbezirk, in dem die Reederei ihr Büro hatte. Ein Mann in den Fünfzigern empfing mich, stellte sich mir als Herr Dietrich vor und führte mich in sein Büro.

»So, junger Mann, dann wollen wir mal sehen«, sagte er und blätterte durch meine Unterlagen. »Aha, Historiker ist er. Aha, DDR-Geschichte hat er studiert. Englisch, Italienisch und Latein spricht er. Gut. Ach was, er hatte in der Schule Leistungskurs Französisch?«

Wie sagt man in einem Bewerbungsgespräch, dass man diese Sprache nie verstanden und sofort nach dem Abitur wieder vergessen hat?

»Ja«, sagte ich. »Da hat er ausbaufähige Grundkenntnisse.«

»Er soll auch gar nicht Französisch sprechen. Sobald man den französischen Gästen auch nur ›Bonjour‹ sagt, glauben die, man spricht perfekt Französisch, und wenn man dann doch nichts auf Französisch erklärt, sind die sauer. Aber sein Englisch ist ja hervorragend, wie ich sehe. Studium der Anglistik im Nebenfach, dann dürfte er da ja überhaupt keine Schwächen haben.«

»Äh... meine Schwächen sind: Ich bin total penibel. Ich will immer alles ganz genau und gründlich erledigen.«

»Ja, das ist ja schön. Aber passen Sie auf, dass Sie es damit nicht übertreiben. Wir hatten hier mal einen Kollegen, der hat sich so in seinen Job hineinversetzt, dass er dann auch privat alles auf Englisch wiederholt hat.«

»Was hat er?«

»Schatz, ich bin zu Hause! Darling, I'm home!«

»Äh...?«

»Kleiner Spaß.«

»Ach so.«

Er erklärte mir zunächst die Wochenplanung und die Routen. Ich sollte wie Matthias die einstündige Tour fahren, »durch die historische Mitte und das Regierungsviertel«. Das passte mir ganz gut, denn nach sechsmal einer Stunde bekommt man sicher mehr Trinkgeld als nach zweimal drei Stunden. Trinkgeld nehmen sei grundsätzlich erlaubt. Man solle aber nicht mit einem selbstgemalten Schild, auf dem groß »TRINKGELD HIER EINWERFEN!« steht, am Ausgang stehen. Die Kapitäne hätten hier das Hausrecht, und manche würden darauf bestehen, dass der Stadtbilderklärer nicht auf dem Schiff, sondern nur am Ufer Trinkgeld entgegennimmt.

»Sonst gibt es mit den Kapitänen aber keine Probleme. Der Schiffsführer auf dem Schiff, mit dem Sie fahren werden, hat erst ein einziges Schiff verloren. Hat auf dem Müggelsee einen Eisberg gerammt. Das war letzte Woche.«

»Ach?«

»Kleiner Scherz. Haha.«

»Ach so, hähähä!«

Es gebe drei Sachen, die mit äußerster Vorsicht zu behandeln seien. Das sei zunächst Politik. Der Stadtbilderklärer solle sich weder positiv noch negativ zu Politikern, Parteien oder dem politischen Geschehen äußern und erst recht keine Politkabarettwitzchen aus dem Scheibenwischer klauen. Das Zweite sei Religion. Das Dritte sei Sport, insbesondere Fußball.

»Wo kommt er doch gleich her?«, fragte er.

»Frankfurt am Main.«

»Hui! Ist er Eintracht-Fan?«

»Na ja, es geht so.«

»Das sagen Sie auf dem Schiff besser nicht. Wir hatten hier mal einen eingefleischten Union-Fan als Stadtbilderklärer, der wäre fast mal von einem Dresdner über Bord geschmissen worden. Das passiert öfter, gerade mit Dresdnern. Wenn Sie jemanden haben, der sächsisch spricht, sagen Sie am besten, Sie wären Eskimo oder Massai oder so was.«

»Alles klar, ich bin Massai.«

»Kleiner Scherz. Und ganz wichtig, ich kann es nicht oft genug sagen: Seien Sie nicht krampfhaft witzig. Leute, die versuchen, auf Teufel komm raus lustig zu sein, werden ganz schnell peinlich.«

»Natürlich, da haben Sie recht.«

»Jetzt ist es Ende Mai, da haben Sie ja noch fast die ganze Saison vor sich. Wir machen in der ersten Novemberhälfte Schluss, je nach Wetterlage. Danach ist Winterpause, meistens bis Ostern. Wissen Sie denn schon, was Sie im Winter machen wollen?«

»Ich würde zwei gleichfarbige Socken anziehen«, sagte ich.

»Ja ... gut«, sagte Herr Dietrich. »Das macht man ja gerne mal im Winter.«

Ich bekam ein Skript, eine Broschüre mit allen Touren und Fahrplänen sowie Herrn Dietrichs Visitenkarte. Ich könne auch probeweise mal bei anderen Erklärern mitfahren, um mir anzusehen, wie die das machen. Wenn ich mich bereit fühlte, in ein bis zwei Wochen, würde ich die erste Tour in seiner Anwesenheit machen, danach könnte ich offiziell anfangen.

»Das ist gut, dass Sie kommen«, sagte Herr Dietrich zum Abschied. »Wir sind im Moment ziemlich knapp mit den Erklärern. Jemanden wie Sie können wir gut gebrauchen.«

Als ich wieder in der S-Bahn saß, wunderte ich mich über seine Direktheit: Das klang doch alles so, als würde er mich nehmen. Donnerwetter! Anscheinend hatte ich wirklich ein exzellentes Bewerbungsgespräch hingelegt. Meine Bekannten aus der Uni müssen recht gehabt haben: Man muss einfach nur die Antworten auswendig lernen und hat den Job so gut wie in der Tasche. Wer Arbeit will, der kriegt auch Arbeit.

Wo war ich jetzt?

Das Skript bestand aus zwanzig Seiten Fließtext. Seit meiner Führerscheinprüfung hatte ich nichts mehr auswendig lernen müssen. Außerdem hatte sich meine Konzentrationsfähigkeit seit der Einführung von Youtube, Wikipedia und StudiVZ auf den Stand eines Fünfzehnjährigen zurückentwickelt.

Es begann mit einer allgemeinen Einführung. Erste Erwähnung Cöllns 1237, Berlins 1244. Vereinigung zur Doppelstadt, Aufstieg unter den Hohenzollern.

»Die Stadt Berlin bestand im 19. Jahrhundert praktisch nur aus dem Bezirk Mitte. Erst die Reichsgründung von 1871 gab Berlin einen städtebaulichen Impuls, der sich auch an den Straßennamen ablesen lässt. Die preußische Annexion Elsass-Lothringens nach dem Krieg von 1870/71 reflektiert sich in der Namensgebung der Straßen im südlichen Prenzlauer Berg: Colmarer Straße, Straßburger Straße, Metzer Straße, Hagenauer Straße und so weiter. Deshalb nennt man dieses Viertel Elsässer Viertel.«

Elsässer Viertel, nie gehört. Es sagt ja auch niemand »Weniger-bekannte-Flüsse-Viertel« zu der Gegend in Friedrichshain, in der Weichsel-, Kinzig-, Fulda- und Finowstraße liegen. Im holländischen Zoetermeer gibt es ein Apfelviertel. Golden Delicioushof, Cox Orangehof, Jonagoldhof. Wer denkt sich so was aus? In Hamburg gibt es eine Käfersiedlung, und es würde mich nicht überraschen, wenn es irgendwo ein Hundeviertel gäbe. Terriersteig, Collieweg, Golden-Retriever-Straße. Nur eine Schäferhundstraße gibt es dort wahrscheinlich nicht, weil das zu sehr nach Nazi riecht. Klingt aber schon geil: Ich wohne in der Schäferhundstraße, Ecke Kruppstahlallee. Blutstraße, Ecke Bodenstraße. Da könnte man ein ganzes Naziviertel bauen. Blondschopfstraße, Ecke Blauaugenweg. Endsiegallee, Ecke Tausendjähriges-Reich-Straße. Wir-haben-dem-Führer-ewige-Treue-geschworen-Boulevard, Ecke Anschlussstraße. Dann muss es da aber auch irgendwo eine Guido-Knopp-Straße geben. Vielleicht als Ringstraße um das ganze Viertel herum.

Apropos Ringstraße: Wenn ich irgendwann in die Position kommen sollte, eigenmächtig die Benennung von Straßen bestimmen zu können, dann würde ich mir eine Ringstraße suchen und sie abschnittsweise nach Mitgliedern der Familie Herder benennen: nach dem Botaniker Ferdinand Gottfried von Herder, dem Geologen Sigismund August Wolfgang von Herder, dem Verleger Bartholomä Herder und natürlich dem Dichter Johann Gottfried Herder. Über die Grenzen der Region hinaus würde diese Straßenfolge als »Herderringe« bekannt werden, und meine Stadt würde zur Pilgerstätte für tausende spätpubertierende Rollenspieler in Lendenschurz und mit Trinkhorn am Gürtel. Kneipen mit pseudokeltischen Schriftarten auf grünen Schildern würden sich dort ansiedeln, die Met ausschenken und in denen man sich mit »Wohlan« begrüßt. Hobbits würden dort Stramme Mäxe vertilgen, Zwerge mit den Ausweisen ihrer großen Brüder Bier kaufen, und kahlrasierte Orks aus Hoyerswerda (Heizungsbauer, abgebrochen) würden sich betrinken und Ärger machen, während die zartfühlenden Elben (Soziale Arbeit an der Fachhochschule) langohrig daneben stünden und melancholisch den

Kopf schüttelten wie ein Indianer, der mit ansehen muss, wie auf den Gräbern seiner Ahnen ein Einkaufszentrum gebaut wird.

Wo war ich jetzt? Ach ja, Stadtplanung und 1871. Also weiter im Text. 1920 Erweiterung Berlins auf heutige Grenzen. Krieg, Mauerbau, Mauerfall. Folgt kleine Brückenkunde: Monbijoubrücke ist nagelneu, nach altem Vorbild rekonstruiert. Weidendammer Brücke mit Reichsadler im Geländer (sehr niedrig, bitte sitzen bleiben!). Marschallbrücke war Grenzübergang für den Wasserweg. Moltkebrücke nach Moltke benannt. Was? »Helmuth von Moltke war ein hoher preußischer Militär des 19. Jahrhunderts. Er sollte mit dieser Benennung geehrt werden.«

Ach was. Unglaublich. Das Skript verkaufte die größten Banalitäten als Erkenntnis, verpasste es aber zu sagen, wer Moltke genau war. Mir ist außerdem kein Fall bekannt, in dem jemand mit einer Straßenbenennung geschmäht werden sollte. Ausnahmen sind möglich. Als Willy Brandt 1992 starb, haben sich einige bayerische Dorfbürgermeister einen Spaß daraus gemacht, ihre hässlichsten Straßen, die ursprünglich »Hinterm Klärwerk« oder »An der Jauchegrube« hießen, nach Willy Brandt zu benennen. Ein oberbayerischer Hardliner, der Willy Brandt immer noch für einen Vaterlandsverräter und Ostpreußenverkäufer hielt, hatte es sich sogar erlaubt, eine mittelalterliche Hinrichtungsstätte mit dem Namen Willy Brandts zu versehen. Zwar musste er so den Namen eines zentralen Platzes opfern, doch war ihm das die Schmähung des Kommunistenfreundes offensichtlich wert, zumal er durchsetzen konnte, dass auf dem Platz eine Informationstafel aufgestellt wurde: »Der Galgenplatz lag ursprünglich außerhalb der Stadtmauern und war im Mittelalter der Standort des Galgens und des Schafotts, zur Zeit der Hexenprozesse auch der Scheiterhaufen. Bis ins 19. Jahrhundert wurden hier die Todesurteile an verurteilten Verbrechern, Mördern und Verrätern vollstreckt. 1993 wurde der Platz nach dem früheren Bundeskanzler Willy Brandt benannt.«

Im privaten Kreis soll der Bürgermeister fortan nur noch vom »Platz des Vaterlandsverräters« gesprochen haben. Als ihm diese Bezeichnung bei einer Pressekonferenz herausrutschte, musste er seinen Hut nehmen, verließ daraufhin die CSU und gründete eine lokale Wählergemeinschaft, die bei den folgenden Kommunalwahlen die Mehrheit erreichte und den Bürgermeister wieder ins Amt setzte. Seitdem wartet er darauf, dass Helmut Schmidt stirbt und er die abgelegene Sackgasse »Am faulen Graben« nach ihm benennen kann.

Mist, schon wieder war ich abgedriftet. Wo war ich jetzt? Tiergarten. Siegessäule. Schloss Bellevue. Regierungsviertel. »1994 beschloss der Bundestag den Umzug der Regierung in die Bundeshauptstadt Berlin. Bonn behielt einige Ministerien und war fortan Bundesstadt.«

Oje, die armen Bonner! »Bundesstadt« klingt wie Trostpreis (»Für Sie das Spiel zur Sendung«), und wer einmal am Bonner Hauptbahnhof war, weiß, dass es dort auch genauso aussieht. Warum geben sich eigentlich so viele Städte selbst Titel, die weniger Auszeichnungen als Armutszeugnisse sind? Fachhochschulstadt Aschaffenburg. Barockstadt Fulda. Expo- und Messestadt Hannover. Bünde/Westfalen – die Zigarrenstadt. Hofheim – Obstgarten des Vordertaunus. Hartberg – Zentrum der nördlichen Oststeiermark. Goetheort Stützerbach. Hier soll der Dichterfürst sogar mal besoffen gewesen sein. Hannover und Fulda haben ein so starkes Bedürfnis nach Anerkennung, dass sie ihre Titel am Bahnhof durchsagen lassen. In Donauwörth hängen am Bahnhof unter dem Ortsnamensschild gleich zwei Titelschilder:

»Stadt der Käthe-Kruse-Puppen« und »Hubschrauberstadt Europas«. Göttingen hat sogar ein beknacktes Wortspiel am Bahnhof hängen: »Stadt, die Wissen schafft«. Igitt!

Diese unverhohlene Anbiederei muss einem doch verdächtig vorkommen. Als ähnlich peinlich empfand ich immer die Provinzler, die sich bewusst sind, dass sie in einem unbedeutenden Kaff wohnen, und deshalb die Besonderheiten ihrer Heimat hervorheben wollen. Dinkelsbühl hat die zweitgrößte Hallenkirche Süddeutschlands. Riesa hat den zweitgrößten Binnenhafen Ostdeutschlands. Kremmen hat das größte zusammenhängende Scheunenviertel Deutschlands. Montabaur hat einen ICE-Bahnhof bekommen und ist damit »ein Stückchen näher an Europa gerückt«. Reinheim liegt sehr zentral im Odenwald, mitten im Dreieck Frankfurt-Darmstadt-Aschaffenburg. Von Neustadt an der Dosse kann man den Regionalexpress nehmen und steht »in siebzig Minuten vor dem Kanzleramt«.

Im Prinzip gehört auch Berlin zu dieser Art Städte. Auf jeden Hollywoodvogel, der auch nur zur Durchreise nach Berlin kommt, reagiert die Lokalpresse aufgeregt wie ein Teenie vor dem Schnapsladen. Angelina Jolie und Brad Pitt sind in Schönefeld zwischengelandet. Es wird gemunkelt, sie wollten in Berlin sogar essen gehen. George Clooney war zwei Tage hier und hat drei Sätze in eine Kamera gesprochen. Er sei gern in Berlin, hat er gesagt. Wahnsinn! Arnold Schwarzenegger hat seinen Besuch abgesagt, weil in Kalifornien Waldbrände ausgebrochen sind, schadeschade. Wenn Robbie Williams ein Konzert in Berlin gibt, steht das eine Woche lang jeden Tag in der Zeitung, und sogar ich freue mich aufs Konzert, weil dann die dämliche Vorberichterstattung endlich aufhört. Am Tag nach dem Konzert kommt ein langer Artikel mit großem Foto im Tagesspiegel. Protagonisten sind immer zwei Mädchen: »Minka und Tini haben seit Stunden im Regen ausgeharrt, um ihr Idol zu sehen. ›Die Warterei hat sich aber total gelohnt‹, sagt die 19-jährige Zahnarzthelferinauszubildende Minka. ›Er hat super Lieder gesungen. Mein Lieblingslied war auch dabei.‹« Ja bitte, wo sind wir denn? Bei der Theateraufführung einer niedersächsischen Gesamtschule? Sogar eine Imagekampagne hat Berlin gestartet, wie eine westfälische Kleinstadt. Hat man Ähnliches von New York, Tokio oder London gehört?

Wenn ich es mir so überlegte, fand ich die meisten deutschen Städte ziemlich beknackt. Die Landeshauptstädte kann man eigentlich alle vergessen. Beweis: Hannover. Berlin ist eine Agglomeration mentaler Bauerndörfer mit implantierten Künstlervögeln. Köln besteht aus einer einzigen Kriegslücke plus Dom, begrenzt durch eine vulgäre Ausgehmeile, umgeben von eingemeindeten Dörfern. München ist eine Stadt voller pelzmanteltragender Prokuristengattinnen, die sich beim Konditor mit »Frau Direktor« ansprechen lassen, und wo Kultur entweder hochsubventioniert oder verboten wird. Außer Konkurrenz laufen die schönen großen Kleinstädte, die sich zwar sehr gut zum Studieren eignen, wo aber außer Tocotronic-Konzert, Poetry Slam und ähnlichen Studentenspäßen nicht viel passiert: Freiburg, Regensburg, Marburg, Tübingen, Heidelberg, Passau, Münster, Jena. Als richtige Städte bleiben Leipzig und Frankfurt am Main. Keine Möchtegerntitel, keine Lokalarroganz, kein zwanghaftes Verleugnen der eigenen Unwichtigkeit.

Was machte ich dann eigentlich in Berlin? Wie hatte ich es bisher hier ausgehalten, und warum zog ich nicht weg? Gewohnheit, Freunde, Faulheit? Und warum wollte ich diese Stadt jetzt auch noch anderen Menschen erklären? Oder gefiel es mir wirklich in Berlin?

Wo war ich jetzt?

Se Berliners call
it liebevoll ...

Hallo. Ich komm von der Reederei und wollte fragen, ob ich mal mitfahren kann.«

Der vollbärtige Bootsmann drehte sich wortlos um und ging ins Schiff. Heißt das jetzt ja oder nein? Eine pummelige Frau mit Namensschild am Schlabberhemd kam heraus.

»Hallo, ich bin die Mona.«

»Ich bin Tilman. Ich hab mich bei der Reederei als Sprecher beworben und wollte heute probeweise mal mitfahren.«

Wir gaben einander die Hand, und sie führte mich aufs Oberdeck, wo ich mich vor sie in die erste Reihe setzte. Schöner Tag. Die Sonne schien, und die allgemeine Laune war offensichtlich gut. Wenn das den ganzen Sommer über so bleiben sollte, ließe sich das bestimmt aushalten.

»Machst du das schon länger?«, fragte ich Mona.

»Das ist jetzt meine dritte Saison. Aber eigentlich bin ich Dolmetscherin für Englisch und Russisch.«

Das traf sich gut. Das mühsame Heraussuchen der englischen Vokabeln, die ich für eine Führung in Berlin brauchen würde (Plattenbau, Ausbürgerung, Mauertote), konnte ich mir also ersparen, wenn ich ihr jetzt gut zuhörte und mitschrieb.

»Bist du sicher, dass du den Job machen willst?«

Wieso fragten mich eigentlich alle danach? War das so eine Art Mafia, aus der man nicht mehr aussteigen konnte? Wie viele Stadtbilderklärer lagen wohl schon mit einbetonierten Füßen auf dem Grund der Spree?

»Äh, ja... schon. Ist doch bestimmt ein ganz netter Job.«

»Pfff...«, machte Mona. »Das kann auch ganz schön frustrierend sein. Ich erkläre und erkläre, aber ob die überhaupt was verstehen, weiß ich auch nicht.«

»Ach so, ja. Das kann natürlich sein.«

Ich beschloss, mir darüber vorerst keine Gedanken zu machen.

»Weil, weißte, die sind manchmal gar nicht so einfach.«

Aha.

Wir legten ab. Mona stellte sich vor, begrüßte die Gäste im Namen der Reederei und wies sie an, auf dem Oberdeck sitzen zu bleiben, damit sie sich nicht den Kopf an den Brücken stießen.

»Links sehen Sie den Fernsehturm. Er ist 368 Meter hoch und wurde 1969 eröffnet. Die Berliner nennen ihn liebevoll Telespargel. On se left se TV-Tower. It was opened in 1969. Ze Berliners call it Tele-Asparagus.«

Ich schrieb: ›Telespargel – Tele-Asparagus‹.

Ob die Deutschen wegen solcher Wortschöpfungen im Rest der Welt für ein bisschen plemplem gehalten werden? Man könnte es fast für möglich halten, wenn man sich die Spitznamen anderer Gebäude oder Denkmäler anhörte, etwa den Nischel in Chemnitz oder den Briggegickel in Frankfurt am Main.

Mona sprach weiter über das Nikolaiviertel. Es folgten: ›Kurfürstenhaus – elector's house‹ und ›Gründungsort – where the city was founded‹.

»Rechts der Marstall, die Unterkunft für die Pferde und Kutschen des königlichen Haushalts. Heute befinden sich hier die Zentral- und Landesbibliothek Berlin sowie die Musikhochschule Hanns Eisler.«

Sie hatte eine ziemlich monotone Betonung. Ich musste an lange Referate an langen Nachmittagen im Sozialwissenschaftlichen Institut der Humboldt-Universität denken. Ich schrieb auf: ›Marstall –‹

»On se right, se Marstall. Sis is where se horses and carriages were kept.«

Mist. ›Marstall – Marstall‹.

Die ersten Reihen machten den Eindruck, als hörten sie ihr zu. Von achtern war aber deutliches Gebrabbel zu hören. Mona nahm das Mikrofon vom Mund.

»Siehste«, sagte sie zu mir. »Die, die hinten sitzen, hören nie zu. Und das sind meistens die Briten. Ich glaube, die sind nur zum Saufen hier.«

»Vielleicht hört man hinten einfach schlecht«, sagte ich.

»Quatsch«, sagte sie. »Die wollen nur nicht. Das hat doch einen Grund, warum die hinten sitzen. Ist wie in der Schule.«

Wir fuhren unter der Rathausbrücke durch bis zur Mühlendammschleuse. Mona nahm das Mikrofon wieder an den Mund:

»Vor uns die Mühlendammschleuse, die hier in den Dreißigerjahren angelegt wurde. Hinter uns die Mühlendammbrücke. Der Mühlendamm heißt so, weil hier früher viele Mühlen standen.«

Hinter mir fing ein Mann an zu grummeln:

»Na, wer hätte das gedacht.«

Schon wieder kamen mir die Sozialwissenschaftler in den Kopf. In einem Werk über die DDR-Gesellschaft hatte ich einst den Pleonasmus gelesen: »Das Konzept der Industriegesellschaft ist ein auf Industrialisierung beruhendes Struktur- und Entwicklungsmodell.« Ach komm! Wie sagte meine österreichische Großmutter immer: »Jå, des is hoit des.«

Wir wendeten und fuhren flussabwärts.

»Links sehen Sie die Reste des Palastes der Republik. Der Palast wurde in den Siebzigerjahren an der Stelle gebaut, an der früher das Stadtschloss der preußischen Könige stand. On ze left you see what is left of ze palace of ze republic …«

Sie erklärte nur die Hälfte. Was war im Palast drin? Warum steht das Stadtschloss nicht mehr? Und warum wird der Palast jetzt abgerissen?

»Die Berliner nannten den Palast liebevoll Erichs Lampenladen.«

Das klingt aber nicht sehr liebevoll. Und wer war Erich?

Sie setzte das Mikrofon wieder ab und sprach mit mir:

»Das ist sowieso schwierig mit den Touristen. Die kommen hierher und glauben, sie setzen sich ins gemachte Nest. In Mitte kann man ja kaum noch über die Straße laufen, ohne dass man gegen einen Italiener stößt.«

»Äh, ja. Das stimmt.«

»Würde mich ja nicht stören. Aber wir müssen das hier ausbaden.«

Wann hat ihr Unwohlsein mit den Touristen wohl eingesetzt? Wenn ich diesen Job mache, werde ich dann automatisch auch so? Aus meiner Kindheit kannte ich das Phänomen des Kinder hassenden Bademeisters im Freibad und kam nun zum ersten Mal auf den Gedanken, dass er vielleicht gar nicht als Kinderhasser Bademeister wurde, sondern erst im Laufe seines Aufseherdaseins dazu wurde.

»Vor uns die Moltkebrücke, die 1987 zur 750-Jahr-Feier Berlins restauriert wurde. Der preußische General von Moltke sollte mit der Benennung geehrt werden. Moltke kämpfte in den Deutschen Kriegen.«

Das Skript hatte sie gut auswendig gelernt.

»Se bridge was named after se prussian general Moltke, who fought in se agreement wars.«

Agreement wars: Übereinkunftskriege. Ein interessanter Gedanke. Vielleicht hatte ich da noch Lücken in meinen Kenntnissen des 19. Jahrhunderts.

Wir fuhren in den Tiergarten.

»Die Siegessäule wurde nach den Deutschen Kriegen von 1864 bis 1871 gebaut. Die Figur auf der Säule stellt die Siegesgöttin Victoria dar. Wegen ihrer Farbe nennen die Berliner die Figur liebevoll Goldelse.«

Man hälts im Kopp nicht aus!

»Se column of victory was built after se agreement wars of 1864 to 1871.«

Schon wieder! Wie sieht wohl ein Übereinkunftskrieg aus? Totschießen mit beiderseitigem Einverständnis? Ich schrieb auf: ›Deutsche Kriege – agreement wars‹ und setzte ein Fragezeichen dahinter.

»Ich weiß gar nicht, ob die überhaupt was verstehen«, sagte sie wieder zu mir. »Ich red das einfach runter, und wenn sie zuhören: schön. Wenn nicht, dann ist das nicht mein Problem.«

»Jaja, das stimmt wohl.«

Sie hatte es erfasst. Genau deswegen wollte ich diesen Job machen. Wer nicht zuhört, hat Pech gehabt. Wir sind ja hier nicht in der Schule (»Ich frag das beim nächsten Mal ab, Herrschaften.«). Mit Ekel dachte ich zurück an die Zeit, in der ich als Nachhilfelehrer unverschämte Achtklässler in Mariendorf unterrichten musste. Mit Hand und Fuß hatte ich jedes Mal die Grobheiten der englischen Grammatik aufs Neue erklärt, nur um bei der folgenden Sitzung doch wieder in den Hausaufgaben zu lesen: »John go in the gym. There he play skwash.«

Diesmal konnte ich es besser machen: Ich würde die Gäste immer nur ein einziges Mal sehen, und wer nichts verstand, konnte sein Aufmerksamkeitsdefizit woanders aus sich herauszappeln. So müssten Nachhilfeschüler auch sein: zuhören, zahlen, gehen.

»Den Glockenturm, den Sie links sehen, hat die Firma Daimler-Benz der Stadt Berlin zum 750-jährigen Jubiläum der Stadtgründung geschenkt. Eigentlich heißt das Glockenspiel Carillon, die Berliner nennen den Turm aber liebevoll St. Daimler.«

Wegen ihrer Ansagen nennen die Berliner diese Stadtbilderklärerin liebevoll »Tante Quasseline«. Haha.

»Meine Damen und Herren, wir legen nun kurz vor dem Haus der Kulturen der Welt an und machen fünf Minuten Pause.«

Bevor ich nach Berlin zog, dachte ich, ein Gebäude, das »Haus der Kulturen der Welt« hieß, müsse ja wohl eine DDR-Gründung sein und im Osten stehen. Zum einen wegen des »Wir halten Freundschaft mit allen Völkern der Welt und der Sowjetunion«-Tonfalls, zum anderen wegen der Genitivhäufung, die neben dem militärischen Abkürzfimmel – dem sogenannten Aküfi – ein beherrschendes Stilmittel der offiziellen Rhetorik war. Nie ist mehr Genitiv von deutschem Boden ausgegangen. Die Schriften der führenden Theoretiker der Partei der Arbeiterklasse. Der noch weitere Ausbau der allseitigen Stärkung unserer Republik. Man muss sich wundern, dass die Kongresshalle am Alexanderplatz nicht »Halle des Kongresses« hieß.

Einige Passagiere gingen von Bord, ein paar andere kamen herein. Ich blinzelte über die Bäume des Tiergartens in den blauen Himmel. Ganz schön warm heute. Wenn ich den Job wirklich machen wollte, brauchte ich einen Strohhut oder etwas Ähnliches. Und ob ich in den Pausen Zeit finden würde, mal zwanzig Minuten im Crewraum den Kopf auf den Tisch zu legen?

»Wir bedanken uns außerdem bei den Werktätigen des VEB Feliks Dzierzynski Schiffswerke Rostock, die in unermüdlicher Arbeit für unsere Republik den Plan wieder einmal übererfüllt und uns dieses schöne neue Schiff gebaut haben. Wir werden uns erkenntlich zeigen, indem wir die Ideen der führenden Theoretiker der Partei der Arbeiterklasse umsetzen, die Vorgaben des VIII. Parteitages erfüllen und weiterhin für die noch weitere allseitige Stärkung unserer Republik kämpfen werden.«

Ich schreckte hoch und fiel fast vom Stuhl. Der Mann hinter mir beugte sich zu mir:

»Schlafen Sie ruhig weiter, junger Mann. Sie verpassen nichts.«

»Wieso?«, fragte ich.

»Die Berliner nennen das Kanzleramt liebevoll Bundeswaschmaschine«, sagte Mona vorne.

Ach so.

Als wir wieder am Palast angelegt hatten, standen wir beide am Ausgang.

»Und dann geben die nicht mal Trinkgeld«, flüsterte sie mir zu.

»Ja«, sagte ich. »Find ich auch voll unfair.«

Ich fuhr nach Hause und machte sofort Wikipedia auf.

»Deutscher Krieg: [...] Bis heute finden sich hauptsächlich die Ausdrücke Preußisch-Österreichischer Krieg oder Einigungskrieg.«

PONS Deutsch-Englisch:

»Einigung <- , -en> f 1. (*Übereinstimmung*) agreement 2. (*Vereinigung*) unification«.

Chronik meiner Nebenjobs

Arbeit!
Geißel der Menschheit!
Verflucht seist du bis ans Ende aller Tage.
Du, die du uns Elend bringst und Not,
uns zu Krüppeln machst und zu Idioten,
uns schlechte Laune schaffst und unnütz Zwietracht säst,
uns den Tag raubst und die Nacht,
verflucht seist du!
Verflucht!
In Ewigkeit
Amen.

Michael Stein

Mit Lohnarbeit hatte ich schon immer Probleme. Nicht wegen der Arbeit oder des Lohnes, sondern wegen einer ausgeprägten Scheu vor Autoritäten und der ständigen Angst, etwas falsch zu machen und dafür Sanktionen fürchten zu müssen. Erfahrung im Falschmachen hatte ich viel. Als Kind wusch ich die Autos der Nachbarn und zerkratzte dabei ihren Lack. Meine Eltern gingen so mehrerer freundlicher Nachbarschaftskontakte verlustig, und fortan musste meine Oma aus einem Frankfurter Außenbezirk anreisen, um unsere Blumen zu gießen, wenn wir in Urlaub waren.

Als Jugendlicher lieferte ich für eine Apotheke Medikamente an alte Menschen aus und ließ dabei gern mal Flaschen mit Durchfallmittel fallen, deren Inhalt sich müffelnd und glibberig über alle anderen Medikamente verteilte, die die Rentner nun zu bezahlen sich weigerten.

Nach dem Abitur verweigerte ich den Wehrdienst und wurde Zivildienstleistender in einer Kindertagesstätte, wo die Arbeit aus kochen, putzen und Kinder anbrüllen bestand. Eben war ich noch auf der Schule, wo ich selbst die Autoritätensprüche der Lehrer hören musste: »So komme nich weit«, »Dass ich Sie immer erst auffordern muss!« und »Dass Sie auch nie mehr machen als nötig!«. Jetzt musste ich selber die Autorität spielen und die feststehenden Erziehungssätze anwenden, die Eltern und Erzieher ihren Kindern seit Jahrtausenden um die Ohren schleudern: »Leg das weg«, »Ich sag es jetzt zum letzten Mal« und den Klassiker, der auf einer Freizeit nie fehlen darf: »Morgen wirdn anstrengender Tach«. Die Kinder tanzten mir gern auf der Nase herum, weil ich trotz korrekter Anwendung der Erziehungssätze nicht die Autorität eines preußischen Lateinlehrers ausstrahlte, sondern höchstens die bemühte Hilflosigkeit eines Schülerpraktikanten. Elf Monate ging ich als Zivildienstleistender einer Beschäftigung nach, die man als geregelte Arbeit hätte bezeichnen können. Dann wurde ich Student.

In Berlin wurde ich zuerst Pizzafahrer. Ein echter Studentenjob für einen echten Studenten, dachte ich. Vernachlässigte Frauen werden mir im Bademantel die Tür öffnen und sagen: »Huch, ich war gerade unter der Dusche.« Ich würde mich vor Verführungen kaum retten können. Mehrere Millionärswitwen würden mich als Gespielen halten, sodass ich bald das Pizzafahren aufgeben könnte.

Als erste Amtshandlung fuhr ich mit dem mir zugewiesenen Motorroller gegen einen Container und durfte in den folgenden Wochen die Reparatur abarbeiten. Der Chef, ein Berliner der Sorte »wortkarg und emotionsarm«, machte kein großes Theater darum. Ich dagegen machte mir tagelang Gedanken und fragte mich, ob ein Job wie Pizzafahrer nicht vielleicht doch eine Nummer zu groß für mich sei. Anstatt von Frauen in Bademänteln in den Whirlpool eingeladen zu werden, verbrachte ich viel Zeit auf dunklen Kopfsteinpflasterstraßen in Lichtenberg und verzweifelte an dem eigenwilligen Berliner Hausnummernsystem. Ich vergaß Getränke und gab falsches Wechselgeld heraus. Immer wieder kam ich mit gesenktem Kopf in die Pizzeria zurück und musste gestehen, was ich diesmal wieder verbockt hatte. Als ich nach zwei Monaten meine Kündigung bekanntgab, sagte der Chef nur: »Ick hab mir schon gewundert, warum du überhaupt noch kommst.«

Dann wurde ich Nachhilfelehrer an einer Nachhilfeschule in Mariendorf. Vor den Stunden hatte ich mehr Angst als die Tugruls, Jennys und Serdars, die ich unterrichtete. Während ich wusste, wo die Mängel der Schüler lagen, durften sie auf gar keinen Fall erfahren, dass ich fachlich oft auf dem Schlauch stand und eine pädagogisch-didaktische Vollpfeife war. Leider war dieser Umstand offensichtlich.

Beim Schüler Robert schien ich jedoch vorsichtigen Erfolg zu haben. Ich lernte mit ihm englische Grammatik, die er zu verstehen vorgab, und half ihm bei den Hausaufgaben, wobei ich aus lauter Ungeduld meistens seine Hausaufgaben selber machte, ihm sagte, er solle das abschreiben und sich merken, wie es ginge, damit er das beim nächsten Mal selber könne. Nach den Noten seiner schriftlichen Arbeiten gefragt, antwortete er jedes Mal mit: »Da hatte ich ne Drei, glaub ich«. Scheint ja zu klappen, dachte ich und war von seinem Fortschritt erstaunt. Eines Tages rief mich seine Lehrerin an und teilte mir mit, dass Roberts Versetzung gefährdet sei. Ob ich denn nicht gemerkt hätte, dass er nichts könne und nichts arbeite. Ob ich sie denn für so verkalkt hielte, dass sie nicht merke, dass seine Hausaufgaben offensichtlich vollständig von seinem Nachhilfelehrer angefertigt wurden. Ob ich denn nie auf die Idee gekommen sei, dass er mich über seine schriftlichen Noten anlog. Ich kündigte, bevor das Schuljahr vorbei war und die Eltern der sitzengebliebenen Schüler womöglich mit Schadenersatzforderungen an mich herantreten konnten.

Von der Vorstellung entsetzt, als Nachhilfelehrer an der Nichtversetzung eines Schülers mitschuldig zu sein, suchte ich mir einen schlichten Job, in dem ich wenig Schaden anrichten konnte. Ich wurde Tellerwäscher in einem Berliner Touristenlokal, das vorwiegend von Busreisegruppen frequentiert wurde, die vorher im Friedrichstadtpalast die chinesische Tanz-Hüpf-Sing-Show »Tao Pao Gong-Oh« oder im Tempodrom die Pferde-Schlittschuh-Revue »Horses on Ice« gesehen hatten. Dies war mir der angenehmste Job. Ich konnte in Ruhe hinter meiner Spülmaschine stehen und in meinem eigenen Tempo meine Arbeit erledigen. Wenn mir ein Teller aus der Hand rutschte und auf dem Boden zerschellte, lachten die Köche. Ich lachte mit. Wenn ich etwas aus der Kühlkammer holen sollte, es nicht fand und dann zum Koch hinüberrief: »Entweder bin ich zu blöd, oder es ist aus«, rief er zurück: »Du bist zu blöd.« Das gefiel mir.

Einmal pro Schicht kochten mir die Köche, was ich wollte. Im Vergleich zu den ständig gestressten Servicekräften hatte ich einen lockeren Job. Er endete an dem Tag, an dem eine Rotte Zollpolizisten in der Küche auftauchte und die Aufenthalts- und Arbeitserlaubnis meiner beiden Spüler- und Schnipslerkollegen Osein und Mbeki sehen wollte. Bei der Überprüfung aller Anwesenden fiel außerdem auf, dass gegen den Sous-Chef ein Haftbefehl zur Abgabe der eidesstattlichen Versicherung vorlag. Als ich eben jenen Sous-Chef Monate später zufällig vor einem Automatencasino traf, erzählte er mir, dass der Geschäftsführer mittlerweile wegen Untreue und Insolvenzverschleppung in U-Haft säße. Außerdem erwarte eine studentische Servicekraft ein Kind von ihm.

Abgelehnt wurde ich als Sachbearbeiter einer Autovermietung wegen meiner damals langen Haare. Trotz sehr guter Verdienstaussichten entschied ich mich gegen die Jobs als Immobilienmakler sowie Samenspender, was im Prinzip beides auf Wichser hinausgelaufen wäre.

Durch alte Freundschaften bekam ich einen gutbezahlten Job als Aushilfswebmensch, »Einpfleger« oder auch »Schweinehälftenfreisteller« genannt: Für den Werbezettel eines Supermarktes kamen von einem Schlachthof Bilder von Fleisch. Meine Aufgabe war es, mittels Photoshop die Schweinehälften aus dem Schlachthof herauszuschneiden und in den Prospekt »einzupflegen«. Außerdem las ich Pressetexte Korrektur, die in Interpunktion und Orthographie mit jeder Landgaststättenspeisekarte mithalten konnten, und aktualisierte die Programmvorschau einer Technodisko. Als ich nach dem Jahreswechsel vergaß, im Content Management System die Jahreszahl zu ändern, standen auf der Seite falsche Wochentage. Die Presse war verwirrt, hielt die Wochentage für richtig und die Daten für falsch und druckte deshalb alle Januartermine falsch ab. Der Diskobesitzer fluchte, der Chef tobte, und ich wurde gefeuert. Und wieder kam der Gedanke: Vielleicht lag diese Arbeit doch ein bisschen über meinen Fähigkeiten.

Man sollte mir einfach nicht zu viel Verantwortung übertragen. Verantwortung lief nur auf Ärger hinaus. Von Verantwortung konnte ich mir nichts kaufen. »Verantwortung übernehmen« ist ohnehin einer der verlogensten Ausdrücke, die im Zusammenhang mit Arbeit gebraucht werden. Politiker meinen mit »Verantwortung übernehmen«, mehr Macht zu bekommen, weil sie ein höheres Amt bekleiden. Alternativ »übernehmen sie politische Verantwortung«, wenn sie nach einem Skandal zurücktreten. In diesem Fall ist es ein Euphemismus für: sich aus dem Staub machen und in Ruhestand gehen. Wenn ein Student oder Berufsanfänger in seiner Arbeit »mehr Verantwortung übernimmt«, heißt das, dass er mehr arbeitet als bisher, dafür aber nicht bezahlt wird.

Nun war ich allerdings Absolvent, und eigentlich erwarteten Markt, Wirtschaft und Zeitgeist genau das von mir: nicht für Geld, sondern für den Lebenslauf arbeiten, Einsatz zeigen, risikofreudig, belastbar und flexibel sein und ähnlichen Quatsch mehr. Weißt du, was du willst? Geh deinen Weg. Mach dein Ding. Sag mir, wo du stehst. Decodiert: Geh meinen Weg. Mach mein Ding. Steh dort, wo ich es sage. Dass ich dafür nicht geschaffen war, wurde mir relativ schnell klar. Die Absolventenkurse und Berufsinformationsveranstaltungen an der Universität wimmelten von Menschen, die sich nichts sehnlicher wünschten als einen dieser Jobs. Wenn sie ihn dann endlich hatten, waren sie stolz auf ihre Überarbeitung. Sie setzten alles daran, sich problemlos in ein System einzufügen, das von ihnen Anpassung, Unterordnung und Selbstverleugnung forderte. Wer nicht jeden Tag über zu viel Stress, zu viel Arbeit und zu wenig Freizeit klagte, war offenbar als Arbeitnehmer nicht ernst zu nehmen. Stress war für Berufsanfänger so etwas wie Sex für Gangsterrapper: Keiner hat mehr als man selbst, und alle anderen müssen es erfahren. Am besten ließ sich diese heiß ersehnte Professionalität durch chronische schlechte Laune nach außen tragen. Auf gar keinen

Fall durfte man sagen: »Ach, mir geht es ganz gut. Ich arbeite ein bisschen, und abends geh ich in den Park Bier trinken. Oder ich fahr mit Freunden an den See.« Dann wurde man entweder bezichtigt, von den Eltern oder vom Amt zu leben, oder man wurde belächelt, weil man ja noch nicht verstanden hat, dass Arbeit erst dann ernsthafte Arbeit ist, wenn es einem dabei auch richtig schön scheiße geht. Oder man wurde, wenn die Bezahlung wirklich gut war, mit neidischen Sätzen im angepissten Ton bedacht: »Ja, das hätt ich ja auch gern. Bisschen rumsitzen und dafür bezahlt werden. Weißte, es gibt Leute, die müssen noch richtig arbeiten für ihr Geld.«

Die ideale Arbeit für mich durfte also keiner dieser Berufsanfängerknechterjobs sein. Sie sollte keine körperliche sein, durfte von mir weder Autorität noch Durchsetzungsvermögen noch besondere Wachsamkeit verlangen. Man musste sie im Sitzen erledigen können, in einem Betrieb, der nicht mit Ordnungsbehörden und Justiz in Konflikt kommen konnte, und ich dürfte auf gar keinen Fall Verantwortung für irgendetwas übernehmen müssen. Text runterquatschen war perfekt! Welche Verantwortung hätte ich schon auf einem Schiff? Kaputt machen konnte ich dort nichts, ein Chef war sowieso nicht anwesend, und wenn mir jemand nicht passen sollte, war er ohnehin nach spätestens einer Stunde wieder von Bord. Im Prinzip könnte ich eine Stunde lang »Die Wacht am Rhein« pfeifen oder aus der Dieter-Bohlen-Zitatesammlung »Meine Hammer-Sprüche« vorlesen, ohne dass ich mit Konsequenzen rechnen musste. Perfekt!

Anna

Und schon war ich Stadtbilderklärer. Ich hatte eine Tour im Beisein von Herrn Dietrich absolviert und mir ein paar milde Verbesserungsvorschläge von ihm geben lassen. Dann hatte er gesagt, dass ich in der folgenden Woche anfangen könne, dass er der Hans sei, und hatte mir die Insignien ausgehändigt: ein Namensschild zum Anklemmen und meinen eigenen Windschutz für das Mikrofon. Ein Kollege machte den Rest der Schicht, und ich konnte nach Hause fahren.

Immer noch war ich überzeugter WG-Wohner. Das Studentenleben hatte mir eigentlich recht gut gefallen, wenn man vom universitären Betrieb mal absieht, und dazu gehörte auch das Wohnen in einer Wohngemeinschaft mit Menschen, Leben und Geschäftigkeit um mich herum. Ein erfolgter Universitätsabschluss schien mir kein legitimer Anlass, um diese Lebensform aufzugeben.

Viele Absolventen und besonders Absolventinnen glaubten, spätestens jetzt erwachsen werden zu müssen. Wohngemeinschaft, Nebenjob ohne Aufstiegschancen, abends weggehen und Single sein, das alles galt plötzlich als nicht erwachsen. Der Singlemarkt ist voll mit Endzwanzigerinnen, die sich dringend einen weiteren Punkt im Erwachsenenkatalog zulegen wollen. Alles ist schon auf dem Weg zur geregelten Existenz: Das kleine Auto ist angeschafft, in der Wohnung wurden die IKEA-Gläser durch Leonardo-Gläser ersetzt, eine Kaffeemaschine, die auf Knopfdruck Latte macchiato produzieren kann, hat man von den Großeltern zum Studienabschluss geschenkt bekommen, und das mit dem Job wird sich auch einrenken, wenn man nach zwei Jahren Traineezeit erst mal übernommen wird. Was fehlt noch zum echten Erwachsenenleben? Eine feste Partnerschaft. Zur Not auch mit irgendeinem beliebigen Partner, den man sich ja noch nach Belieben zurechtbiegen kann. Wird schon klappen. Hat bei Job, Auto und Wohnung ja auch geklappt. Die Italiener haben für diesen Prozess ein eigenes Verb: »sistemarsi«, sich systemieren.

Ich hatte an all das noch nicht gedacht. Überhaupt hatte ich an wenig gedacht in meiner Studienzeit. Ich hatte kein einziges Praktikum gemacht, hatte kein Auslandssemester absolviert, hatte mir nicht mal Mühe gegeben, auch nur annähernd innerhalb der Regelstudienzeit fertig zu werden. Faulheit konnte ich mir aber nicht vorwerfen, zumindest nicht in den letzten Semestern. Für Magisterarbeit und Abschlussprüfungen hatte ich ein Jahr lang fast jeden Tag in der Bibliothek gesessen, und nun wurde es Sommer. Wann würde ich noch mal diese Freiheit haben, einfach einen netten Job zu machen und den Rest der Zeit mit meinen Freunden zu verbringen? Das Gedankenmachen schob ich auf. Das würde noch früh genug kommen.

Mit mir in meiner Friedrichshainer Wohnung wohnte Anna. Mit weiblichen Mitbewohnerinnen bin ich immer besser zurechtgekommen. Meine ersten vier Mitbewohner waren Männer, und zwei von ihnen waren als Mitbewohner völlig ungeeignet. Der eine war ursprünglich mal ein Freund. Nach einem Jahr des reibungslosen Zusammenlebens wurde er immer seltsamer: Er ging nicht mehr in die Uni, redete kaum noch mit mir, schloss sich tagelang in seinem Zimmer ein, und ich musste ihn immer öfter an seine

Mietzahlungen erinnern. Irgendwann stand er nachts in der Küche und sang laut »Ne me quitte pas« von Jacques Brel. Als ich ihn bat, das Singen einzustellen oder wenigstens auf die Zeit zwischen 9:00 und 22:00 Uhr zu verschieben, brannte bei ihm eine Sicherung durch. Er riss ein Regal aus der Wand, warf einen Topf nach mir und zerschlug die Scheiben in der Küchentür. Unser Zusammenleben endete mit einem Polizeieinsatz in unserer Wohnung. Zwei Wochen später holten seine Eltern seine Sachen ab.

Der andere war ein Niedersachse mit sozialen Defiziten, der ungern mit seinen Mitbewohnern sprach und fast ausschließlich per Post-it kommunizierte, meistens mit dem Text: »WER HAT SCHON WIEDER SEINEN SCHINKEN IN MEIN KÜHLSCHRANKFACH GELEGT???«

Mit den anderen beiden männlichen Mitbewohnern kam ich zwar gut aus, aber mit einer Ausfallquote von fünfzig Prozent hatte sich das Konzept »männlicher Mitbewohner« nicht bewährt.

Wie alle Mitbewohnerinnen davor hatte ich Anna über eine Wohnungsanzeige kennengelernt. Das Prozedere war immer das Gleiche: Eine Mitbewohnerin zieht aus (Studienende oder -abbruch, Job in einer anderen Stadt oder gemeinsame Wohnung mit dem Freund), ich gebe auf einer Internetplattform für Studentenwohngemeinschaften eine Anzeige auf, in der ich explizit nach weiblichen Mitbewohnern suche. Daraufhin melden sich drei Amerikaner, die die Anzeige nicht gelesen haben, vier Italiener oder Franzosen, die noch gar nicht in Berlin sind, aber versichern, dass sie sehr gern einziehen würden, zwei Asiaten, an deren Vornamen ich ihr Geschlecht nicht erkennen kann, drei spanische Mädchen, die das Zimmer zu dritt beziehen wollen, und vier deutsche Männer, die Sätze schreiben wie »Joa, ich bin nen ganz lockerer Typ« oder »Ich liebe Oasis und hasse Rassismus«. Die verbliebenen acht bis zehn Frauen lade ich zum Tee in meine Küche ein. Die sympathischste kriegt das Zimmer.

In den folgenden Wochen stellt sich dann heraus, ob die neue Mitbewohnerin eher ihr eigenes Süppchen kocht und sich damit in ihr Zimmer verzieht, weil sie festgestellt hat, dass sie mich dann doch ganz schön seltsam findet, oder ob wir zusammen das Süppchen kochen und es in der Küche verspeisen, weil wir wissen, dass wir beide ganz schön seltsam sind.

Mit Anna lief alles gut. Wir verstanden uns von Anfang an bestens, kochten und tranken zusammen und waren bald befreundet. Ein Idealfall. Manchmal hatte man eben auch Glück.

»Ich hab einen neuen Job«, erzählte ich ihr, als wir beim Grünen Veltliner saßen. »Ich werde auf so einem Touristenschiff auf der Spree die Erklärungen sprechen.«

»Ach?«, sagte sie. »Die Notausgänge sind mit dem Wort EXIT gekennzeichnet. Bei einem plötzlichen Druckabfall fallen von der Kabinendecke Sauerstoffmasken. Ziehen Sie diese über Mund und Nase, und atmen Sie gleichmäßig.«

»Hab ich Flugzeug gesagt?«, fragte ich.

»Nö«, sagte sie. »Ich musste mir nur gerade vorstellen, wie du in einer Stewarduniform aussiehst.«

»Ich erkläre die Stadt. So eine Art Fremdenführer. Links sehen Sie das, rechts sehen Sie das und so.«

»Was? Son Ansageräffchen?«

»Äh ... ja? Findest du das jetzt schlimm?«

»Na, ich weiß nicht. Ist das nicht ein bisschen dämlich?«

»Also, Entschuldigung! Du tust ja so, als hätte ich gesagt, dass ich ab morgen mit einem Mikrofon um den Hals im Einkaufszentrum stehe und Autopolitur verkaufe.«

Arbeit war Anna immer sehr wichtig, und sie hatte eine

ausgeprägte Skepsis gegenüber desorientierten Langzeitstudenten und Menschen, die glaubten, sich mit dem Verticken von Konzertkarten oder Schlumpffiguren aus dem Überraschungsei auf eBay über Wasser halten zu können. Offenbar stand auch Stadtbilderklärer auf ihrer Liste der unehrenhaften Jobs für gescheiterte Existenzen.

Sie selbst war nur knapp an diesem Schicksal vorbeigeschrammt. Sie hatte eine wacklige Jugendzeit hinter sich, in der sie mit den falschen Leuten in der falschen Ecke der Fußgängerzone ihres Heimatstädtchens gesessen, das falsche Dosenbier getrunken und das falsche Gras geraucht hatte. Mit der Schule war sie nicht mehr klargekommen, dazu kam die schmutzige Trennung ihrer Eltern, die die Sache nicht vereinfacht hatte. Ein halbes Dutzend Narben auf ihrem linken Unterarm erinnerte nicht nur sie selbst an diese Zeit. In Trotz und Wut war sie schon mit siebzehn von zu Hause ausgezogen, um endlich arbeiten zu können und sich nichts mehr erzählen lassen zu müssen. Weil sie nichts anderes konnte, ging sie kellnern. Eigentlich hatte sie damit die besten Voraussetzungen, um ihr Leben nicht im Griff zu haben. Bei ihr kam es jedoch anders. Sie ließ sich wirklich nichts erzählen, arbeitete erst in Kneipen, später in Konzertlocations und zeigte eine Selbständigkeit, die mancher Langzeitstudent mit dreißig noch nicht erreicht hat. Wenn man als achtzehnjähriges blondes Mädchen in einer Fußballereckkneipe arbeitet, lernt man, sich nichts gefallen zu lassen, oder man geht unter.

In Berlin arbeitete sie in einem Stylerockschuppen namens Black Death und einer Neuköllner Bar mit Bühne und war in beiden Läden schnell über die Mannschaftsgrade hinausgekommen.

»Ich bin da mal bei einem mitgefahren, der die ganze Zeit dämliche Witze gemacht hat«, sagte sie. »Wenn Sie weiter flussaufwärts fahren, können Sie in Köpenick in die Dahme gleiten‹ und so ein Schwachsinn.«

»Oje.«

»Dann steht da beim Reichstag doch so ein Haus mit zwei kleinen Kuppeln auf dem Dach. Da hat der doch tatsächlich gesagt, das wäre das Dolly-Buster-Haus.«

Ich musste lachen.

»So was Beknacktes«, sagte Anna.

»Tschuldigung«, sagte ich. »Aber willst du mir damit sagen, dass ich Gefahr laufe, auch solche Witzchen zu reißen?«

»Na ja, ich kenn dich ja schon ein bisschen.« Sie lächelte. »Eben hast du ja auch gelacht.«

»Die haben mir extra eingebläut, dass ich keine Witze reißen soll. Und auch nicht den Spitznamen von jedem Gebäude nennen.«

»Und meinst du, du schaffst das?«, fragte sie und grinste mich an, wie man einen Fünfzehnjährigen angrinst, der behauptet, jeden in der Kneipe unter den Tisch trinken zu können.

»Anna!«

»Was denn? Wie kommst du eigentlich auf diesen Job? Willst du in die Tourismusbranche?«

»Hmpff... och... Branche? Ich will nur ein bisschen arbeiten und dafür ein bisschen Geld bekommen.«

»Und sonst?«

»Wie und sonst? Sonst Biergarten. Oder Park.«

»Hm... Aber du hast doch mal Geschichte studiert. Willst du nicht irgendwas in die Richtung machen?«

»Ich weiß nicht«, sagte ich. »Was sollte das denn sein?«

Anna zuckte mit den Schultern.

»Was ist denn ein typischer Beruf für Historiker?«, fragte sie.

»Taxifahrer.«

»Haha«, machte Anna ernst.

»Nein, wirklich«, sagte ich. »Glaubst du, die werden alle Museumsdirektoren? So viele Museen gibt es gar nicht. Oder sie müssen sich als Familienforscher selbständig machen. Da sitzen sie dann im Archiv und wälzen Taufregister, nur weil irgendein Herr Zilinsky wissen will, ob seine Familie schon immer in Bottrop ansässig war oder vielleicht doch aus Polen eingewandert ist.«

»Na ja«, sagte sie. »Stadtführer ist ja auch ein bisschen was mit Geschichte, oder? Da musst du ja auch historische Kenntnisse haben.«

»Da bin ich natürlich be-hestens qualifiziert. Wenn ich eines gelernt habe, dann ist es ja wohl der Umgang mit der Darstellung historischer Ereignisse.«

»Toll!«, sagte sie. »Aber ansonsten: super. Ich kann dich mir gut als Stadtführer vorstellen.«

»Meinst du?«

»Ja klar. Du musst dich nur an das oberste Gebot beim Kundenkontakt halten: Wenn du ›Arschloch‹ denkst, trotzdem lächeln.«

»Wenn du mich anlächelst, denkst du dann auch ›Arschloch‹?«

»Nur wenn du als Kunde kommst.«

»Ach, danke!«

»Und du kannst ja deine Ansagen mal an mir ausprobieren. Würde mich auch interessieren. Ich kenne ja auch kaum was außer Brandenburger Tor und Alex.«

In Berlin war Anna seit einem guten Jahr, ursprünglich der Liebe wegen: Ihr damaliger Freund hatte hier gewohnt, sie war ihm hinterhergezogen, und nach ein paar Monaten des Zusammenlebens hatte die Sache ein Ende gefunden. Ein recht häufiger Fall. Bei meinen WG-Castings tauchte jedes Mal mindestens eine Frau auf, die die Frage nach dem Grund ihres Umzugs nur zögerlich beantwortete: »Na ja ... also ... Eigentlich wollte ich nach Berlin, weil mein, äh, Exfreund ...« Meistens schwankten sie dabei zwischen versteckter Enttäuschung über das Scheitern eines neuen Lebensabschnitts und der Vorfreude auf die Freiheiten des Singledaseins.

Nach einer ersten Verarbeitungsphase genoss auch Anna diese Freiheiten wieder. Sie schaffte es, viel zu arbeiten und trotzdem Spaß an Clubs, Bier und Männern zu haben, und war von einer guten Laune, für die andere Leute tagelang in der Strandbar liegen und Mojito schlürfen mussten. Eine Eigenschaft, die mir gefiel.

»Ich hab ja gedacht, du würdest eher Lehrer werden«, sagte sie.

»Ach du liebe Zeit! Alles, nur das nicht.«

»Nicht? Ich dachte, das wäre dein Ding.«

»Wie kommst du denn darauf? Hab ich das mal gesagt?«

»Nee, gesagt nicht.«

»Aber du hast es dir einfach so gedacht.«

»Das würde doch zu dir passen. So ein bisschen was Lehrerhaftes hast du ja auch an dir.«

»Das ist jetzt nicht dein Ernst.«

»Doch, ich finde schon.«

Manchmal hatte sie aber eine wirklich seltsame Wahrnehmung.

Klaus

Es gab zwei Anlegestellen für die einstündige Citytour: eine am Palast der Republik, oder besser gesagt an seinen Resten, denn er wurde gerade abgerissen, und eine an der Friedrichstraße, auf der Südostseite der Weidendammer Brücke. Jede Anlegestelle wurde von zwei Schiffen bedient: Wenn eines ablegte, kam das andere gerade angefahren, sodass die Anlegestelle nie leer war.

Am Palast legten die alten Schiffe aus DDR-Zeiten an. Sie hatten ein offenes Oberdeck, auf dem Plastikstühle für ungefähr 120 Passagiere standen. Das Unterdeck war mit Häkeldeckchenkomfort und Wandaschenbechern aus Reichsbahnbeständen ausgestattet und bot etwa fünfzig Gästen Platz. An der Friedrichstraße legten die kleinen, moderneren Schiffe an, die nur aus einem Deck bestanden, dafür aber ein aufziehbares Verdeck hatten. Hier gab es auch Tische, und es war Platz für sechzig Gäste. Auf einem dieser Schiffe hatte ich meine erste Schicht. Die Besatzung bestand immer aus vier Mann: Kapitän, Bootsmann, Kellner und Stadtbilderklärer.

Noch am Ufer steckte ich mir mein Namensschild ans Hemd. Ein Mann, der offensichtlich der Bootsmann war, stand am Eingang.

»Ach, du bist der neue Quatscher. Tach.«
»Tach. Und wer bist du?«
»Du kannst Chef zu mir sagen.«

Super. Ein Komiker.

»Aber ich bin der Oberchef«, rief der Kapitän von der Brücke, ohne sich umzudrehen.

»Hallo. Ich bin Tilman«, sagte ich.

»Ach komm, lüg doch nicht. So wie du aussiehst, heißt du Sören oder Malte.«

Nachdem Bootsmann und Kapitän ihr Komikprogramm abgespult hatten, konnte ich doch noch in Erfahrung bringen, dass der Kapitän Jürgen und der Bootsmann Mike hieß. Ja, tatsächlich Mike. Er hatte mich extra nochmal auf die Schreibweise hingewiesen:

»Ich heiße Mike. Aber nicht mit A-I, sondern mit I-K-E. Wie sich dit jehört.«

Da sag noch mal einer, die Ossis hätten alle dämliche Vornamen.

Es gibt mehrere Sorten Berliner: den maulfaulen Miesepeter und die scherzkeksafte Labertasche. Der Miesepeter hat eine tiefe Stimme, der Scherzkeks eine hohe. Keiner von beiden meint es böse, trotzdem kann man beide nur in Maßen ertragen. Der Bootsmann machte schon mal den Eindruck eines Scherzkekses, beim Kapitän war ich mir da nicht so sicher. Hoffentlich habe ich hier nicht drei Scherzkekse auf einmal an Bord, dachte ich. Ein Stadtbilderklärer, der langweiliger ist als das technische Personal, wird keinen einfachen Stand haben.

Ich schloss mein Mikrofon an und sortierte mich. Es war ein warmer Tag, und die Besatzung hatte das Verdeck schon ganz aufgeschoben. Der Kellner ging über das Deck und nahm die ersten Bestellungen auf. Ich wollte ihn nicht in seiner Arbeit unterbrechen und beschloss, mich ihm später vorzustellen. An einem Tisch saß ein Rentnerehepaar in gedecktem Beige. Der Mann stopfte sich gerade eine Pfeife.

»Entschuldigung«, sagte der Kellner. »Das Rauchen ist hier leider verboten.«

Der Rentner sah von seiner Stopfarbeit zu ihm auf und schaute dabei so erstaunt, als hätte jemand »Verpiss dich, du Arschloch« zu ihm gesagt.

»Bitte? Also, das ... äh ...«

»Ist leider so«, sagte der Kellner. »Ich kanns leider nicht ändern.«

Dem Rentner schien das nicht zu reichen.

»Ja, aber ... leben wir denn in einem Land, in dem man einfach so alles verbieten kann? Was ist denn –«

»Na gut«, unterbrach der Kellner den Rentner, zog einen Stuhl heran und setzte sich zu ihm an den Tisch. »Dann setz ich mich. Führen wir eine politische Diskussion! Dann kann ich Ihnen aber nüscht zu trinken bringen.«

Der Gast ignorierte diesen Vorstoß:

»Wir haben doch wirklich Wichtigeres zu tun, als das Rauchen zu verbieten. Es gibt doch so viel –«

»Kinder, heut gibts nüscht zu trinken«, rief der Kellner übers Deck. »Ich muss hier übers Rauchen diskutieren. Bar is zu.«

Ein paar Leute warfen einander verständnislose Blicke zu. Der Kellner machte seine Ankündigung wahr und stieg sofort ein:

»Wissen Sie, mir geht diese Verbieterei ja auch ganz schön auf den Sender. Was wollen die eigentlich noch verbieten? Rauchen hamse schon geschafft. Gurtpflicht, Helmpflicht, Badekappenpflicht, und jetzt ist auch noch die Glühbirne dran. Irgendwann verbieten die noch Bohneneintopf und Sauerkraut, damit nicht mehr so viel gefurzt wird, weil das ja schädlich sein könnte. In zehn Jahren wird Rauchen und Trinken sowieso ganz verboten sein, und in den Läden gibts nur noch Müsli. Sterben ist dann auch verboten. Ich weiß noch nicht, wie man dann die Leute bestrafen will, die es sich trotzdem erlaubt haben zu sterben, aber das schaffen die auch noch. Dann bin ich aber hier weg, das sag ich Ihnen. Ist mir scheißegal, dann geh ich in den Kongo oder wenns ganz schlimm kommt nach Holland. Mein Feierabendbier lass ich mir nämlich nicht verbieten.«

Der Rentner fand keine Worte, die er dem Wortschwall des Kellners entgegensetzen konnte. Stattdessen versuchte er, mangelnde Schlagfertigkeit durch Öffnen des Mundes zu kompensieren. Seine Frau schaute ohnehin schon die ganze Zeit konzentriert in die andere Richtung, als hätte sie damit nichts zu tun.

»Vor allem frag ich mich: Wovor haben diese Leute Angst? Es gibt keine absolute Sicherheit im Leben. Niemand ist unsterblich: ich nicht, Sie nicht und – glauben Sie es oder nicht – ein Nichtraucher auch nicht. Das ist doch auch das Kranke an unserer Zeit: Alle glauben, sich gegen irgendwas schützen zu können. So wie diese Fahrradhelmträger. Haben Sie so was früher gesehen? Nein! Früher war klar: Wer Fahrrad fährt, lebt gefährlich. Kommt ein Laster, biste Matsch. Aus. Ende. Da hilft auch kein Helm.«

Der Gast guckte nur und sagte gar nichts.

»Oder diese Idioten mit den Rollkoffern. Glauben doch tatsächlich, dass sie sich mit einem normalen Koffer den Rücken verbiegen und den Arm ausleiern. Gab es doch früher nicht. Wenn das stimmen würde, dann wäre bei den Leuten früher ein Arm länger gewesen als der andere. Jetzt frag ich Sie: Haben Sie das schon mal gesehen? Ich nicht. Trotzdem laufen die jetzt mit ihren dämlichen Rollkoffern rum und machen Lärm: deduck! Deduck! De-Drrrrr! Selbst mit ihren kleinen Scheißdingern. Sind nicht größer als die kläffende Fußhupe meiner dicken Nachbarin, die immer diese Labberklamotten anhat, aber müssen gezogen werden, weil, man könnte sich beim Tragen ja was tun.«

Der Lippenbewegung des Rentners zufolge sortierte er in der ihm gebotenen Geschwindigkeit seine Gedanken und stand kurz davor, etwas zu erwidern. Der Kellner setzte zum Endspurt an:

»Wenn die versuchen, hier auf dem Schiff Schwimmwestenpflicht einzuführen, dann bin ich die längste Zeit Kellner gewesen, das können Sie aber singen. Ich lauf doch nicht mit sonem orangenen Ding rum, da seh ich ja aus wien Müllmann. Wenn das Schiff absäuft, gehen wir halt drauf. Ist nun mal so. Kammer nüscht machen, sarickma. Ich beschwer mich nicht. Ist dann wohl Gottes Wille, obwohl ich ja eigentlich nicht an Gott glaube. Aber diese Sicherheitsfanatiker werden sich noch mal ganz schön wundern, wenn sie irgendwann tot sind. Huch, der Sensenmann! Wie kann das sein? Ich hab doch nie geraucht und immer einen Helm getragen. So einfach ist das nämlich nicht, liebe Freunde. Die haben so viel Angst um ihr Leben, dass ich mich frage: Wofür leben die dann noch? Kein Alk wegen ungesund, keine Zigaretten wegen Krebs, nich vögeln wegen AIDS und kein Steak wegen BSE. Na, was bleibt denn da noch? Kirche, oder was? Vielen Dank. Da kann ich gleich in die Kiste hüppen. Ich sag immer: Lebt, solange ihr noch könnt! Im Himmel gibts nix mehr zu feiern, obwohl ich ja eigentlich nicht an den Himmel glaube, sarickma. Aber stellen Sie sich mal vor, Sie hätten vierzig Jahre lang kein Bier getrunken und sehen am Ende doch so aus wie Ottfried Fischer. Ich würd mich ärgern.«

Da machte es Klick beim Rentner.

»Ich hätte gern ein Bier«, sagte er und steckte seine Pfeife wieder in die Tasche seiner beigefarbenen Microfaserweste.

»Und ich hätte gern Feierabend«, sagte der Kellner.

Wieder ließ der Rentner den Mund offen stehen.

»Kleiner Scherz«, sagte der Kellner. »Bar ist wieder offen«, rief er über das Deck und ging hinter seinen Tresen. Als er dem Rentner das Bier brachte, kläffte der Kapitän von der Brücke:

»Na? Ist der Herr Servicemitarbeiter fertig mit seiner Predigt? Können wir mal ablegen? Oder willst du nächstens den Job vom Stadtbildzerstörer übernehmen?«

»Nix«, kläffte der Kellner zurück. »Ick lass mir doch nicht vorschreiben, was ich zu sagen habe.«

Zehn Minuten bevor wir anlegten, ging er herum und kassierte ab, wobei er an jedem Tisch noch einen Spruch machte:

»Ich müsste Ihnen mal ein paar Euronen abnehmen. Ja, ist nicht schön, ich weiß. Mit dem Bezahlen verplempert man das meiste Geld.«

Als alle Passagiere von Bord waren, ging ich zu ihm an die Bar.

»Hallo, ich hab mich vorhin gar nicht vorstellen können. Ich bin Tilman.«

»Ja. Dit hilft dir jetze ooch nüscht mehr.«

Zweifelsfrei: ein Scherzkeks.

»Und wer bist du?«, fragte ich.

»Ich bin der philippinische Heizer. Ich schaufel unter Deck die Kohlen in den Ofen.«

»Und wie heißt du?«

»Klaus.«

»Ach komm, lüg doch nicht«, sagte ich.

Klaus lachte.

Das kennen Sie nicht mehr

Ein paar Lücken hatte ich noch, das war mir in der ersten Schicht aufgefallen. Hoffentlich aber sonst niemandem. Mal hatte ich eine Jahreszahl vergessen und erfand einfach eine, die mir plausibel schien, mal fehlte mir ein englisches Wort, und ich behalf mir mit einer etwas umständlichen Umschreibung. Manche Gebäude hatte ich nach der ersten Tour auch völlig ausgelassen, weil mir beim Erklären aufgefallen war, dass ich selber noch nicht genau verstanden hatte, was es damit überhaupt auf sich hatte.

Daraufhin hatte ich mir zwei Tage Nachsitzen verpasst. Erst hatte ich noch gedacht, ich würde ein paar Standardwerke zur Geschichte Berlins wälzen müssen, hatte dann aber festgestellt, dass für die nötige Kürze meiner Erklärungen Wikipedia völlig ausreiche. Jetzt fühlte ich mich richtig gut vorbereitet. Fall auf die Knie, Mona! Helmuth Karl Bernhard Graf von Moltke (1800–1891) war preußischer Generalfeldmarschall und führte die Schlacht von Königgrätz. Der Marstall heißt auf Englisch »the royal stables« (im Britischen auch »mews«), und eine kurze Google-Recherche hatte ergeben, dass kein Schwein das Glockenspiel im Tiergarten »St. Daimler« nennt. Da kiekste, wa? Ich gehe nach einer Woche besser vorbereitet aufs Schiff als du nach drei Jahren.

Die zweite Schicht stand an. Das Oberdeck war gut gefüllt, die Sonne schien, und laut Bootsmann waren noch keine ausländischen Gäste an Bord, sodass ich alle Ansagen auf Deutsch machen konnte. Ihr werdet jetzt mal fein was von mir lernen. Da werdet ihr aber staunen, meine lieben kleinen Touristenfreunde.

Ich begrüßte die Passagiere freundlich, wies auf die niedrigen Brücken hin und stieg sofort ein.

»Meine Damen und Herren, hier links sehen Sie den Berliner Fernsehturm, 368 Meter hoch und im Jahre 1969 eröffnet. In der Kugel befinden sich eine Aussichtsetage und ein Café. Das Café dreht sich zweimal pro Stunde.«

In der dritten Reihe saß ein grinsender Mann:

»Wissen Sie, wie man das Café früher genannt hat?«

»Äh … nein.«

»Café Bismarck. Jeder Biss ne Mark.«

Ich lächelte ein höfliches Lächeln. Na gut. Café Bismarck hatte ich zwar noch nie gehört, aber konnte ich mir ja mal merken. Wer wusste, wofür es noch gut sein konnte. Drei Minuten später sprach ich über das Nikolaiviertel und die dort stehende Bronzeskulptur »St. Georg im Kampf mit dem Drachen«. Wieder quatschte der Mann dazwischen:

»Wissen Sie, wie man das Denkmal früher genannt hat? Nein? Schwiegermutterdenkmal. Hahaha! Verstehen Sie? Wegen Drachen. Schwiegermutter.«

»Aha«, sagte ich und lächelte wieder. Auch das werde ich mir mal merken, dachte ich. Vielleicht ist ja irgendwann eine Herrengruppe vom Typ Kabarettgänger an Bord und freut sich über solche Biedermeierwitze.

»Links die Reste des Palastes der Republik. Früher stand hier das Stadtschloss der preußischen Könige, das nach dem Krieg gesprengt wurde. In den Siebzigerjahren wurde hier der Palast der Republik gebaut, zum einen als Tagungsort der Volkskammer, des Parlamentes der DDR, zum anderen als eine Art Haus des Volkes mit Restaurants, Veranstaltungsorten und einer Kegelbahn.«

Wenn du Spitznamen willst, dann sollst du sie bekommen:

»Wegen der ungewöhnlichen Innenbeleuchtung nannten die Berliner den Palast der Republik auch Erichs Lampenladen.«

Bitteschön!

»Und Palazzo Protzo«, bellte der Mann. »Das war auch noch so ein Spitzname. Palazzo Protzo.«

Ah ja, vielen Dank auch. Diesmal lächelte ich ein herablassendes Lächeln, das ich von einem Pamphletverteiler einer kommunistisch-antifaschistisch-marxistisch-leninistischen Hochschulgruppe gelernt hatte, als ich ihm sagte, ich könne mit Partisanenrhetorik nichts anfangen.

Wir legten am Haus der Kulturen der Welt an, fünf Minuten Pause. Sofort stand der Mann auf und kam auf mich zu. Er zog die ganze Zeit die Oberlippe hoch, als wollte er »Hä?« sagen, und bekam dadurch riesige Nasenlöcher. Wahrscheinlich hieß er Eberhard. Was kommt jetzt?

»Der Tiergarten war ja ganz kahl nach dem Krieg. Da stand ja kein Baum mehr«, sagte er unvermittelt.

»Guten Tag«, sagte ich und stand auf. »Kann ich Ihnen eine Frage beantworten?«

Eberhard schien mich gar nicht zu hören.

»Kein Baum mehr«, sagte er. »Da stand kein Baum mehr.«

»Das ist richtig«, sagte ich. »Die Berliner haben Brennholz gebraucht und haben den Tiergarten abgeholzt. In den Fünfzigern wurde der Tiergarten dann wieder aufgeforstet, zum großen Teil aus amerikanischen Mitteln.«

»Und für das Auto mit Holzvergaser. Dafür auch. Nicht nur zum Heizen. Damit sind wir früher herumgefahren.

Deshalb war hier alles kahl. Weil wir das Holz gebraucht haben. Aber, das kennen Sie nicht mehr. Wie alt sind Sie?«

»Siebenundzwanzig.«

»Siebenundzwanzig, ach du je! Da kennen Sie das nicht mehr. Da kennen Sie ja kaum was. Was kennen Sie da eigentlich? Das war früher hier alles nicht. Da war ja gar nix. Überhaupt nix. Da konnten Sie von hier bis zum Brandenburger Tor gucken. Weil da nix war. Alles kahl. Das kennen Sie nicht mehr.«

»Nein, das kenne ich nicht. Da haben Sie recht.«

»Sehen Sie, da habe ich recht. Sie kennen das nicht.«

»Nein, ich kenne das nicht. Da war ich noch nicht geboren, deshalb kenne ich das nicht. Aber ich weiß es trotzdem. Das kann man nachlesen und auch Fotos davon sehen.«

»Aber Sie kennen das nicht. Sie waren da noch nicht geboren.«

»Nein.«

»Sehen Sie.«

»Ja. Ich darf es aber trotzdem sagen, ja?«

»Ja, natürlich dürfen Sie es sagen. Aber Sie kennen es eben nicht mehr. Da waren Sie noch nicht geboren. Das wollte ich nur mal festhalten.«

»Das wusste ich schon, vielen Dank.«

»Weil Sie das ja nicht kennen.«

»Ja.«

»Genau.«

»Entschuldigung, wir legen wieder ab. Ich muss weitermachen.«

Langsam wackelte er zurück auf seinen Platz.

Klaus ging an mir vorbei und flüsterte mir zu:

»Sag mal, willst du dir von dem Typen da die Schau stehlen lassen?«

»Ich weiß auch nicht, was das soll«, sagte ich. »Der sabbelt die ganze Zeit dazwischen.«

»Ja, das sehe ich auch. Ich meine, willst du ihn nicht mal zum Schweigen bringen? Der nervt kolossal. Nervt wie ein Wadenkrampf.«

»Kannst du das nicht machen?«

»Ich?«, fragte Klaus erstaunt. »Ich zapf hier nur Bier. Du kannst mich rufen, wenn es hier eine Schlägerei gibt. Für alles andere bist du zuständig, Freundchen.«

Damit ging Klaus wieder.

Wie stellt der professionelle Stadtbilderklärer das an? Entschuldigen Sie, könnten Sie wohl bitte aufhören, dauernd dazwischenzuquatschen? Unser Kellner findet auch, dass das kolossal nervt wie ein Wadenkrampf.

Wir legten wieder ab, und ich sprach über das Kanzleramt.

»Mit dem Bau wurde im Jahr 1997 begonnen. Vorher befand sich hier...«

»Da war nüscht vorher!«, brüllte er wieder dazwischen.

Drei Meter von Eberhard entfernt saßen vier Bier trinkende Jurastudenten oder Zeitsoldaten. Einer konnte sich nicht mehr zurückhalten:

»Mensch, können Sie mal Ruhe geben? Wir wollen hier zuhören!«

Eberhard verteidigte sich: »Der kennt das nicht mehr!«

Jetzt musste es wohl sein:

»Mein Herr, äh... ja, ich kenne das nicht mehr... Ich fände es aber nett, wenn Sie... also, nur wenn es Ihnen nichts ausmacht... Also, ich meine, ich bin ja nun mal hier der Erklärer, und Sie wissen bestimmt...«

Auf einmal stand Klaus neben mir, nahm mir das Mikrofon aus der Hand und sprach hinein:

»Jetzt hören Sie mir mal zu! Vorm Reichstag haben Pink

Floyd im Jahr 1990 ihr berühmtes Konzert mit dem Titel ›The Wall‹ gegeben. Kennen Sie Pink Floyd? Nein? Hab ich mir gedacht! Dann darf ich um Ruhe bitten. Danke.«

Die Jurastudenten grinsten schadenfroh. Auch ein paar andere Gäste schienen sich über diesen Ausfall zu freuen.

»So macht man das, verstanden?«, sagte Klaus und gab mir das Mikrofon wieder in die Hand.

»Äh...gut... Danke. Das war unser Kellner Klaus. Der kennt das alles noch von früher.«

Ich fuhr einfach fort mit der Erläuterung der Moltkebrücke:

»Hier über dem linken Bogen sehen Sie ein Bildnis des Generals Blücher, der in den Befreiungskriegen gegen Napoleon gekämpft hat.«

»Da kenne ich einen Witz«, sagte Eberhard. Verdammter Mist, verdammter! »Kommen Napoleon, Kaiser Wilhelm und Sarkozy in eine Kneipe. Sagt Napoleon –«

»Hahahaha«, lachte ich demonstrativ. »Eine reizende Geschichte. Links sehen Sie den Humboldthafen, dahinter beginnt der Berlin-Spandau-Schifffahrtskanal, der die Spree mit der Havel verbindet.«

»Nee... Kaiser Wilhelm sagt – nee, das war nicht Kaiser Wilhelm. Das war Napoleon, Sarkozy und... und... Ich komm gleich drauf.«

Hinten stand Klaus und gestikulierte mir wild zu. Na gut, dann wollen wir das mal versuchen.

»Der Witz geht so«, unterbrach ich ihn. »Napoleon, Sarkozy und Norbert Blüm kommen in eine Kneipe. Sagt Napoleon: drei Kurze. Sagt der Wirt: Das sehe ich, und was wollt ihr trinken?«

Eine einzelne Dame lachte, ein paar Leute verdrehten die Augen, der Rest reagierte nicht. Klaus gestikulierte immer noch. Ohne Stimme rief er mir zu: »WEITER!«

»Das ist aber ein ziemlich schlechter Witz«, sagte ich. »Ein guter Witz geht so: Kommt ein Pferd in einen Blumenladen und sagt: Haben Sie Margeriten?«

Deutlich wurden die Unterschiede in der Denkgeschwindigkeit hörbar. Zwei oder drei Gäste lachten sofort, der Rest brauchte ein paar Sekunden länger.

»Versteh ich nicht«, sagte Eberhard.

Klaus streckte den Daumen nach oben und ging wieder unter Deck. Jawoll, ein Punktsieg. Weiter im Text:

»Auf der rechten Seite sehen Sie die Schweizer Botschaft. Sie ist das einzige Gebäude, das vom sogenannten Alsenviertel übrig geblieben ist. Dieses Viertel hatten die Nationalsozialisten abgerissen, um dort ihre riesige Halle des Volkes zu bauen, wozu es aber, wie Sie sehen, nie gekommen ist. Heute ist hier nichts weiter als eine große Wiese. Ich möchte darauf hinweisen, dass dieses Gelände früher vollständig bebaut gewesen ist. Da war ja alles voll. Da war ja ganz viel. Da konnte man *nicht* von hier bis zum Brandenburger Tor gucken. Da stand ja alles noch. Aber das kennen die meisten ja nicht mehr.«

Die Studenten kicherten wieder. Eberhard guckte teilnahmslos in die Ferne.

»Ein Satz noch zur Siegessäule: Auf der Siegessäule hat die irische Band U2 einen Teil ihres Videos zu ›I still haven't found what I'm looking for‹ gedreht. In diesem Video können Sie sehen, wie der Sänger Bono auf der Schulter der goldenen Statue der Siegesgöttin Victoria steht und ihr ins Ohr singt. U2 kennen Sie ja bestimmt alle.«

Eberhard schwieg.

Ich zog meine Ansagen bis zur Anlegestelle durch und wurde kein einziges Mal unterbrochen. Sollte ich es wirklich geschafft haben? Oder hatte ich jetzt einem einsamen alten Mann seine einzige Möglichkeit der sozialen Partizipation und damit seine letzte Erbauung genommen? Es kicherte auch niemand mehr.

Als wir angelegt hatten und ich am Ausgang stand, fiel ein bisschen Trinkgeld in meine Hände, aber keiner der Gäste hatte ein Wort des Lobes oder der Kritik für mich übrig. Nur einer der Studenten sprach mich an:

»Das war nicht das Video von ›I still haven't found what I'm looking for‹, sondern von ›Stay‹, gell. Merken!«

»Ach so... äh, o.k. Danke.«

Ich sah Eberhard kommen und hatte ein schlechtes Gewissen.

»Auf Wiedersehen«, sagte ich und versuchte, versöhnlich zu klingen. Er blickte nicht auf und ging wortlos an mir vorbei.

»Na siehste, geht doch«, sagte Klaus, als alle von Bord waren. »Manchmal muss man die Leute eben etwas zurechtweisen. Das ist deine Bühne und dein Job, und da hat dir niemand was zu erzählen.«

»Hm... aber meinst du nicht, dass ich die Stimmung damit ein bisschen zu arg runtergezogen habe?«

»Ach was«, sagte Klaus. »Früher zu DDR-Zeiten haben wir das immer so gemacht.«

»Aber woher soll ich das denn wissen?«, sagte ich. »Das kenne ich doch nicht mehr.«

Rätsel der Menschheit

Ick lass die Leute jetzt auf Schiff, sarickma«, sagte Klaus und nahm die Kette vom Eingang.

Warum benutzen die Berliner eigentlich nach »auf« nie einen Artikel? Sie gehen auf Klo, sind gerade auf Arbeit und rufen einander auf Handy an. Warum machen sie das und warum nur in diesem Fall? Sie könnten doch zum Beispiel auch nach »unter« den Artikel weglassen. Dann lägen sie im Bett unter Decke, ihr Auto hätte ordentlich PS unter Haube, und wenn sie stürben, kämen sie unter Erde. Rätsel des Berliner Dialektes. Trotz meiner mittlerweile acht Jahre in Berlin hatte ich einige dieser Rätsel nicht lösen können, zum Beispiel die Berliner Endungs-s-Feindlichkeit. Es scheint dem Berliner unmöglich zu sein, am Wortende nach »er« ein s zu sprechen. Er trinkt »Selter«, das er vorher in der Kaufhalle namens »Kaiser« gekauft hat. Er sieht gerne Fernsehsendungen mit dem Kabarettisten Volker Pisper oder amerikanische Komödien mit dem Schauspieler Mike Myer und erinnert sich noch gut an den früheren Bundesinnenminister Rudolf Seiter. In der Cafeteria der Humoldt-Universität klebt bis zum heutigen Tag am Schokoriegelregal die Aufschrift: »Knopper 80 Cent«. Leider hat die Cafeteria kein »Snicker« im Sortiment. Korrekturversuche und klärende Gespräche mit Berliner Cafeteriabedienungen sind ebenso sinnlos wie gefährlich.

»Es heißt aber doch Knoppers. Steht doch auf der Verpackung.«

»Ick sare Knopper. Schluss.«

»Aber es ist doch offensichtlich falsch.«

»Sarema, willste Ärger mit mir, Freundschen?«

Was sich der Berliner einmal in den Kopf gesetzt hat, das soll ihm der Schwabe nicht nehmen. In Ortsnamen wie Heinersdorf, Woltersdorf und Wilmersdorf hat sich das s wohl nur wegen des angehängten »-dorf« durchsetzen können, sonst hießen sie Heiner, Wolter und Wilmer.

Wie viele Rätsel muss Deutschland den ausländischen Touristen wohl aufgeben, denen ich jeden Tag die Stadt erklären soll? Was sich im einen Teil Deutschlands ziemt, ist im anderen verpönt. Dieser deutsche Kultur- und Mentalitätenföderalismus muss für einen Amerikaner das größte Rätsel sein. Wie belogen und betrogen, für dumm verkauft und zum Narren gehalten muss sich ein Amerikaner fühlen, wenn er als erste deutsche Stadt Köln besucht. Sein Leben lang hat man ihm erzählt, dass in Deutschland Bier aus riesigen Krügen getrunken wird, die einen ganzen Liter fassen, dass Deutschland den zweithöchsten Pro-Kopf-Bierkonsum der Welt aufzuweisen hat, dass es dort Starkbier mit acht Prozent Alkoholanteil gebe. Und nun sitzt er mit lauter anderen enttäuschten Touristen in einer Kölner Showbrauerei und muss sein dünnes Kölsch aus einem Reagenzglas trinken. Ich wäre sauer.

Wenn sich ein Neuseeländer in München eine Tracht kauft, bestehend aus Lederhosen, Wadlstrümpfen, Janker und Hut, so wird er in Bayern für seine Integrationsbereitschaft gelobt. Kommt er in diesem Aufzug nach Berlin, wundert er sich, dass er zur Begrüßung aufs Maul bekommt.

Einmal fragte mich ein Grieche: »Is there a slight racism against Bavaria?«

Weit holte ich aus, um ihm das Rätsel der Bayernfeindschaft zu erklären, erzählte von der jahrhundertealten Antipathie zwischen Preußen und Bayern, von bayerischen Monarchisten, von den Christdemokraten, deren Partei in Bayern anders heißt als im Rest Deutschlands, und von der Bezeichnung »Freistaat Bayern«. Damit musste ich den Griechen so verwirrt haben, dass er schließlich fragte: »Is Bavaria not a part of Germany, then?« Wäre ich Berliner und Bayernhasser gewesen, hätte ich ihm daraufhin ein Bier ausgegeben.*

Die intranationale Xenophobie war mir immer ein großes Rätsel. Die Ablehnung der Fremdenfeindlichkeit scheint da aufzuhören, wo der Fremde nicht fremd genug ist. Seit einigen Jahren war es Mode, auf »die Schwaben« zu schimpfen, die allesamt dafür verantwortlich seien, dass am Prenzlauer Berg ausnahmslos jedes Bier fünf Euro koste, jede Wohnung marmorverkleidet und fußbodenbeheizt war und (besonders schlimm!) dass die Zahl der richtigen, echten, eingeborenen und nie woanders gewesenen Berliner unter die Nachweisbarkeitsgrenze gesunken war. Die Gentrifizierung war nicht zu leugnen, und auch ich hielt die Shishabars in Friedrichshain, die Flagshipstores amerikanischer Modelabels in Mitte und die unglaublichen Mieten in den feineren Gegenden des Prenzlauer Bergs für ganz schön überflüssig. Die von Missgunst und Neid auf

---

* Die separatistische Bayernpartei machte im Wahlkampf zur Europawahl 2009 trickreiche Werbung in Berlin: Ihr Plakat zeigte zwei in Tracht gekleidete Bayern von hinten, die zum Abschied winkten. Darunter stand: »Wollt ihr nicht auch die Bayern loswerden? Dann wählt die Bayernpartei. Für ein Deutschland ohne Bayern.« Ihre Internetseite enthielt Tiraden gegen den »arroganten seltsamen Freistaat im Süden« sowie gegen »ihre ›Sprache‹, dieses geistlose Gebrabbel«. Die Taktik funktionierte: Mit 1,0 % der Stimmen konnte die Partei ihren Erfolg von 2004 wiederholen, und bei der Bundestagswahl erreichte sie sogar ihr bestes Ergebnis seit 1957: 0,7 % der Zweitstimmen.

allen Seiten geprägte Debatte darüber schien aber oft nur ein Ventil für ganz anders begründeten Hass zu sein: Gerade diese Schwaben sind die schlimmste Pest, die Berlin seit der napoleonischen Besatzung heimgesucht hat. Sie erdreisten sich, in Berlin ihre Eier zu legen und ihre Brut in Kinderwagen durch den Bezirk zu schieben. Sie sitzen in Cafés herum, in denen unberlinische Getränke verkauft wurden: Milchkaffee, Bionade und bayerisches Bier. Sie tragen Kleidung, die man in Berlin gefälligst nicht zu tragen hat: Sonnenbrillen mit riesigen Fliegenaugengläsern. Sie kaufen biologisch ein, was ja wohl mal das Allerletzte ist. Sie kümmern sich um Erziehung und Bildung ihrer Kinder, als ob sie was Besseres wären. Sie haben Arbeit. Wenn man dagegen nichts tut, werden diese Menschenfresser irgendwann zahlenmäßig überlegen sein, Berlin von innen aushöhlen und für den Tod der einzig wahren Berliner Leitkultur sorgen: Herrengedeck für dreifuffzich. Aber es tut ja niemand was, weil alle so hoiti-toiti supitolerant sind. Berlin schafft sich ab! Das wird man doch wohl noch sagen dürfen!

Was in Bezug auf Afrikaner und Asiaten zu Recht als Rassismus galt, war in Bezug auf »die Schwaben« allgemein akzeptiert und gehörte zum guten Ton. Neu zugezogene Zwanzigjährige erkannten diese politisch korrekte Fremdenfeindlichkeit als gute Umgangsform und gewöhnten sich ebenfalls das Fluchen an, was sie besonders lächerlich machte. Dabei durfte aber niemand erfahren, dass sie selbst aus einer westdeutschen Kleinstadt stammten. Schäm dich für deine Heimat, schäm dich für dein Gebiet.

Aber die Berliner schaffen es sogar, noch eine Stufe herunterzugehen: auf Bezirksebene. Gerade im Ostteil der Stadt hält man sein eigenes Viertel gern für das allerbeste und rümpft die Nase, wenn man einen Bewohner eines anderen Bezirkes enttarnt hat. Ein Treptower kann nur ganz schwer mit einem Lichtenberger kommunizieren, und Westberliner gehen schon mal gar nicht: Die fallen in die gleiche Kategorie wie Mongolen, Eskimos oder Schwaben. Kurz nach der Fußballweltmeisterschaft 2006 erzählte mir ein Hellersdorfer begeistert von Völkerverständigung und Toleranz: »Die WM hat doch richtig was verändert. Das war so ein riesiges Gefühl von Zusammengehörigkeit. Ich hab sogar mit Leuten aus Pankow und Weißensee Fußball spielen können, und es gab überhaupt keinen Ärger.«

Vor den Wahlen zum Studentenparlament der Humboldt-Universität verteilte eine Hochschulgruppe Broschüren mit ihrem Wahlprogramm. Ihre Position zum Thema Rassismus ließ sich so zusammenfassen: Es war ihre tiefe Überzeugung, dass die den Völkern zugeschriebenen Eigenheiten und Mentalitäten ein vorurteilsbeladenes Konstrukt darstellen, das von den von Natur aus rassistischen und zum Faschismus neigenden Deutschen in die Welt gesetzt wurde. Zwei Vertreter dieser Hochschulgruppe machten Wahlwerbung auf dem Campus. Der eine trug ein T-Shirt mit der Aufschrift »Gegen Rassismus«, der andere eines mit dem Schriftzug »Deutschland, halt's Maul!«. Ein ganz großes Rätsel des hochschulpolitischen Antirassismus.

Auch die Ausflugsbinnenschifffahrt hat ihr Rätsel: Warum wird gewinkt? Sobald am Ufer jemand dem vorbeifahrenden Schiff zuwinkt, winkt mindestens die Hälfte der Fahrgäste zurück. Machen die das zu Hause auch? Winkt man den gleichen Touristen auf dem Alexanderplatz zu, so halten sie ihre Handtaschen und Brustbeutel fest und beschleunigen ihren Schritt. Man hört ja so viel von diesen rumänischen Taschendiebesbanden in Berlin. Da winkt man nur kurz zurück, und in dem Moment schlitzt irgendein Popescu einem die Tasche auf und klaut die Geldbörse raus. So machen die das doch!

Hans Rosenthal hatte einmal in »Dalli Dalli« einen Gast zurechtgewiesen, der unvermittelt in die Kamera gewinkt hatte: »Nicht winken! Sie sind in einer Großstadt!«

Recht hat er! In einer Großstadt hat man unfreundlich zu sein, auf der Straße zügig zu gehen und niemandem in die Augen zu sehen. Wer in die Kamera winkt, ruft auch bei Gewinnspielen im Radio an, kann die Frage nicht beantworten und fragt zum Schluss auch noch: »Kann ich noch jemanden grüßen?«

Wenn ich jemanden grüßen will, rufe ich ihn an.

Unter den weiteren unlösbaren Rätseln, die mir die Touristen aufgaben, fanden sich: Warum tragen die Japaner Fischerhüte mit vorne hochgeklappter Krempe? Warum sind die Iren am Unterarm tätowiert? Warum brüllen die Spanier immer so, und warum haben die spanischen Frauen alle diese Reibeisenstimmen?

Klaus kam zu mir und riss mich aus meinen Gedanken:

»Samma, du Vogel, willste mal anfangen langsam? Wir haben schon abgelegt, sarickma.«

Warum sagte er eigentlich immer »sarickma«? Es wird sein Rätsel bleiben, dessen Lösung er wahrscheinlich selbst nicht kennt.

Die größte Party
des Jahres

Es war Anfang Juni, und ich hatte ein langes Arbeitswochenende vor mir. Ich rechnete mit saftig Trinkgeld, denn auf diesen Donnerstag fiel ein Feiertag. Und was macht der Deutsche am langen Wochenende? Eine Radtour durchs Rheingau, ein Besäufnis auf dem Campingplatz oder eine Städtereise nach Berlin.

Als ich um halb zehn mit dem Fahrrad zur Anlegestelle fuhr, kamen mir auf der Karl-Marx-Allee fünf Typen mit Stiernacken, Sonnenbrillen und nackten Oberkörpern entgegen. Sie zogen einen Bollerwagen hinter sich her, in dem zwei Kästen Bier standen. Verdammt, es war Herrentag. Das hatte ich völlig vergessen.

Der Herrentag, der eigentlich Besoffene-Proleten-pissen-auf-die-Straße-und-machen-Ärger-Tag heißen müsste, ist eine Erfindung, die ich vor meiner Berliner Zeit nicht kannte und die wohl nur existiert, damit sich Männer aller Altersgruppen unabhängig von Fußballveranstaltungen einmal im Jahr ohne schlechtes Gewissen betrinken können und herumgrölen dürfen. Eine Art St. Patrick's Day für Preußen.

Terminlich fällt der Herrentag mit Christi Himmelfahrt zusammen. Damit will der Berliner sagen: »Ja, ick weeß, heute wär irgendson Feiertag mit Gott. Ick brauch aber keen Gott. Solange es noch Sternburg für fuffzich Zent gibt, bin ick auch ohne Gott ganz zufrieden.«

Als ich ankam, saßen auf dem Oberdeck ein paar der üblichen Touristen und auch schon die erste Herrentagsgang. Enge T-Shirts und Muckibudenfiguren, Silberkettchen und Gelfrisuren. Ein italienischer Staatssekretär hatte sich einst über »einförmige, blonde Deutsche, die lärmend über Italiens Strände herfallen« beschwert und damit fast einen diplomatischen Skandal ausgelöst. Gemeint hatte er diese Typen. Und recht hatte er.

Wir legten ab. Während der ganzen Tour machten die Herrentagler Lärm vom Heck. Einer erzählte anscheinend die ganze Zeit Witze, die ich aber nicht genau verstehen konnte:

»Waffa kuffa huttapatta! Katta pucka, Häyte-päyte, vastehste!«

Dann lachten alle ihre bierbassigen Außenbezirkslachen. Was der italienische Staatssekretär einförmige Deutsche nannte, nannte ich Hellersdorfer. Hellersdorf: Welcome to Plattenbau Country. Home of the Silberkettchen über dem Pullover. Hobbys: Autotuning und Schlägerei. National holiday: Herrentag.

Der erste Zwischenfall passierte am Hauptbahnhof.

»Meine Damen und Herren, wenn Sie jetzt nach rechts sehen, sehen Sie dort die Einfahrt zum Humboldthafen, dem ältesten Spreehafen Berlins, der aber nicht mehr als solcher genutzt wird.«

Plötzlich fing die Hälfte an zu tuscheln. Ein paar andere lachten laut. Erst jetzt sah ich hin. Am Ufer standen vier Proleten, urinierten in die Spree und winkten uns zu. Merken: Erst selber hingucken, dann zum Hingucken auffordern.

»Äh... Ladies and gentlemen. Please don't look right, there's nothing to see on the right side. Nothing at all. Look left, there you see... äh... the Swiss Embassy. Now, that's really interesting, isn't it?«

Ein paar Herrentagler sprangen auf, grölten und winkten den Urinierern zurück. Ein Passagier schrie sie an:

»Hey, ihr Bengels! Sagt mal, macht ihr das zu Hause auch?«

»Nee«, rief ein Urinierer zurück. »Zu Hause pissen wir grundsätzlich nicht. Dafür kommen wir immer hierher.«

Nach dieser Tour bekam ich insgesamt fünf Euro zweiunddreißig sowie 50 dänische Öre Trinkgeld. Zwei ebenso erschrockene wie empörte Amerikaner gingen von Bord:

»That's the problem with these Germans. They are always drunk. I've been here for two days now and I have not seen one sober German.«

»Yeeh!«, sagte der andere. »And you see what happens when people drink. First they become Nazis, then they become communists, then they vote for a gay mayor. Drink is the root of all evil.«

Mit jeder Tour wurden die Herrentagler unverschämter. Einer riss sich die Klamotten vom Leib und tanzte in der Unterhose über das Oberdeck. Ein britischer Tourist, der solche Zustände eigentlich aus seiner Heimat hätte kennen müssen, legte sich mit ihm an und hätte sich fast eine Tracht Prügel erquatscht. Bei der vierten Tour um drei Uhr waren nur noch Hellersdorfer an Bord. Die übrigen Touristen hatten sich in ihre Hotels zurückgezogen oder suchten bereits Zuflucht in den Botschaften ihrer Heimatländer.

Nun wurde es unangenehm. Wir fuhren unter der Weidendammer Brücke durch.

»Rechts das Theater am Schiffbauerdamm, das seit den Fünfzigerjahren das Berliner Ensemble beheimatet.«

Im hinteren Bereich hörte ich jemanden poltern:

»Wat hat der gesagt, Alta? Wat war dit? Hat der wat gesagt?«

Ich fuhr fort:

»Das Theater wurde schon in den Zwanzigerjahren berühmt, als hier Bert Brecht –«

Der Beschwerer stand auf und brüllte:

»Alta, wat hast du gesagt? Wie heißt dit Ding?«

Was war denn mit dem los? Er sah nicht so aus, als ob er sich fürs Theater interessierte, und sein Tonfall ließ nicht darauf hoffen, dass er sich bei mir nach dem Spielplan der nächsten Wochen erkundigen wollte.

»Theater am Schiffbauerdamm«, sagte ich.

»Nee, dit andere da. Berliner wie?«

»Berliner Ensemble«, sagte ich.

»Ach, Berliner Ensemble? Alta, bist du ne Tucke, oda wat? Bist du schwul? Oder Franzose?«

»Is doch dit Gleiche«, sagte sein Kollege. Alle lachten dreckig.

»Bei uns heißt dit immer noch Berliner Angsambl«, lallte der Beschwerer. »Dit war immer so, und dit wird auch immer so bleiben.«

»Wie Sie meinen, mein Herr. Sie dürfen selbstverständlich Berliner Angsambl sagen, wenn ich auch Berliner Ensemble sagen darf.«

»Haste wat an die Ohren, oda wat? Dit heißt Berliner Angsambl. Nüscht anderes! Los, sags! Berliner Angsambl!«

»Berliner Ensemble«, sagte ich.

»Ick bring dir um, du Arschloch! Sag Angsambl!«

»Entschuldigen Sie, aber ich –«

Er kämpfte sich zum Gang und war schon auf halbem Weg zu mir.

»Sag Angsambl, oder hier passiert ein Unglück.«

»Klaus!«, rief ich ins Mikrofon. »Klaus! Sicherheitsdienst!«

Klaus lief zum Beschwerer und redete auf ihn ein, zeigte auf mich und machte die Der-hat-nicht-mehr-alle-Sprossen-an-der-Leiter-Geste. Der Beschwerer hatte die Fäuste geballt und war kurz vorm Platzen. Vielleicht sollte ich hier ein Einsehen haben:

»Äh ... Angsambl«, sprach ich ins Mikrofon. »Angsambl, Angsambl, Angsambl.«

Der Beschwerer bellte wieder:

»Der soll bloß aufpassen, Alta. Bloß aufpassen soll der. Dit macht der nich nochma, is dit klar, Alta!«

Damit setzte er sich unter Protest wieder hin. Gerade nochmal gutgegangen.

»Da bist du auch selbst dran schuld«, zischelte Klaus mir zu, als er wieder an mir vorbeiging. »Berliner Ensemble! So redet doch keiner. Kannste dir ja denken, dass die Leute da sauer werden.«

»Klaus, ich halte das nicht aus. Wie soll man so arbeiten?«

»Ich auch nicht«, sagte Klaus. »Hier steigt gerade die größte Party des Jahres, und ich muss arbeiten. Ick hol mir jetzt ooch n Bier.«

Fünfzehn Minuten später sah für Klaus die Welt schon ganz anders aus. Er kam mit einer Bierflasche in der Hand. Es war nicht mehr seine erste.

»Wat willste denn, Alta? Dit sin alles janz knorke Leute. Man muss nur wissen, wie man mit denen umgehen muss.«

»Ich weiß nicht«, sagte ich. »Ich finde diese Typen ein bisschen unentspannt. Die sind ziemlich seltsam drauf.«

»Man muss sich auf so was einlassen«, sagte Klaus und duckte sich vor einem heranfliegenden Bierglas weg. Es zerschellte neben uns auf dem Stahlboden.

Die Hellersdorfer lachten dreckig.

»Dit nächste Mal erwisch ick dir, Keule«, brüllte einer.

»Kennst du die?«, fragte ich.

»Nö«, sagte Klaus. »Aber die wollen doch nur ein bisschen Party machen. Ist doch schön. Sonne scheint, man ist draußen und trinkt gemütlich n Bierchen.«

»Das ist mir gerade gar nicht gemütlich. Die sind ziemlich aggressiv.«

Ein zweites Bierglas landete neben uns.

»Wat habt ihr zwei Schwuppen denn da zu bequatschen?«, rief der Hellersdorfer. »Alta, wenn ick mipm Bierglas nach dir werfe, dann heißt dit, dass dit Bier alle is. Bringste jetze mal fünf neue, oder muss ick hier erstn Stuhl rausreißen?«

So hatte ich mir immer Feierabend bei der Wehrmacht vorgestellt.

Klaus ging Bier zapfen, und ich versuchte immer noch, meine Arbeit zu machen.

»Rechts ist das... also... rechts, wenn Sie mal schauen wollen. Hallo? Also, das ist das ARD Hauptstadtstudio, eines der modernsten –«

»Dit interessiert hier keenen, Keule«, rief jemand.

Ich gab auf.

»Also... äh... meine Damen und... ach Quatsch! Meine Herren! Ich werde hier meine Erläuterungen wegen mangelnden Interesses einstellen und verweise Sie auf die Reiseführer Baedeker und Polyglott. Für tiefergehende Informationen empfehle ich Ihnen das Zentrum für Berlinstudien in der Breiten Straße und die Werke des Regionalhistorikers Prof. Dr. Laurenz Demps.«

Aus. Fertig. Ihr könnt mich mal. Die Passagiere jubelten. Ich verzog mich in den Personalraum.

Als wir nach der letzten Tour anlegten, blieb ein Teil der Herren rotgebrannt, stinkend und zusammengesunken im Stuhl sitzen und musste vom Bootsmann und mir zum Verlassen des Schiffes regelrecht angetrieben werden. Der Bootsmann wusste das gut zu erledigen, denn er hatte schon mal beim Almauftrieb geholfen. Er schnitt sich aus den Büschen eine Rute, peitschte damit auf die Herren ein und machte immer »Reeek-ek-ek-ek«.

Am Kai hatten sich einige Hellersdorfer mit begeisterten spanischen Trinktouristen solidarisiert und spielten »Wer kann auf seiner eigenen Kotze am weitesten über den Kai schlittern«. Kids, don't try this at home!

Die Bilanz des Tages sah so aus:
Gäste an Bord: 327
Davon Herrentagler: 250
Verkaufte Biere (groß): 500
Verkaufte Biere (klein): 0
Zerschlagene Biergläser: 5
Zahl der Passagiere, die über Bord gekotzt haben: 4
Zahl der Passagiere, die an Bord gekotzt haben: 3 (geschätzte Dunkelziffer: 6)

Über Bord gegangen waren: ein Plastikstuhl, eine Sonnenbrille Marke Oakley, zwei Biergläser und ein Rettungsring.

Ein Besoffener war gegen einen anderen gestolpert, der mit zwei Bier in der Hand an der Reling gelehnt hatte. Die Biere waren ins Wasser geflogen, und der Stolperer hatte »Hilfe! Bier über Bord!« geschrien, den Rettungsring von der Reling gerissen und dem Bier hinterhergeworfen.

Trinkgeld: 12,72 Euro, 50 dänische Öre und 10 ungarische Forint.

Klaus schlug mir auf die Schulter und lallte:

»Junge, heute haste dit richtig gut gemacht. Weisse, die Kunst isses, sich an seine Gäste anzupassen.«

»Versteh ich nicht«, sagte ich. »Ich hab doch abgebrochen.«

»Jou! Und dit war genau richtig. Manchmal musste einfach mal die Schnauze halten.«

Martin

Mit Kollegen hatte ich eigentlich nichts zu tun. Natürlich musste ich mit Kapitän, Bootsmann und Kellner einigermaßen auskommen, aber das waren ja keine Fachkollegen im engeren Sinne. »Ich mach meine Arbeit, und ihr macht eure. Ist doch so«, sagte Loriots schwuler Maskenbildner, und selten habe ich mich einem schwulen Maskenbildner so nahe gefühlt wie in dieser Frage.

Ein paar von den Erklärerkollegen hatte ich kurz kennengelernt, als ich zum ersten Mal auf dem Schiff mitfuhr, um zu sehen, wie sie den Job erledigen. Auf dem Dienstplan standen aber noch zehn andere Namen, denen ich kein Gesicht zuordnen konnte. Andererseits kannte ich ein paar Kollegen vom Sehen, denn wenn sich zwei Schiffe unserer Reederei auf dem Wasser kreuzten, grüßten die Stadtbilderklärer einander mit einer kurzen Geste. Macht man ja so. Kein Busfahrer wird sämtliche BVG-Beschäftigte persönlich kennen, trotzdem grüßen sie sich leger mit der linken Hand, als wären sie Freunde fürs Leben.

Ich stand vor der ersten Tour um zehn an der Anlegestelle Palast der Republik. Das Mikro war schon eingesteckt, meine Sachen sortiert, und ich hatte noch zehn Minuten Zeit, deshalb tat ich das, was man eben so tut: rumlungern und Leute kieken.

Ein Herr kam zu mir, der weniger Herr und mehr Typ war: Cargohosen, ausgewaschenes, ehemals schwarzes

T-Shirt, unordentliche Frisur, unrasiert. Jetzt stehen die Bettler schon am Anleger, dachte ich. Quatsch mich bloß nicht an, Alter.

»Hallo«, sagte er mit einer bassigen Stimme, die viel Training durch Bier und Zigaretten erahnen ließ.

»Ja, Tach«, sagte ich zurück und schaute in die andere Richtung. Geh mir bloß nicht auf die Nerven, Kollege.

»Ich bin Martin.«

»Hm«, antwortete ich. Ich bin Martin und verkaufe die neue Obdachlosenzeitung Stütze, oder was?

»Ich bin dein Kollege.«

Bin ich hier in Indien? ›Elloh, I am your friend. Wanna see my shop? It's free entrance.‹

Ich sah ihn an, ohne etwas zu sagen. Kommt jetzt noch was?

»Ach so, Moment«, sagte er, griff in seine Tasche, holte ein Stück Plastik hervor und heftete es sich an die Brust. Scheiße! Er war wirklich mein Kollege. »Martin Brockhausen – Stadbilderklärer« stand auf dem Namensschild.

»Ach so, äh... sorry«, stotterte ich und gab ihm die Hand. »Tschuldigung, ich hab gedacht... äh... Ich bin Tilman.«

»Du hast gedacht, ich will dich anbetteln, was?«

»Naiiin!«, sagte ich mit so viel Überzeugungskraft, wie ich auf die Schnelle aufbieten konnte. »Ich hab gedacht, du hättest mich mit jemandem verwechselt.«

»Und du hast mich mit einem Straßenbettler verwechselt, was?«

»Nein. Wirklich. Das... äh...«

»Passiert mir öfter«, sagte Martin, und ich ließ endlich seine Hand los. »Wenn man ist wie ich, dann ist man öfter mit solchen Vorurteilen konfrontiert.«

»Äh, nee... das war einfach... ich dachte – also...«

»Versuchs nicht.«

Anscheinend konnte man ihm nicht so leicht etwas vormachen.

»Äh... bist du für diese Tour eingeteilt?«, fragte ich.

»Nee. Ich fahr mit dem anderen Schiff um halb elf.«

»Warum bist du denn schon hier?«

»Ich kann ja auch wieder gehen, wenn ich dich störe.«

»Nein, nein. Ich... ich wollte nur wissen... vielleicht hat sich ja einer von uns vertan. Aber wenn du das weißt, dann ist das ja...«

»Ich hab hier in der Nähe übernachtet, und da musste ich schon um halb zehn raus.«

»Wieso das denn? Hast du im Obdachlosenheim gepennt?«

Ups.

»Jetzt hörts aber mal langsam auf mit deinen Sprüchen, Kollege.«

Shit! Da hatte ich es wohl etwas zu weit getrieben. Eine Mitbewohnerin hatte mir mal gesagt, dass es bei mir mehrere Phasen des Kennenlernens gebe. Die erste Phase sei ein leiser Verdacht, dass ich nicht ganz normal sei. Dieser Verdacht erhärte sich im Laufe der Zeit zur Gewissheit. Ich könne jedoch meine Chancen auf reibungsarmen Sozialverkehr erhöhen, indem ich in der ersten Phase versuchte, den leisen Verdacht bei meinem Gegenüber gering zu halten und erst dann aufzudrehen, wenn ich mir der Sympathie des anderen gewiss sei.

»Oh... Entschuldigung. Das ist mir so rausgerutscht.«

»Ich hab bei einer Freundin übernachtet, und da musste ich raus. Ist halt so.«

»Ich frag nicht weiter.«

»Dann haben wir uns ja verstanden.«

Für jemanden, der wie ein Obdachlosenzeitungsverkäufer aussah, strahlte er eine ausgeprägte Autorität aus, und ich war ihm in einer Minute schon zwei Mal auf den Schlips getreten, obwohl ich es gar nicht wollte. Es fühlte sich an wie damals in der 7. Klasse, als ich unseren jüdischen Mathelehrer auf dem Schulhof mit »Tach auch« begrüßte, er aber »Dachau« verstand, mich vor versammelter Mannschaft zur Sau machte und mich zum Direktor schickte. Wenn ich es mir nicht gleich am Anfang mit allen Kollegen verscherzen wollte, sollte ich mich hier besser etwas zurückhalten.

Martin nahm eine Zigarettenpackung aus der Tasche, zog einen großen Joint daraus hervor und machte ihn an. Hat mein Eindruck mich doch nicht getäuscht?

»Willste mal ziehen?«

»Äh ... nee danke. Ich muss noch arbeiten.«

»Na und? Ich auch.«

»Ja, aber ich kann morgens nicht kiffen. Da bin ich dann den ganzen Tag im Eimer.«

»So funktionier ich halt. Da muss man morgens was reinwerfen, damit die Maschine läuft, sonst macht sie auf halbem Weg schlapp.«

Er nahm einen tiefen Zug und sagte beim Ausatmen:

»Der Palast ist schon geil, oder?«

»Na ja«, antwortete ich. »Ist ja nicht mehr viel da vom Palast.«

»Ja, eben. Sieht doch geil aus. Da müsste man mal hoch, da kann man bestimmt die ganze Stadt sehen. Und dann da oben Jolle pöfen.«

»Was machen?«

»Einen rauchen.«

»Ach so. Vom Fernsehturm aus siehst du aber mehr.«

»Ja, aber da darf man ja nicht rauchen.«

»Stimmt auch wieder.«

Was heißt wieder? Was redete ich da für einen Stuss zusammen?

Zwei Spanierinnen gingen an uns vorbei aufs Schiff.

»Na, Mädchen«, sagte Martin mehr zu mir als zu ihnen. »Wollt ihr mal mitfahren? Soll ich für euch mal den Anker lichten? Oder wollt ihr gleich meinen Steuerknüppel anfassen?«

»Hähähä«, lachte ich. War das die Ebene, auf der ich mich mit ihm treffen konnte?

»Diese Spanierinnen«, sagte er. »Das sind echt die allerwildesten Partymäuse, die du in dieser Stadt finden kannst.«

»Ach so?«, sagte ich.

»Na aber! Die lassen nix anbrennen. Geh mal in die Bar25, da wirst du merken, was ich meine. Von da musst du nie allein nach Hause gehen. Die ganze Hütte voll mit spanischen Austauschstudentinnen. Die sind aber nicht zum Studieren nach Berlin gekommen, verstehste. Bier saufen, rumvögeln und ›rathatha-rathatha‹ brüllen, das machen die hier den ganzen Tag.«

Gut, wenn es sein soll, dann kann ich das auch.

»Die Japanerinnen sollen auch ganz arg sein«, sagte ich. »Machen immer einen auf unschuldiges Mädchen, aber wenn es ernst wird, sind das echt die wildesten.«

»Bist du ein Rassist?«, fragte Martin.

»Was?«

»Ob du ein Rassist bist. Das klang gerade nicht so toll.«

»Entschuldigung. Du hast doch ... also ...«

»Was hab ich?«

»Du hast doch selber gerade über Spanierinnen geredet, da dachte ich ...«

»Jetzt pass mal auf: ein Witzchen über Spanierinnen, schön und gut. Aber was du hier über Japanerinnen erzählst, sind einfach nur Vorurteile. Als ob die alle so wären! Bei den Spaniern ist es anders. Spanier saufen Bier, vögeln rum und brüllen ›rathatha-rathatha‹. Das sind keine Vorurteile, das sind Tatsachen. Außerdem sind das Europäer.«

»Ich wollte nur 'n Spruch machen. Weil du da so ...«
»Ach, jetzt bin ich schuld, oder was?«
»Ich hab doch nur ...«
»Versuchs nicht«, sagte er.

Da hatte ich mich mal richtig schön in die Nesseln gesetzt. Vielleicht sollte ich einfach aufgeben, aufs Schiff gehen und Martin in Zukunft ignorieren.

Der mir noch unbekannte Bootsmann kam von Bord. Er und Martin begrüßten sich mit Umarmung.

»Na, Alter? Alles klar.«
»Siehste doch«, sagte Martin.
»Habt ihr noch lang gemacht neulich?«
»Ach was. Wir haben einen getrunken, und dann bin ich noch mit zu Sandy und Enrico.«
»Ach ja«, sagte der Bootsmann mit einem hintergründigen Lächeln. »Aber da hats dann wohl doch noch länger gedauert, was?«
»Schon«, sagte Martin und grinste.
»Ich wünsch dir ne schöne Schicht.«
»Dir auch.«

Martin schien mit einigen Kollegen besser bekannt zu sein, als ich mir vorstellen wollte.

»Ach so«, rief Martin dem Bootsmann hinterher. »Das mit dem Dings ... äh ... wegen dem –«
»Ja, schreis übers Schiff«, sagte der Bootsmann.

Martin ging aufs Schiff, tuschelte mit dem Bootsmann, sie gaben sich die Hand, und Martin kam wieder zu mir ans Ufer.

»Na, ist ja auch egal«, sagte Martin zu mir. »Wenn wir uns wiedersehen: Ich bin Martin und dein Kollege.«

Egal was ich sagte, ich konnte es jetzt nur noch falsch machen.

»Ich bin Tilman, und ich habe vorhin gedacht, dass du mir eine Obdachlosenzeitung verkaufen willst. Zufrieden?«

»Du gibst das auch noch zu?«

»Du hast mich doch eh schon ertappt.«

»Ja, aber du müsstest doch noch so ein bisschen rumdrucksen, von wegen nicht so gemeint und es ist ja noch früh am Tag und schlechte Augen hättest du auch und der ganze Kram. Machen auf jeden Fall alle anderen. Zur Ehrenrettung.«

»Ach Ehre, son Quatsch«, sagte ich.

Martin lachte.

»Reich mir die Flosse, Genosse«, sagte er und gab mir die Hand. War das jetzt gerade nochmal gutgegangen oder eine Primärphasenvollkatastrophe?

Als ich mich auf meinen Platz hinter der Brücke setzte, drehte sich der Kapitän zu mir um.

»Na, haste gerade Martin kennengelernt?«

»Jou.«

»Der ist einer der Besten hier. Ich glaub, der macht mehr Trinkgeld als alle anderen Quatscher zusammen.«

»Was macht der denn anders als die anderen?«

»Ich weiß nicht. Der ist einfach ... Das kann man nicht erklären. Der ist einfach gut.«

Es war eine ruhige Tour. Als wir nach der Pause wieder ablegten, kam von hinten das zweite Schiff von seiner ersten Tour zurück. Ich hörte starken Applaus übers Wasser, Martin stand auf dem Oberdeck und verbeugte sich. Als wir zehn Minuten später nach dem Wenden wieder an der Anlegestelle vorbeifuhren, stand Martin am Ufer und schüttelte Hände.

Hoadabazl

Dass es ab und zu Gäste gab, die meine Ansagen kommentierten, wusste ich schon. Wenn es Nichtberliner waren, kannten sie die Stadt meistens schon ganz genau aus dem Fernsehen und hatten sie sich von Guido Knopp erklären lassen. In diesem Fall war es ein bayerisches Ehepaar, das sich in die erste Reihe direkt vor mich gesetzt hatte. Der Mann gehörte zur Fraktion »Jetz red i«, während die Frau eher der Sorte »Nun lass gut sein« angehörte – eine klassische Rollenverteilung bei Ehepaaren um die sechzig. Es ging los, als wir mit der ehemaligen Grenze einen Ort erreichten, den der Bayer schon einmal im Fernsehen gesehen hatte.

»Wir passieren nun die ehemalige Grenze. Hier stand vom 13. August 1961 bis zum 9. November 1989 die Berliner Mauer. Mindestens 136 Menschen sind bei der versuchten Flucht nach Westen ums Leben gekommen.«

»Då is die Mauer gwen«, brummte der Bayer.

Hab ich doch gerade gesagt, du Vogel.

Ähnlich verfuhr er bei den folgenden Stationen. Ich referierte über den Reichstag. Er sagte: »Des is der Reichståg.« Seine Frau sagte »Ja« und nickte. Ich sprach über die Siegessäule. Er sagte: »Des is die Siegessäule.« Seine Frau sagte »Ja« und nickte. Bei neueren Gebäuden setzte er noch einen Satz hintendran. Ich sprach über das Kanzleramt. Er sagte: »Des is des Kanzleramt. Wås des a Geid kost håt!«

Den Höhepunkt erreichte er, als wir am Hauptbahnhof vorbeifuhren. »Des is der Hauptbahnhof. Wås des a Geid kost håt!«, sagte er erwartungsgemäß und drehte sich nun sogar zu den Gästen hinter sich um. »Net wahr? Wås des a Geid kost håt. A Wahnsinn!« Der Herr hinter ihm sagte »Ja« und nickte.

Bisher kannte ich diese Angewohnheit nur von Comedypublikum. Der Pointenwiederholer ist die Pest jedes Kinogängers. Mario Barth sagt: »Als ick meene Freundin zum ersten Mal jeknutscht hab, da hatte ick so'n Kribbeln im Bauch. Aber dit war keene Liebe. Ick musste kacken.« Und der Steuerfachgehilfe im Publikum sagt: »Ich musste kacken. Hahahaaaa...« Er hatte es verstanden.

Schrecklich, schrecklich, schrecklich. Aber nach einer Stunde war auch diese Tour vorbei. Ich ging wie immer an den Ausgang.

»Auf Wiedersehen. Wiedersehen. Tschüss. Bye-bye!«
Ein Gast steckte mir einen Euro zu.
»Danke sehr, Wiedersehen. Wiedersehen, Tschüss. Wiedersehen.«
Zwei Euro von einem Amerikaner.
»Thank you, Sir. Bye-bye! Wiedersehen, Tschüss.«
Eine Handvoll Messing.
»Danke sehr, thank you. Tschüss, bye-bye!«
Der Bayer und seine Frau kamen an den Ausgang.
»Junger Mann, jetzat muass i Sie wås frong.«
»Bitte sehr«, sagte ich und setzte mein Netter-junger-Mann-der-sich-alles-merken-kann-Lächeln auf.
»Des mit dem... äh... oiso... mit dem Palast und der DDR und dera Grenzn.«

Er sprach starken Dialekt. Ich verstand nur einzelne Wörter, während andere Passagen aus bayerischen Fantasiewörtern zu bestehen schienen.

»Des mit dem Hoadabazl funem Zacherkroigl am Bengabrezl. Hey! Des is scho immer der Oberschlogl inner DDR gwen. Då an der Grenzn.«

Wenn ich mein passives Sprachverständnis ausschaltete, klang es fast wie Rätoromanisch oder Kroatisch. Ich verstand nichts und nickte höflich.

»Oder war des am Zedlboidl allawella? Oder wie is des?«

Scheiße, jetzt muss ich auch noch antworten.

»Ähm...«, zögerte ich. »Die Grenze war von 1961 bis 1989 scharf bewacht. Da kam niemand durch, auch nicht auf dem Wasserweg.«

»Jåjå, des is klar«, sagte der braunbärenförmige Mann. »Åber des muass doch mit dem Sesta-Olawai aufm Hodldidl net oiwei so perdaschnaktl wern.«

Was wollte der Mann? Wollte er sich beschweren? Etwas fragen? Hinter ihm liefen die Touristen vorbei, und ich verpasste mein Trinkgeld. Mit dieser alten Amerikanerin ging bestimmt gerade ein Fünf-Euro-Schein an mir vorbei.

»Entschuldigen Sie«, sagte ich. »Sie meinen die Grenze? Was ist mit der Grenze?«

»Wanns dLeit derschossn håm, des håt mitm Fidlbatzi zum Heidldinga scho immer net atzerbatzer.«

»Ja, äh... Die Mauer ist 1989 gefallen«, sagte ich.

Seine Frau schaltete sich ein:

»Wiggerl, lass doch den Mann, der ist bei der Arbeit.«

»I håb zoit, då will i a Antwort.«

»Aber worauf denn?«, fragte ich. Jetzt wurde er ungeduldig:

»Herrschaftszeiten! Der Fidlbatzi zum Heidldinga an der Grenzn. Wie war des jetz?«

Wie sehr wünschte ich mir in diesem Moment die Untertitel, mit denen 3sat solche Sprecher einer Privatsprache für schlichte Hochdeutschsprecher wie mich verständlich machte.

»Tut mir leid, darüber weiß ich leider nichts«, sagte ich. Trinkgeld war hier sowieso nicht zu erwarten. Solche Gäste fragten nur und gaben nie.

»Bah«, sagte der Bayer und drehte sich um. Gott sei Dank! Er hatte gerade für mindestens zehn Euro unverständliches Zeug gebrabbelt. Eine Handvoll Gäste war noch auf dem Schiff. Vielleicht war hier doch noch etwas zu holen.

»Wiedersehen. Tschüss. Wiedersehen, Danke. Bye-bye!«

Doch er war noch keine zwei Meter gegangen, da drehte er sich wieder zu mir um.

»Ah, eins noch, eins noch.«

Oh nein!

»Da an der Synagogn und mitm Spatzldudl beim Zengerfoidl obibringa.«

Was denn mit der Synagoge jetzt? Wovon redet der Problembär? Ich konnte nur meine Standardsätze herunterbeten.

»Die neue Synagoge in der Oranienburger Straße wurde im Jahr 1861 eröffnet.«

»Des is mir wurscht. Des mit dem Obibrenna, dass des olaweil etz nur vom Weitabatschl.«

Hä?

Ich hatte eine Idee. »Do you speak English?«, fragte ich.

Wieder seine Frau:

»Wiggerl, jetz gemma, ge.«

Offensichtlich kannte sie diese Angewohnheit ihres Mannes, unbescholtene Preußen an seinem Weltenunglück teilhaben lassen zu müssen. Der Problembär wurde sauer: »Olaweil des Gred mit am Singdudl am Bogabegl. Da muass i mir net olaweil vom Holocaust verzähln lassn, hey!«

Ach, das war das Problem. Der Problembär war ein Schlussstrichler.

»Überoi nur Holocaust, Holocaust, i kanns nimmer hearn. Ois ob mir koa andere Probleme hattn. Mir san jetzat seid drei Tåg in Berlin. Irngdwann muass doch amal a Rua sein.«

Ich setzte zu einer Antwort an:

»Entschuldigen Sie, aber vielleicht liegt das daran, dass Berlin im Dritten Reich...«

»Wiggerl, jetz gemma«, sagte seine Frau und packte ihn am Arm.

»Des woit i Eana nur sång«, rief mir der Bayer noch zu, bevor er von seiner Frau weggezerrt wurde.

Die Gäste waren mittlerweile alle weg. Ich zählte vier Euro zwanzig Trinkgeld. Verflucht.

Ein noch herumstehender Amerikaner sprach mich an:

»'scuse me. What language did that man speak?«

»Rätoromanisch«, antwortete ich.

»Romanian?«, fragte er.

Ich erklärte ihm, dass Rätoromanisch eine Sprache sei, die nur von einigen zehntausend Bewohnern in den unzugänglichen Bergregionen der hinteren oberen Schweiz gesprochen werde. Er war begeistert.

»And you really speak this crazy language?«

»Yes. I grew up in Graubünden. I lived far up in the mountains until I was ten. Then my family fled to Germany because we were persecuted by the Swiss King.«

»Wow! You know, in my country, people only speak one language.«

»I know«, sagte ich.

»Is this the east or the west part of the city?«

»East.«

»Wow!«, sagte er und gab mir zehn Euro Trinkgeld.

I wanna taste you, but your lips are venomous Preußen

I wanna love you, but I better not touch
I wanna hold you, but my senses tell me to stop
I wanna kiss you, but I wanted too much
I wanna taste you, but your lips are venomous Preußen
Your Preußen running through my veins

Alice Cooper

»Sorry, this used to be a part of Russia you said?«
»What?«
»Berlin used to be the capital of Russia? I thought that was Moscow.«
»No, not Russia. Prussia, with a P. Berlin was the capital of Prussia.«
»And what was that, Prussia?«
Ja, was war Preußen eigentlich?
In der Mitte Europas gab es mal ein Land, das bestand aus vielen verschiedenen Ländern: Sachsen und Bayern waren in ihm ebenso zu Hause wie Friesen und Thüringer, Franken und Schwaben, und sogar Holland und Österreich gehörten dazu, die man heute aber besser nicht mehr daran erinnert. Dieses Land hieß »Heiliges Römisches Reich«. Da sich aber »Heiliges Römisches Reich« schlecht bei Fußballveranstaltungen grölen lässt, nannte man das Land irgend-

wann »Deutschland«, was zwar nicht ganz korrekt war, weil viele Reichsuntertanen weder deutsch sprachen noch im Restaurant getrennt bezahlten, aber ein bisschen Vereinfachung ist dem Verständnis hier dienlich.

Dieses Land hatte einen Chef, der war erst nur deutscher König, später dann, wenn er durfte, nannte er sich auch noch römischer Kaiser, und dieser Chef passte auf, dass sich alle gut vertrugen und niemand aus der Reihe tanzte.

Und in diesem Reich gab es einen Fürsten. Der Fürst war Herr über ein Land, in dem es nicht viel gab außer Sand, Wälder und Seen. Trocken war es, rau und schroff und hieß deshalb Brandenburg. Um dieses Land war es nicht gut bestellt: Dünn besiedelt war es mit Menschen, für die die Bezeichnung »einfaches Volk« ein grenzenloser Euphemismus war. Es gab nichts zu essen außer Sauerkohl und nichts zu trinken außer Fassbrause, und es war damals schon unter jungen Männern Brauch, sich schlecht gelaunt und halbbesoffen ans Ortseingangsschild zu stellen und Durchreisende dumm von der Seite anzupöbeln.

Weiter im Osten aber, außerhalb des Reiches, gab es ein anderes Land, das schon lange von kriegerischen Mönchen besetzt worden war, und dieses Land hieß Preußen. Ursprünglich wollten die Mönche den heidnischen Ureinwohnern Preußens beibringen, dass sie nicht mehr um die Dorfeiche tanzen und den Mond anheulen sollten, sondern gefälligst zu Gott zu beten hatten, wie sich das für anständige Leute gehörte. Doch nach dreihundert Jahren war in Preußen auch der letzte Mondanheuler geköpft und die letzte Dorfeiche gefällt. Preußens Nachbarn hatten Preußen immer wieder angegriffen, und irgendwann hatten die Mönche keine Lust mehr, sich für die paar hundert Quadratkilometer Kiefernwald immer mit den Nachbarn hauen zu müssen, und lösten ihren Staat auf. Der damalige Obermönch war zufällig ein Verwandter des Fürsten von Brandenburg und dachte sich: Gut, einen Teil von Preußen verschenke ich an Polen, damit da endlich Ruhe ist, und den anderen Teil behalte ich selbst für meine Familie. Das war ganz praktisch, weil Preußen ja nicht zum Reich gehörte, und so konnten die brandenburgischen Fürsten hier mit gleichaltrigen Fürsten heimlich rauchen und nackicht durch den Wald springen, ohne dass der Kaiser etwas davon mitbekam.

Dann kam ein Mann auf den Fürstenthron, den sie Friedrich genannt, und der war ein lustiger Mensch: Er feierte gern, trank gern mal einen und trug seine langen schwarzen Locken als ironisches Zitat in einer Weibsfrisur und sah damit aus wie der Sänger von Mr Big in dem Video zu »I'm the one who wants to be with you«.

Irgendwann, als er mal so richtig einen sitzen hatte, sagte er zu seinen Kumpels:

»Wisst ihr, was mir noch fehlt? Ein Königstitel. Das wäre es, König sein.«

»Pfff, jaja, du und König«, sagten seine Kumpels da. »Das wird doch eh nix. Schneid dir lieber mal die Haare, du siehst aus wie ein Cockerspaniel.«

»Ich will aber!«, hat der Friedrich da gebrüllt. »Ich werde jetzt König, und die Haare bleiben dran. Schluss. Aus. Basta.«

»Das wirst du schön bleibenlassen«, hat der Kaiser da gesagt. »König gibt es nur einen, und das bin ich. Wenn du hier König spielst, schick ich dir meine Jungs mit den langen Äxten und diesen bunten Puscheln auf dem Helm. Die kennst du doch noch aus dem Dreißigjährigen Krieg, und da habt ihr euch nicht so richtig gut verstanden.«

Da fiel dem Friedrich ein, dass er ja noch dieses Preußen auf Halde hatte, das nicht zum Reich gehörte, und er dachte sich: »Dann mach ich mich halt da zum König von.«

»Das würde ich mir an deiner Stelle nochmal überlegen«, hat da der König von Polen gesagt. »Die Hälfte von Preußen gehört mir, und wenn du dich da zum König von machen willst, kann ich ja mal meine Jungs mit den Brechstangen auf deinem Tennisplatz vorbeischicken. Wär doch schade, wenn du dir beim Tennisspielen was brechen würdest.«

»Dann mach ich mich da halt nicht zum König von, sondern zum König drin«, sagte Friedrich, und so wurde er zum »König in Preußen«. Da haben seine Kumpels nicht schlecht gestaunt, als sich der Friedrich in Königsberg selbst die Krone auf den Kopf gesetzt hat.

Der eitle Friedrich hat dann noch den Rest seines Lebens sehr viel Geld für seine Mottopartys ausgegeben. Sein Sohn und sein Enkel aber waren sehr fleißige und sparsame Friedriche und Wilhelms (manchmal auch beides), die auch noch viele Gebiete dazuerobert haben, sodass die brandenburgischen Fürsten sich dann irgendwann doch noch Könige von Preußen nennen konnten.

Das können wir doch auch marketingtechnisch nutzen, dachten sich die Könige da. Brandenburg, das zieht einem ja namensmäßig überhaupt nichts vom Teller. Klingt immer noch nach Sauerkohl und Fassbrause. Preußen, jawoll! Das hat Zack, das klingt nach Prügelstrafe, Salutschüssen und nach Schnaps kippen mit ausgestelltem Ellenbogen. Dann heißt das Land ab jetzt Preußen, und Brandenburg ist nur ein Teil davon. Und so geschah es.

Aus dieser Zeit stammen die großartigen preußischen Erfindungen, die heute noch von Japanern, Nordkoreanern, französischen Mittelschullehrern und anderen Autoritätsfans bewundert werden: Bescheidenheit, Pflichtbewusstsein, Ordnungssinn, beim Chef einschleimen und den

Lehrling zur Sau machen sowie Eisbein mit Sauerkraut und saure Gurken. Brandenburg-Preußen war auf einem guten Weg. Es lag mit seinem Absolutismus voll im Trend, es hatte der Kartoffel zum endgültigen Durchbruch auf dem Beilagenmarkt verholfen, und es war so tolerant, dass sich selbst Franzosen und Holländer dort ansiedeln durften.

Dann aber gab es einen kleinen dicken Mann, der von einer Mittelmeerinsel nach Frankreich gekommen war, dort von vielen gut gefunden wurde und sich anschickte, sich auch vom Rest Europas gut finden zu lassen, zur Not auch durch Zwang. Vorsorglich hatte er sich schon mal selbst zum Kaiser gemacht, nicht von Deutschland, sondern von Frankreich, was zwar nicht ganz so toll war, aber wenn man bedenkt, dass die meisten kleinen dicken Männer von den Mittelmeerinseln es nicht weiter bringen als zum Campingplatzvorsteher oder Jet-Ski-Verleiher, dann war Kaiser von Frankreich schon eine ganze Menge.

Dieser kleine dicke Mann fiel in Preußen ein, hackte es auseinander und stellte damit seltsame Dinge an. Zum Beispiel machte er das schon damals trostlose und mit langsamen, blutarmen und humorlosen Menschen dünn besiedelte Westfalen zu einem Königreich und setzte seinen Bruder dort als König ein, wahrscheinlich, um ihn damit zu ärgern.

Schon vorher war der kleine dicke Mann in viele andere deutsche Länder eingefallen und hatte sie dazu gezwungen, dem Kaiser zu sagen, dass sie bei seinem Heiligen Römischen Reich nicht mehr mitspielen wollten. Der Kaiser, der sehr weit weg in einer Stadt namens Wien wohnte, wollte seinerseits nicht mehr Herr über ein so zerhacktes Deutschland sein und sagte: Wenn das so ist, dann gibt es eben kein Kaiserreich mehr. Aus. Basta. Ende. Finito. Macht euren Kram doch alleine. Tausend Jahre Hermelinmantel, ja danke, es reicht. Damit hatte der Kaiser überhaupt kein Problem, denn auch er besaß noch ein anderes Land, auch weiter im Osten. Dieses Land war reich an Paprika, süßem Wein und einem Gericht namens Fözelek, und dort konnte er sich ungestört feiern lassen, ohne sich noch mit den hunderten Fürsten, Stammesältesten und Möchtegern-Großmuftis in Deutschland herumärgern zu müssen.

Es hatte die gesamte Kraft Europas gebraucht, um den kleinen dicken Mann wieder loszuwerden und ihn letztendlich auf eine Insel im Südatlantik zu verbannen, wo er den ganzen Tag am Jet-Ski-Verleih sitzen und auf Kunden warten musste, bis er starb.

Preußen aber hatte ein paar Reformen durchgedrückt und sich schnell wieder aufgerappelt, hatte viele Gebiete im Osten und Westen dazugewonnen und dachte sich: Jetzt wo die Österreicher nicht mehr Kaiser sind, können wir doch eigentlich unser eigenes Deutschland aufmachen. Die Austriasen hat sowieso noch nie jemand gebraucht: diese verlogene, aufgesetzte Habe-die-Ehre-Freundlichkeit, diese zwanzigtausend Kaffeesorten, die kein normaler Mensch auseinanderhalten kann, und dann dieser saudumme Dialekt, der immer so widerlich schmierig klingt. Und katholisch sind sie auch noch.

So hat Preußen erst gegen Österreich Krieg geführt und hat haushoch gewonnen, weil sie diese tollen neumodischen Gewehre hatten, die man so schick im Liegen von hinten laden konnte, während die Austriasen sich in der Schlacht zum Affen machten, weil sie noch wie die Musketiere von vorne Pulver und Kugel im Lauf feststopfen mussten, was nur im Stehen ging, und sich dabei reihenweise selbst ins Gesicht schossen.

Dann hat Frankreich wegen einer albernen spanischen

Erbfolgeangelegenheit Preußen den Krieg erklärt, den Preußen wiederum gewann und damit dafür sorgte, dass man bis heute im Elsass als Letzter bedient wird.

Boah, dachte sich der Rest Deutschlands da, wenn ihr den Franzmann habt hauen können, dann machen wir jetzt auch mit bei eurem Verein. Und so schlossen sie sich zum Deutschen Reich ohne Österreich zusammen, mit einem preußischen König als Kaiser. So hatte Preußen endlich das, was es wollte: Es beherrschte den ganzen Osten und fast den gesamten Norden Deutschlands, es beherrschte das Denken und die Wirtschaft, und es stellte den deutschen Kaiser.

Heute gibt es das Land Preußen aber nicht mehr, denn es hatte zwei Mal versucht, alle bisherigen Kriege wie ein Paintballspiel unter schwulen Friseuren aussehen zu lassen. Den ersten Krieg hatte es schon verloren, da wollten die Gewinner, dass Deutschland bis 1988 jedes Jahr 700 Tonnen Gold bezahlt, und haben außerdem vertraglich festgesetzt, dass in Deutschland nur das Cognac heißen darf, was tatsächlich aus dem Städtchen Cognac bei Bordeaux kommt, sodass bis heute Männer in Fernsehwerbungen sagen müssen: »Oh Chantré, mein Lieblingsweinbrand!«

Beim zweiten verlorenen Krieg (»Sorry!«) dachten sich die Gewinner: Jetzt ist Schluss, zweimal haben wir uns das mit angesehen, nochmal machen wir das nicht mit. Geld und Weinbrand sind uns egal, aber euer Preußen da, das ist ja wohl mal das Allerletzte. Und so schafften sie das Land Preußen ab, verdonnerten Polen dazu, ab jetzt den Ostteil Deutschlands zu verwalten, den Preußen in den vorangegangenen eintausend Jahren ja ohnehin nach und nach von Polen geklaut hatte (»Sorry!«), und haben das übrige Deutschland in zwei Teile geteilt: einen, in dem man klebrige amerikanische Zuckerbrause kaufen konnte, und einen, in dem alle Kinder zwischen zwei und sechs sich gegenseitig beim Kacken zusehen mussten.

»Sorry!«

Ja, so war das mit Preußen.

»Sorry! Young man! What was Prussia?«

»You know... actually it was... well... back in the Middle Ages, Prussia used to be...«

»Or was it just a different name for Germany back then?«

»Yes«, sagte ich. »Yes, you're right. It was just a different name for Germany. For the north of Germany.«

Kunststückchen

Nach vier Wochen hatte sich eine Routine eingestellt. Den Text konnte ich mittlerweile im Schlaf, und auch ein paar Gebäude, die im Skript nicht erwähnt wurden, hatte ich in mein Repertoire aufgenommen. Außerdem hatte ich mittlerweile erfahren, dass das Wort »Stadtbilderklärer« keineswegs nur die Fachbezeichnung für einen Ansagensprecher auf einem Ausflugsschiff war, sondern einfach das übliche DDR-Wort für Stadtführer. »Führer« wollte man aber nicht mehr sagen, man hatte da schlechte Erfahrungen gemacht. Die DDR war zwar schon lange tot, aber sie lebte weiter in der Sprache unserer Werktätigen, in der Betonplattenpflasterung Ostberliner Hinterhöfe und im Wirt der Altberliner Kneipe »Zum Zimmermann« auf der Danziger Straße.

Auch die häufigsten Nachfragen konnte ich jetzt beantworten. Berlin hat 3,45 Millionen Einwohner auf einer Fläche von 892 Quadratkilometern. Ein letztes Stück Mauer kann man an der Niederkirchnerstraße sehen, neben dem Gropiusbau. Der Führerbunker war unter der Reichskanzlei, die in dem Häuserblock zwischen den Ecken Gertrud-Kolmar-Straße/In den Ministergärten und Wilhelmstraße/Voßstraße lag. Heute stehen dort das Chinarestaurant Peking Ente und der Lieferservice Pizza Planet[*].

Lediglich einige Fragen von Australiern oder Neuseeländern brachten mich noch aus dem Konzept: Warum hat

Hitler eigentlich die Mauer gebaut? Auf welchem Friedhof liegt er begraben? Und: Wenn man nicht über die Mauer konnte, warum sind die Leute nicht einfach außenherum gegangen? Den Negativrekord hält diese Frage: Haben die Vergasungen in den KZs eigentlich irgendetwas Positives bewirkt?

Mit der üblichen Erwartungshaltung des durchschnittlichen deutschen Touristen konnte ich mittlerweile gut umgehen. Im Grunde wollten die Touristen ihre Vorstellungen krass widerlegt oder eindeutig bestätigt haben. Alles Relative dazwischen verwirrte sie zu sehr, ließ sie an den Fähigkeiten des Stadtbilderklärers zweifeln und gab ihnen das Gefühl, auf der Tour nichts gelernt zu haben, was sich negativ aufs Trinkgeld auswirkt. Erwünscht sind zwei gegensätzliche Arten von Reaktionen. Entweder: »Ach, das ist ja interessant. Wer hätte das gedacht!« Oder: »Na, hab ich es mir doch gedacht! Der Stadtführer hat es mir bestätigt, jetzt ist es amtlich.« Unerwünschte Reaktionen sind »Ja, na und?« oder »Das weiß ich doch«.

»Der Mühlendamm heißt so, weil hier früher viele Mühlen standen.« Mehr kann man in einem Satz nicht falsch machen. Er ist ein einziger Pleonasmus und ist auch noch glanzlos formuliert. Richtig hieße der Satz: »Der Mühlendamm hat seinen Namen – nein, nicht wie Sie vielleicht denken von einer Mühle, die hier früher gestanden hätte, sondern von einem Berliner Unternehmer namens Adolf Mühlen, der hier in der Nähe eine der ersten Bulettenschmieden Berlins betrieben hat.«

---

* Dieser Pizzalieferservice scheint von der Magie des Ortes derart beeinflusst zu sein, dass er deutschtümelnde Pizza verkauft: Pizza Rotkohl (»mit leckerem Rotkohl und knuspriger Ente«), Pizza Grünkohl (»mit würzigem Grünkohl und herzhafter Knacker«) und Pizza Sauerkraut (»mit herzhaftem Sauerkraut und echter Thüringer Rostbratwurst«).

Das ist zwar faktisch völliger Quatsch, erfüllt aber die Kriterien an Erwartungshaltung und Formulierung. Für die Praxis war der Satz zu gewagt. Andere funktionierten sehr gut, weil sie eine auf den ersten Blick verwunderliche Tatsache beschrieben. Dabei waren gerade diese Sätze oft völlig banal. Ich wunderte mich immer wieder, welches Erstaunen man bei Touristen mit dem Satz »Berlin hat mehr Brücken als Venedig« hervorrufen konnte. Eigentlich ist es nämlich nicht weiter verwunderlich, dass eine Stadt mit drei Millionen Einwohnern, drei Flüssen, fünfzehn Kanälen, fünf Fernbahnhöfen, 250 Kilometern S-Bahn- und 140 Kilometern U-Bahn-Strecke mehr Brücken hat als ein Nest von 60 000 Einwohnern, das sich seit der Renaissance baulich nicht mehr verändert hat. Wahrscheinlich hat Berlin auch mehr Prostituierte als Amsterdam, mehr Musiklokale als New Orleans, mehr Schinkenräuchereien als Parma und mehr Skilehrer als St. Moritz. Überraschung! Und Lamas sind größer als Frösche.

Manchmal wurde ich nach der Tour noch explizit nach diesem Fakt gefragt.

»Sagen Sie mal, junger Mann: Berlin hat tatsächlich mehr Brücken als Venedig?«

Hier ist es gut, wenn man eine Zahl parat hat.

»Ja, das stimmt wirklich. In Berlin gibt es ungefähr 2000 Brücken.«

»Ach, das ist ja interessant.«

Zack! Zwei Euro. Für einen albernen Zahlenfakt. Dass es in Venedig nur knapp 150 Brücken waren und somit wahrscheinlich auch Bielefeld, Heilbronn oder Wuppertal mehr Brücken als Venedig hatten, kam den Touristen nie in den Sinn.

Anders verhielt es sich bei der gewünschten Reaktion »Das hab ich mir doch schon immer gedacht!«. Hier musste man sich eine Behauptung suchen, die gemeinhin als wahr galt, um sie dann aber zu widerlegen. Hierfür bieten sich beliebte Legenden über Berlin an.

»Die größte Minderheit in Berlin sind natürlich die Türken. Es wird immer wieder behauptet, dass die zweitgrößte Minderheit die Schwaben seien. Das ist allerdings falsch. Die Berliner glauben das aber immer noch, weil sie einen Schwaben nicht von einem Badener, einem Pfälzer oder einem Hessen unterscheiden können.«

Ein großartiger Satz und außerdem immer für einen Lacher gut, denn viele der Touristen auf dem Schiff kamen aus dem Teil Deutschlands, der in Berlin als Süddeutschland gilt (westlich der Elbe), und kannten den Unterschied zwischen Schwaben und Baden sehr wohl. Außerdem bediente sich dieser Satz einer trinkgeldrelevanten Strategie: Er gab den Touristen das Gefühl, dass sie über einen weit verbreiteten Irrglauben aufgeklärt wurden, sodass sie zu Hause etwas zu erzählen hatten:

»Wir haben ja auch gelernt, dass das mit den Schwaben gar nicht stimmt. Das hat uns unser Stadtführer erklärt, ein netter junger Ostdeutscher, der wirklich viel wusste. Die sind nämlich gar nicht so faul, wie man immer sagt. Gerade die jungen Leute.«

So stellte ich mir die Urlaubsberichte fünfzigjähriger Westfalen vor, die nun endlich ihren Abenteuerurlaub durch »die neuen Bundesländer« gemacht hatten und ihre Reise mit einem Berlinbesuch krönten. Manche dieser Touristen behandelten mich, wie sie ihren türkischen Gemüsehändler behandelten: Wie einen nicht besonders intelligenten, aber rechtschaffenen Exoten, mit viel Lächeln und etwas Dutzidutzi. Einer sagte tatsächlich: »Junger Mann, das machen Sie sehr gut. Und Sie sprechen richtig gut Hochdeutsch.«

Ja. Danke. Dafür musste ich viele Volkshochschulkurse belegen und wurde von meinem Stammeshäuptling des Dorfes verwiesen.

Ab und zu wurde ich auch gefragt: »Junger Mann, wie können Sie sich das alles nur merken?«

Tja, wie kann ich mir das merken? Ich habe es halt auswendig gelernt. Warum gerade ein Stadtbilderklärer fürs Auswendiglernen gelobt wurde, erschloss sich mir nicht. Regisseure können den ganzen Faust auswendig. Schauspieler kennen alle Shakespearemonologe, und ein nicht unbeträchtlicher Teil des deutschen Bildungsbürgertums kann sich ausschließlich in Loriot-Zitaten unterhalten. Anscheinend hielten die Touristen einen Stadtbilderklärer für etwas dümmer als einen Schauspieler, einen Regisseur oder einen durchschnittlichen deutschen Bildungsbürger.

Wenn es um das Verhältnis des Stadtbilderklärers zu Berlin ging, so galt es, die Stadt und ihre Eigenheiten weder in den Himmel zu loben, denn der fragende Nichtberliner könnte sich dadurch herabgewürdigt fühlen, noch auf die Stadt zu fluchen, denn dann fragt sich der Tourist, warum er sich gerade von einem Berlinhasser die Stadt erklären lassen musste. Wenn es darauf ankam, musste man allerdings den Berliner spielen, denn dafür waren die Touristen ja hier.

Einmal hatte mich ein gutgekleideter Herr um die fünfzig angesprochen, Typ Landnotar.

»Sagen Sie mal, sind Sie echter Berliner?«

Eine gefährliche Frage, weil man nie wusste, was dem Frager lieber war. Am besten wählt man hier den Mittelweg.

»Na ja, meine Familie kommt ursprünglich aus Berlin. Ich habe aber auch eine Zeit lang in Frankfurt am Main gelebt.«

Das war nicht mal gelogen. Mein Großvater war tatsächlich Berliner. Ich verschwieg, dass der Rest Nordhessen, Thüringer und Steiermärker waren und dass »eine Zeit lang« für die ersten zwanzig Jahre meines Lebens stand.

»Also eigentlich schon«, sagte der Herr. »Also eigentlich nicht«, hätte ein Berliner gesagt.

»Ich mag ja die Berliner Schnauze sehr. Meine Frau findet das nicht so toll.«

»Ach, wissen Sie«, sagte ich diplomatisch, »wenn man einmal gelernt hat, wie man mit den Berlinern umgehen muss, kommt man mit ihnen sehr gut klar.«

Ein dämlicher Satz. Wenn man einmal gelernt hat, wie man mit russischen Schutzgelderpressern umgehen muss, kommt man bestimmt auch mit denen gut klar.

»Na ja«, sagte der Landnotar. »Uns hat die Tour auf jeden Fall sehr gut gefallen.«

»Vielen Dank«, sagte ich mit einem aufrichtigen Lächeln. Subtext: Gab es jetzt Trinkgeld? Oder musste ich noch ein Tänzchen aufführen?

»Ach, sagen Sie«, sagte der Herr. »Wie kommen wir denn nach Unter den Linden?«

»Das ist gleich hier vorne. Wenn Sie am Dom links gehen, laufen Sie direkt in die Straße Unter den Linden hinein.«

»Und wenn wir da weiter geradeaus gehen, ist dann da das Brandenburger Tor?«

Du hast es nicht anders gewollt:

»Dit ist da auch, wenn Se nich weiter geradeaus gehen.«

Der Landnotar lachte. Punkt für mich. Seine Frau verdrehte die Augen. Das Ansageräffchen hatte sein Kunststückchen gemacht und bekam dafür einen Euro fünfzig. Der Anstrengung angemessen, fand ich.

Der Stadtbilderklärer bewegte sich also zwischen Lehrer, Streicheltier (füttern erlaubt) und Jahrmarktattraktion. Gar nicht so schlecht, dachte ich. Andere Absolventen mussten sich für kein Geld dumm und dämlich arbeiten, ich dagegen erschien erst um zehn zur Arbeit und verdiente die Hälfte meines Geldes schwarz. Dieser Sommer hatte das Potential, ein guter Sommer zu werden.

Klaus II

Klaus und ich lehnten am Geländer an der Anlegestelle Friedrichstraße.

»Kiek se dir an, die Vögel«, brummte Klaus mehr für sich als für andere.

»Hä?«, sagte ich.

»Kommen hier angeschlurft, haben von nix ne Ahnung und wollen durch die Gegend geschippert werden. Ach, ist das schön. Och, ist das groß. Oh, ist das kaputt gewesen.«

Anscheinend steckte Klaus gerade in einer beruflichen Sinnkrise.

»Meinst du die Touristen?«, fragte ich.

»Nee, ich mein die Nutten von der Oranienburger. Natürlich mein ich die Touristen.«

»Was ist mit denen?«

»Die gehen mir auf die Nerven. Für die ist Berlin nur was zum Ankieken. Schmeißen mit ihrem Geld um sich, weil ja alles so billig ist hier, und kippen sich schon um elf zwei Bier rein, weil sie ja nicht arbeiten müssen.«

»Und was stört dich daran?«

»Die wissen gar nicht, wie das hier wirklich ist.«

»Natürlich nicht. Das sind Touristen. Die kommen hierher, gerade weil sie nicht wissen, wie es hier ist. Das wollen sie doch erfahren.«

»Bringt doch nüscht.«

»Wieso?«

»Das kann niemand verstehen, der nicht von hier ist. Und das Schlimme ist, dass sie das, was du ihnen erzählst, für wahr halten.«

Jetzt war ich etwas indigniert.

»Aber es ist ja auch wahr.«

»Ach was, Quatsch ist das.«

»Bitte? Ich lüg denen doch nichts vor. Vielleicht vertu ich mich mal in einer Jahreszahl, aber was ich denen erzähle, sind doch alles historische Fakten.«

»Alles historische Fakten?«, wiederholte Klaus. »Ja. Nee. Da gibts aber noch mehr als immer nur ›Hier hat der Führer immer Mittag gegessen‹ und ›Da drüben hat Goethe mal an einen Baum gepisst‹.«

»Goethe war nie in Berlin. Und wenn, dann nur ganz kurz.«

»Na, für einmal an den Baum pissen wirds ja wohl gereicht haben.«

»Ich glaube nicht, dass Goethe in Berlin jemals an einen Baum gepisst hat.«

»Wieso? Macht doch jeder. Is doch normal.«

»Ja, aber wenn Goethe das getan hätte, dann wäre da heute bestimmt eine Gedenktafel.«

»Stimmt ooch wieder.«

»Du willst also die Touristen alle im Plattenbau in Hohenschönhausen wohnen lassen, damit die dann ganz genau wissen, wie das wahre Leben hier ist, oder wie versteh ich dich?«

»Um Gottes willen, bloß nicht. Wir haben schon genug Zettis hier. Die sollen ganz wegbleiben. Wenn man keine Ahnung hat, soll man wegbleiben. Wie fändstn du dit, wenn in deine Stadt überall Leute rumlaufen würden, die da nich hingehören?«

»Ich habe mit den Touristen hier kein Problem. Das ist

doch normal, dass es in einer Stadt wie Berlin Touristen gibt.«

»Ick meine nich in Berlin, ick meine in *deiner* Stadt. Dings... Wo kommste nochma her? Irgendwas in Bayern, wa?«

»Nein.«

»Sondern?«

»Frankfurt am Main.«

»Is doch Bayern.«

»Nee, is Hessen.«

»Na, is doch dit Gleiche. Westen halt. Und wie fändste das, wenn da lauter Leute rumlaufen würden, die nich von da sind.«

»Wie soll ich das finden? Das war immer normal. Man ist in der Innenstadt immer über Busladungen von Japanern gestolpert, meistens vorm Goethehaus. Die wussten zwar auch nicht, wer Goethe war, aber warum sollen sie nicht da rumstehen dürfen? Ich kenne das nicht anders.«

»Ich schon. Ich weiß noch, wie das früher war. Da hatten wir hier unsere Ruhe. Da war noch DDR. Da konnte sowieso niemand kommen.«

»Dafür konnte aber auch keiner gehen.«

»Warum denn auch? War doch alles da.«

»Was findest du daran so schlimm, wenn sich Leute eine andere Stadt anschauen?«

»Die stehen im Weg rum, verstopfen die U-Bahn und kosten einen Haufen Geld. Und dann reden die auch noch so komisch.«

»Wie reden die denn?«

»Na, so komisch halt. So wie du.«

»Ich rede hochdeutsch.«

»Sarickdoch.«

»Ich glaube, die Touristen bringen eher Geld rein.«

»Nix. Was für die alles gebaut wird! Glaubst du, es würde auch nur ein Berliner zum Holocaustmahnmal gehen? Was soll ich denn da? Im Betonwald rumstehen? Toll. Oder das Schloss. Ist doch nur was zum Ankieken für die Kloppis. Von dem Geld könnte man sich mal was Anständiges leisten. Die BVG endlich kostenlos machen zum Beispiel. Oder dieses potthässliche Einkaufszentrum am Alex wieder abreißen. Braucht auch kein Mensch.«

»Ach so.«

»Aber die Vögel rennen da auch noch hin und lassen sich verarschen. Und dann erzählen sie zu Hause, wie viel Ahnung sie hätten und dass sie ja gar nicht so touristisch unterwegs waren wie alle anderen und wie doll sie hinter die Kulissen gekiekt haben. Aber aufm Schiff Bionade saufen, das geht. Und abends schön im Nussbaum oder in der Letzten Instanz Eisbein oder Bulette essen, und das halten sie dann für echtes Berliner Lebensgefühl.«

»Also, das ist dir zu viel Klischee, oder wie?«

»Weeß icke, wat dit is.«

»Stell dir vor, du würdest in Venedig wohnen. Was du da mit Klischeebildern zu kämpfen hättest. Die Amis glauben, dass in Venedig jeder mit der Gondel zur Arbeit fährt.«

»Berlin hat mehr Brücken als Venedig.«

»Was hat das denn jetzt damit zu tun?«

»In Berlin ist es schlimmer.«

»Glaubst du, die Klischeebilder sind von der Zahl der Brücken abhängig?«

»Zahl der Brücken abhängig?«

»Wiederhol doch bitte nicht immer mein Satzende.«

»Is ja egal. Ich kann Touristen jedenfalls nicht leiden. Also, wenns nach mir ginge, dann wär mir das ja egal, wie viele Touristen aufs Schiff kommen.«

»Du lebst doch von denen.«

»Nee, ich leb von der Reederei. Wenn keine Touristen mehr kommen, ist das deren Problem. Nicht meins.«

»Aber dann muss die Reederei zumachen.«

»Quatsch! Dann sollen die n Kredit aufnehmen, und ich kann schön alleine mipm Schiff hier immer hoch- und runterfahren. Dann bin ich derjenige, der morgens um elf schon zwei Bier trinkt.«

»Freu dich doch lieber darüber, dass du mehr weißt, als die je wissen werden.«

»Wie soll das gehen?«

»Wenn die dir wirklich so auf die Nerven gehen, dann würde ich mir einfach denken: Na, ihr Vögel. Euch erzählen wir hier schön Mist, und von dem Geld, das ihr dafür bezahlt, kann ich mir mein Auto leisten.«

»Auto leisten?«, wiederholte Klaus.

Und? Was machst du so?

Zufällig traf ich Roland. Eigentlich war ich zum Fußballgucken verabredet. Russland spielte gegen Holland im Viertelfinale der Europameisterschaft, und meine alte Frankfurter Freundin Alice hatte mich und eine Handvoll anderer Freunde in ihre Kreuzberger Wohnung eingeladen. Ich nahm Anna mit.

»Wusstest du, dass Kleinkinder, die mit ihren Fäkalien spielen, später einmal Porschefahrer oder Bänker werden?«, sagte Anna, als wir über die Wrangelstraße liefen.

»Wie kommst du denn jetzt darauf?«, fragte ich.

»Fiel mir nur gerade so ein. Ich hab das neulich irgendwo gelesen.«

»Und wo soll da der Zusammenhang sein?«

»Na ja, Exkremente sind ja der erste aus eigener Kraft erworbene Besitz, den ein Mensch hat. Wenn jetzt so ein Kind seine Köttel an die Wand schmiert, dann hat es anscheinend die Veranlagung, seinen Besitz zu zeigen. Es will, dass alle sehen, was es hat.«

»Auch wenn es stinkt?«

»Stinken ist egal. Nur selbsterworben muss es sein.«

»Was du so liest!«

Wir kamen bei Alice an. In ihrem Wohnzimmer saßen bereits ein paar Leute, die ich alle nicht kannte. Und Roland.

Alice war die einzige Frankfurterin, deren Freundschaft den Umzug nach Berlin und die anschließende Umbruchs-,

Depressions- und Selbstfindungsphase überstanden hatte. Alle anderen Frankfurter, die nach Berlin gekommen waren, hatten einander irgendwann aus den Augen verloren. Jonas hatte sich schnell als partyhoppender und projekteplanender Prenzlauer Berger gefühlt und war bald zu cool, um sich mit alten Frankfurtern abzugeben. Judith hatte begonnen, Ethnologie zu studieren, und ihren Interessenschwerpunkt von deutschen Freunden auf afrikanische Lover verlegt. Und der dicke Henry war völlig von der Bildfläche verschwunden, nachdem er in seiner WG monatelang keine Miete gezahlt, den Eltern seiner Freundin Geld geklaut, alle Freunde um mehrere tausend Euro angepumpt hatte und schließlich in Abwesenheit zur Abgabe der eidesstattlichen Versicherung verurteilt wurde. Das Geld hatte er wirklich dringend gebraucht, denn er mochte seine Körperfülle so sehr, dass er alles daransetzte, sie zu halten, weshalb er erst jeden Pfennig und später jeden Cent im Restaurant von Sarah Wiener verfraß, der Grande Dame des Filmcatering. Das Letzte, was man von ihm gehört hatte, war, dass er irgendwo in der Türkei im Strandhotel eines Freundes den ausgestiegenen Künstler spielte. Heute könnte er arm sein, vielleicht aber auch krank oder tot. Mit Sicherheit aber ein Arschloch.

Roland war ein Vollblutstudent. Er verkehrte am liebsten mit seinen Kommilitonen und wurde bald studentischer Mitarbeiter seines Politologieprofessors. Erste Anzeichen eines beruflichen Ehrgeizes. Irgendwann hatte er Berlin wieder verlassen, weil woanders bessere Möglichkeiten auf ihn gewartet hatten. Jetzt saß Roland in Alices Wohnzimmer, denn er war gerade zufällig für ein paar Tage in der Stadt. Beruflich, wie er nicht vergaß auszuführen.

»Tilman, was los, alles klar?«, begrüßte er mich. Etwas

Frankfurter Straßenduktus hatte er sich für private Gelegenheiten doch noch bewahrt.

»Der Roland, na so was! Wo kommst du denn her?«

Ich war tatsächlich erstaunt, ihn dort anzutreffen, hatte ich doch geglaubt, er sei so beschäftigt, dass ich ihn höchstens beim zehnjährigen Jubiläum unseres Abiturs wiedersehen würde. Er kam gleich zum Thema:

»Eigentlich war ich ja gerade auf Urlaub in Indien. Aber mein Assistant Project Manager hat mich angerufen, hat gesagt, es gibt einen wichtigen Termin in Berlin, abbrechen, herkommen! Ja, da musste ich halt kommen.«

Jeder normale Mensch hätte sich über seinen Chef geärgert. Er dagegen schien stolz darauf zu sein, einen Job mit so wichtigen Terminen zu haben, dass man ihn eigens aus Indien einflog.

»Was machst du denn jetzt?«, fragte ich.

»Ja, was soll ich schon machen? Ich erledige den Termin hier, und mein Urlaub ist vorbei. Ich flieg doch für die fünf Tage nicht wieder zurück nach Mumbai. Hier ist sowieso schon genug Arbeit liegengeblieben.«

»Ich meine beruflich. Was arbeitest du denn jetzt?«

»Ach so. Unternehmensberatung«, sagte er.

Das wäre das Letzte gewesen, auf das ich getippt hätte. Roland war Lehrerkind, und seine Eltern gehörten zur Wohlfühlfraktion der 68er: Frankreichurlaub, Weinabende mit Käseplatte und beim »Spiegel«-Lesen den Kopf schütteln und »schlimm, schlimm« sagen.

Zu Schulzeiten trug Roland seine politische Überzeugung vor sich her und sagte Sätze wie: »Jetzt kommt wieder der Marxist in mir durch.« Gern fing er Diskussionen an, wobei es ihm darauf anzukommen schien, seine Diskussionspartner der Heuchelei zu überführen. Er hatte zu allem eine Meinung, und sobald er sich zu irgendwas eine neue

Meinung ausgedacht hatte, fand er schnell einen Anlass, sie kundzutun.

Dabei war Roland keine Luftnummer. Seine Argumente hatten meistens Hand und Fuß. Er war ein großer Freund von Kunst und Literatur. Zu Schulzeiten hatte er freiwillig Molière, Montesquieu und Corneille im Original gelesen, spielte die Hauptrolle in der Theater-AG, ging mindestens einmal im Monat ins Theater und sprach ein Französisch, das mancher Franzose schon als besonders vornehm, wenn nicht sogar gestelzt empfunden hätte. Für das Abibuch unseres Jahrgangs hatte er sich in einem Sessel sitzend, Pfeife rauchend und die französische Satirezeitung »Le Canard Enchaîné« lesend fotografieren lassen. Wenn man ihn damals nach seinen Berufswünschen fragte, hatte er immer »arbeitsloser Akademiker« geantwortet. Er rauchte den billigsten Tabak, hatte lange Haare und lief im Winter in einem alten Mantel herum, der eigentlich mehr Brandloch war. Jetzt trug er eine Anzughose, ein langärmliges Hemd und eine Anzugweste, während der Rest der Gesellschaft kurze Hosen und T-Shirts trug und selbst in dieser dünnen Bekleidung in der Sommerhitze zerfloss.

»Das hätte ich ja nicht gedacht«, sagte ich. »Ich hab immer gedacht, du würdest mal irgendwas mit Kultur machen. Goethe-Institut oder so was. Aber Unternehmensberatung...«

»Jaja«, sagte Roland. »Es gibt schon einige Leute, die den Kontakt mit mir abgebrochen haben, nur weil ich jetzt bei McKinsey arbeite. Aber da muss man sich halt denken: Gut, mit solchen intoleranten Opportunisten will ich eh nix zu tun haben.«

Darauf hatte ich zwar nicht angespielt, aber Roland schien trotzdem ein dringendes Bedürfnis zu haben, sich zu verteidigen. Offenbar hatte er schon mehrere Angriffe gehört.

»Und das ist deine Freundin?«, fragte er und machte eine Kopfbewegung in Richtung Anna, die gerade einem Typen zeigte, wie man eine Bierflasche mit einem Feuerzeug öffnete.

»Das ist Anna, meine Mitbewohnerin.«

»Du wohnst in einer WG?«

»Hab ich doch schon immer.«

»Ja, aber ich meine: immer noch?«

»Ja, immer noch.«

Das Spiel begann. Gemeinschaftliches Fußballgucken war für mich einer der größten Sommerspäße. Mit Freunden in einer Kneipe zu sitzen gehörte zu meinen Hobbys, seit ich mit fünfzehn das erste Mal die Punkkneipe »Elfer« in Frankfurt-Eschersheim betreten hatte. Wenn man dann noch ein gemeinsames Anliegen hat, das mit so viel Emotionalität verbunden ist wie ein Länderspiel, wird aus einer Kneipentischrunde schon mal eine verschworene geheime Bruderschaft. Hier waren wir zwar nicht in einer Kneipe, aber fast jeder Ort fühlt sich am Ende so an, wenn man dort zusammen Fußball sieht: ein Hörsaal, ein privates Wohnzimmer und sicher auch der Auspeitschraum des SM-Studios über meiner Wohnung, von dem ich manchmal sexuell aufgeladenes Gerumpel hörte. Ich machte ein Bier auf und stieß mit Alice an. Neben mir sprach Roland mit einer Frau, die ich nicht kannte.

»Und, was machst du so?... Ah ja...«

Es wird mir immer ein Rätsel bleiben, warum Menschen im Smalltalk immer zuerst nach dem Beruf des anderen fragen. Das roch für mich immer nach Standesdünkel. Außerdem sahen wir Fußball, da wird sich doch wohl ein anderes Thema finden lassen. Roland aber schien sich tatsächlich für Berufliches zu interessieren, denn er stieg sofort in das Thema ein:

»Ich finde schon, dass in einem internationalen Betrieb... kann mir niemand erzählen... wenn man Qualität abliefern soll, dann muss man auch... und das ist das, worauf es ankommt... gerade in unserer Branche...«

»Ja«, sagte die Frau. »...muss man auch wissen... dann soll niemand behaupten... Verantwortung heißt eben auch... hab ich die Erfahrung gemacht... im Betrieb wie im Privatleben...«

Im Fernsehen sagte der Kommentator:

»Hier ist noch nichts entschieden.«

Was machten die da? Es lief das Viertelfinale, und die beiden hatten nichts Besseres zu tun, als ihre beruflichen Schwänze zu vergleichen. Das Bier ging schnell runter, und es roch auch schon angenehm nach Hanf.

Das Spiel dümpelte etwas vor sich hin. Die Russen hatten offensichtlich mehr Spaß, während die Niederländer verbissen versuchten, zum Zug zu kommen, und sich dabei aufführten, als seien sie schon Europameister. Fouls gehörten im holländischen Fußball ja ohnehin zur Tradition.

Neben mir sagte Roland: »Ich habe auch die positiven Seiten der Globalisierung kennengelernt. Wir haben noch ein Büro in Bangladesch. Wenn ich denen abends schreibe, was sie erledigen sollen, dann hab ich das am nächsten Morgen in meinem E-Mail-Eingang.«

Ein Holländer sprang einem Russen mit den Stollen voran an den Oberschenkel. Der Russe ging zu Boden und krümmte sich.

»Ich weiß natürlich, dass die für unsere Verhältnisse schlecht bezahlt werden. Aber manche Sachen sind halt so. Was soll ich da als kleiner Unternehmensberater schon machen.«

Der Holländer stand vor dem Schiedsrichter und machte die achselzuckende »Ich hab nichts gemacht«-Geste. Es gab keine Karte. Ein paar Holländer klopften ihm auf die Schulter, als wollten sie sagen: »Gut gemacht.«

»Aber meine Kollegen sehen das auch so«, sagte Roland. »Die können doch nicht alle unrecht haben.«

Nun fiel mir wieder ein, warum ich Roland aus den Augen verloren hatte. Schon in der Zeit, in der wir noch Kontakt hatten, sprach er erst nur über die Schule, dann übers Studium, über Berufsaussichten, Praktika und Auslandsaufenthalte. Später setzte er noch einen Aufbaustudiengang in Sonstwaswissenschaften obendrauf. Ein Mensch, der überall gut funktioniert hatte und über einen sauberen, vorgestanzten Lebenslauf verfügte, mit dem er sich auf saubere, vorgestanzte Jobs bewerben konnte, bei denen er viele saubere, vorgestanzte, aber unbezahlte Überstunden leisten durfte. Und der sich auch noch darüber freute. Das war mir nie ganz halal.

In der Halbzeitpause machte ich mir ein zweites Bier auf, und Roland sagte, er würde »jetzt dann doch auch mal« ein Bier trinken. Fünfzigste Minute und immer noch kein Tor. Passierte hier noch was? Mit der Frau hatte Roland anscheinend alles Wichtige besprochen und wandte sich zu mir.

»Und was machst du jetzt so? Museum oder was? Oder Archiv, oder was macht man als Historiker so?«

Wie ich diese gequälten Smalltalkgespräche hasste. Was hätte ich ihm nun erzählen sollen? Ja, ich habe fertigstudiert, und jetzt bin ich Quatscher auf einem Ausflugsschiff. Ich habe keinen Assistant Manager of Major Cocky-Sucky, mache keinen Urlaub in Indien und habe erst recht keine Meinung zum korrekten Verhalten im Betrieb.

»Ich hab ein Nagelstudio«, sagte ich.

»Was hast du?«

»Achtung!«, sagte ich und zeigte auf den Bildschirm.

Russland spielte schnell über außen, und die Holländer sahen fast tatenlos zu. Die Flanke kam von links, Pawljutschenko stand vorm Tor, lenkte den Ball mit einer einzigen Fußbewegung um und beförderte ihn damit direkt neben dem völlig überrumpelten Torwart ins Netz. Jubel! Aus Antipathie gegen die niederländische Mannschaft waren alle Anwesenden für Russland, nur Roland war sich da nicht so sicher.

»Ein Nagelstudio«, sagte ich. »Ich hab ein Nagelstudio. Ich bin ins Kosmetikgeschäft eingestiegen und hab sechs Beschäftigte unter mir.«

Rolands Gesichtsausdruck war unbezahlbar. Pawljutschenko rannte jubelnd über den Platz. Die Holländer standen mit hängenden Schultern und waren indigniert, dass der Außenseiter in Führung gegangen war. Torwart van der Sar hatte sein »Ich fass es nicht, verdammte Scheiße«-Gesicht aufgesetzt. Anna, die zwei Meter hinter Roland saß, hatte uns gehört und grinste mich breit an.

»Ah ja«, sagte Roland und gab sich sichtlich Mühe, sein Erstaunen und seine latente Abscheu vor einem Kosmetikberuf hinter gespielter Toleranz zu verstecken. Er musste sich fühlen wie ein Landrassist, der von seiner Tochter ihren neuen ghanaischen Freund mit den Worten vorgestellt bekommt: »Das ist der Mbutu.«

»Ach so, ja... Mensch... Ist ja auch gut, oder?«

»Das ist es«, sagte ich. Obwohl er sichtlich angewidert war, fragte er der Höflichkeit halber nach. Im Fernsehen lief die Zeitlupe des Tors.

»Und wie... wie kamst du dazu? Hast du da so eine Umschulung gemacht?«

»Nix. Ich hab da einen Laden billig aus einer Konkursmasse übernommen. Das war echt ein Spottpreis. Ich hatte noch ein bisschen Geld auf der hohen Kante, und dann hab ich meine Chance ergriffen. Das konnte ich mir nicht entgehen lassen. Der Erfolg kommt ja nicht von allein. Ich mach da schon hammermäßige Überstunden.«

»Und da feilst du dann Nägel?«

»Ach was, dafür hab ich doch meine Mädels. Die Thailänderinnen, die sind echte Arbeitstiere. Die sind so flink mit ihren Fingern und mucken nie auf. Aber ich bin da echt nicht geizig. Die kriegen auch ihre sieben Euro pro Stunde.«

»Na, das ist ja o.k.«

»Und für die paar alten Damen, die sich von den Thailänderinnen nicht anfassen lassen wollen, haben wir auch noch zwei deutsche Feilerinnen. Gut, die kriegen dann eben elf Euro in der Stunde. Geht ja nicht anders. Weniger kannste heute ja keinem Deutschen mehr anbieten. Dafür gehen die doch nicht arbeiten.«

»Äh ja... das stimmt wohl.«

»Aber das läuft echt gut. Ich mach da nur die Bücher, guck, dass alles seine Richtigkeit hat, und ab und zu greife ich da auch mal ein. Wir werden im Herbst expandieren und den zweiten Laden in Lichterfelde aufmachen. Dann geht es richtig los. Lauter reiche Witwen und kein einziges Nagelstudio in Lichterfelde-West. Was glaubste, was das reinbringt!«

»Ja... na klar... Sicher.«

Weil Roland immer noch unsicher schien, wurde ich etwas konkreter, erzählte ihm von den Feilerinnen Phuong und Lin, die ich ganz gut leiden könne und mit denen ich immer Prosecco tränke, wenn es abends etwas später würde. Auch die Kundinnen tränken dann gern mit und hühnerten herum. So binde man Kundschaft und hätte selber noch seinen Spaß.

Obwohl die Niederländer noch einen Ausgleich durch Strafstoß erzielten, waren die Russen eindeutig die dominierende Mannschaft und schossen in der Verlängerung noch zwei weitere Tore.

Roland schien über meinen Bericht deutlich irritiert. Zu Schulzeiten war ich immer das, was unsere Eltern als »Schluri« bezeichnet hätten. Ich trank gern Bier, wenn es später wurde Wodka, hing im Elfer herum, ließ meine Haare wachsen und hörte Heavy Metal. Nach dem Abitur erfuhr ich, dass ich wegen meines schlurfenden Gangs bei einigen Mädchen den Spitznamen »Neandertaler« hatte. Im Französischleistungskurs, den Roland und ich besuchten, war er der ehrgeizige Musterschüler. Ich dagegen war nie mit der sehr französischen Unterrichtsmethode unserer Lehrerin zurechtgekommen und hatte irgendwann aufgehört, sie verstehen zu wollen.

Ich wusste, dass ich nie eine Führungspersönlichkeit werden würde, dafür schien mir der Preis der Anpassung zu hoch. Außerdem fehlten mir dazu die Fähigkeiten. Roland jedoch hatte beschlossen, ein hohes Tier zu werden, und hatte sich deshalb schon mal den Habitus eines Auskenners und Lenkers angeeignet. Wenn jemand anders mit weniger Arbeit, aber mehr Glück und vor allem Spaß an ihm vorbeizog, konnte er nur irritiert sein. Wahrscheinlich dachte er sich: Gut, der Tilman hat ein Nagelstudio und könnte damit gutes Geld verdienen. Aber der hat doch nichts Richtiges gelernt. Magister in Geschichte, Gott im Himmel! Auf lange Sicht werde ich doch wohl mehr erreichen als er.

Die Holländer gingen mit hängenden Köpfen vom Platz. Für sie war die EM vorbei, und die Russen jubelten über einen überraschenden Sieg. Zwar sollten sie im Halbfinale haushoch und verdient gegen Spanien verlieren, aber Spanien wurde ja auch Europameister. Und dass die Russen am Ende den Titel holten – na ja, das glaubten sie selber nicht, und das war ja auch gar nicht nötig. Für die Holländer sollte es sicher noch andere Chancen geben, schließlich wurden sie dauernd als Favoriten gehandelt, auch für die folgende WM. Russland wollte nur etwas Spaß und hatte ihn bekommen.

Am Ende des Abends nahm Roland noch Anna und mich im Taxi bis nach Friedrichshain mit, obwohl er in die entgegengesetzte Richtung musste, in sein Hotel am Potsdamer Platz.

»Kein Problem«, sagte er. »Das ist für mich jetzt echt nicht die Welt. Zahl ich aus der Portokasse, sag ich mal. Ich verdiene gutes Geld. Außerdem kann ich das alles absetzen.«

»Wer war denn das?«, fragte Anna, als wir vor unserer Haustür standen.

»Das war Roland, mit dem war ich auf der Schule.«

»Seltsamer Typ.«

»Früher war der ganz anders drauf.«

»Ja? Wie denn?«

»Also, ich habe ihn erst kennengelernt, als wir fünfzehn waren, aber seit heute bin ich mir sicher, dass er als Kind mit seinen eigenen Exkrementen gespielt hat.«

Privatspaß

Martin und ich standen an der Anlegestelle am Palast der Republik. Eine Gruppe Touristen stand auch herum.

»Ich zeig dir mal was«, sagte Martin und schnippste seinen Jointstummel in die Spree. »Weißt du, was die Touristen total toll finden?«

»Gruppenrabatte?«, sagte ich.

»Ja auch. Aber sonst?«

»Diese Hüpfshows im Friedrichstadtpalast, wo Frauen in einer Reihe stehen und ihre Beine so hochschmeißen?«

»Nee. Alles, was mit Hitler zu tun hat.«

»Meinst du?«

»Na klar! Tolle Museen gibt es überall, die Nazischeiße gibt es nur hier. Pass mal auf!«

Martin ging auf die Gruppe zu und sprach sie laut an:

»Ladies and gentlemen, my name is Martin Brockhausen and I will be your guide for the next hour. We have half an hour left before the ship leaves, but I will use that time to give you some information on the spot we are standing on.«

Die Touristen machten »Oh« und »Yaah«, nickten freundlich und lächelten.

»This whole area, from here all the way up to Alexanderplatz, used to be one of the oldest parts of Berlin, the so-called Marienviertel, named after the church over there, the Marienkirche. But as you can see, there is nothing left.

The whole quarter was destroyed in the war. Virtually everything burned down: houses, monuments, even the pavement and the rails of the tram. But there is one exception.«

Er klopfte gegen das Geländer, vor dem er stand:

»This railing was built by the Nazis. As you can see, it was not destroyed in the war, it is still there. All the bombs, bullets and fires couldn't do it any harm.«

»What's it made of?«, fragte einer.

»It's made of steel, of course. But:«, dramatische Pause, »it's not just regular steel. It is – Nazi steel. Indestructable!«

»Whooo«, machte einer.

»The city government tried to remove it several times but they just can't manage. It will still be here in a thousand years.«

Ein Tourist stellte sich vor einen Poller, ein anderer hatte die Kamera im Anschlag.

»Yes, go ahead«, sagte Martin. »Take a picture.«

Ein Ausflugsschiff fuhr vorbei. Ich machte den Test und winkte den Passagieren zu. Alle winkten zurück.

»Ja, Tach!«, hustete Martin in ihre Richtung.

»Is this a Nazi building?«, fragte jemand und zeigte auf den Fernsehturm.

»Yes, it is«, sagte Martin. »Indestructable. You could put all of these Al-Qaida guys on airplanes and let them crash into it, one by one, and it would not collapse. The communist buildings, on the other hand, never lasted very long. The big building over there«, er zeigte auf die Reste des Palastes, »was built by the communists in the 1970s and as you can see, it is very easy to demolish.«

Die Touristen nickten.

»Most of the things the communists invented break very easily. Plastic cups, Tupolev airplanes and even communism itself.«

Ein paar Touristen glucksten. Ich nahm einen Schluck aus meiner Club-Mate-Flasche.

»Gib das mal her«, sagte Martin und nahm mir die Flasche aus der Hand. »Look at this bottle, for example. When I drop it ...«

Er warf meine Flasche auf den Boden, sie zerbrach.

»Hey, die war noch halb voll«, rief ich.

»... it breaks«, sagte Martin. »No doubt about it: This is a communist bottle.«

Die Touristen nickten.

Neben einer Bank standen drei leere Bierflaschen, die die üblichen Trinker dort stehen gelassen hatten. Martin nahm sie sich und stellte sich wieder vor den Touristen auf.

»Now, let's see if there are any Nazi bottles among these. Step back!«

Er warf eine in die Luft, sie landete auf dem Pflaster und zerbrach. Klirr!

»No, that's a communist bottle!«

Nächste. Klirr!

»Communist bottle!«

Nächste. Klirr.

»Communist bottle!«

Ein paar Touristen schauten irritiert. Andere grinsten.

»But now look«, sagte er, griff in seinen Rucksack, holte eine PET-Flasche hervor und schleuderte sie auf den Boden. Ponk!

»Nothing happens. This is a Nazi bottle. It's unbreakable.«

Die Touristen applaudierten.

»Anybody want to try?«, fragte er in die Runde.

Ein asiatischer Tourist traute sich und schmetterte die Flasche mit voller Kraft auf den Boden. Ponk! Sie blieb ganz.

»See?«, sagte Martin. »We have been using these bottles for over sixty years now and nothing can damage them. This is best German engineering. Like all the other Nazi inventions: Volkswagen, Lederhosen and Hofbräuhaus.«

Ein Tourist trat vor:

»Can you take a picture of me with the bottle?«

Er gab Martin seine Kamera und stellte sich mit einer Bierflaschenscherbe in der einen und der PET-Flasche in der anderen Hand stolz vor dem Geländer auf. Martin betrachtete sich die Kamera.

»Just press the button«, sagte der Tourist.

»What about your camera, then?«, sagte Martin und hielt die Kamera am ausgestreckten Arm nach unten. »Is it a Nazi camera?«

»Don't!«, rief der Tourist und schnappte nach seiner Kamera, Martin hielt sie sich hinter den Rücken.

»I am sorry, Sir, but we do not allow any Nazi things on our ships, so I have to check if this is a Nazi camera. I will drop it now, and if it stays intact, it is a Nazi camera and I have to throw it into the Spree. But don't worry: If it breaks, it is a communist camera and you can keep it.«

»No!«, rief der Tourist aufgeregt und tanzte um ihn herum. »Nonono! You give me my camera back. It was very expensive.«

»I am sorry, Sir, but I have to check this. It's a regulation. Otherwise I cannot allow you to board the ship.«

»O.k., I will not go on the ship. But you give me my camera back.«

Martin gab ihm die Kamera zurück, und der Tourist zog ab, wobei er leise in seiner Muttersprache vor sich hin fluchte.

»Now, has anyone else got a camera?«, fragte Martin.

Alle schüttelten den Kopf.

»Alright! Now let's get on board.«

Die Touristen zuckten die Schultern und gingen langsam an Bord.

»Spitzenleistung, Kollege«, sagte ich. »So kriegst du aber kein Trinkgeld.«

»Ach, Trinkgeld! Trinkgeld ist für Anfänger, das kommt irgendwann von alleine. Es geht auch ein bisschen um Privatspaß.«

Cerveza

Zur ersten Tour morgens um zehn erschien meistens keine Laufkundschaft. Entweder waren es größere Gruppen, die reserviert hatten, ältere Ehepaare oder Familien mit Kindern, die die Fahrt schon fest in ihren Tagesablauf eingeplant hatten. Nie kamen Touristen, die desorientiert aufs Schiff stolperten und den Bootsmann in gebrochenem Englisch fragten, ob die Tour auch auf Ungarisch angeboten werden würde. Diese Touren waren meistens die ruhigsten, weil die meisten Gäste noch nicht richtig wach waren und zudem kein Alkohol floss, es sei denn, man hatte eine Gruppe russischer Geschäftsleute an Bord.

Eine solche Tour glaubte ich an diesem Morgen vor mir zu haben, wobei als kleiner Störfaktor bei meiner Ankunft schon eine Schulklasse an Bord saß. Ich tippte auf 10. Klasse. Ich hätte auch auf ihre Herkunft getippt, aber Schüler samt Lehrerin waren ausgesprochen eigenschaftslos: kein Dialekt, keine Fußballschals, nichts, woran man eine Vermutung hätte festmachen können. Dann waren es Niedersachsen oder Westfalen.

Drei Minuten vor Abfahrt kamen fünf Typen angetorkelt. Vokuhila mit rasierten Seiten, unreine Haut und Palästinensertuch. In Österreich heißen solche Leute »Krocha« und sind hedonistische Technofreaks. Diese hier waren offensichtlich südeuropäische Touristen und kamen wohl direkt aus dem Berghain, einer riesigen Technodisko in einem alten Heizkraftwerk in der Nähe des Ostbahnhofs, mit Darkroom und Scheißmusik, wo sich Stylegänger Tinnitus und Gonokokken holen konnten. Nun irrten sie durch Mitte und fanden ihr Hostel nicht wieder. Zur Bekämpfung ihrer Langeweile schrien sie einander so laut an, dass es für mich so klang, als würden sie sich laufend gegenseitig beleidigen. Einer wackelte an Bord und quatschte Klaus an:

»Eh! Eh, cabrón! Do you have cerveza?«

»Wat hab ick?«

Scheiße, Spanier! Der Bootsmann Mike hatte mich schon ein paar Tage zuvor aufgeklärt:

»Wenn die Lärm machen, sind sie Spanier. Das stimmt in neunzig Prozent der Fälle.«

Einer lief weiter, wurde aber von einem anderen brüllend zur Rückkehr aufgefordert:

»Desgraciado, quedate aqui. Estamos en un barco!«

Oh nein, bitte nicht, dachte ich. Sie jedoch kauften Tickets, wackelten an Bord und bestellten, noch bevor sie sich setzten, fünf Bier. Schulklasse und besoffene Spanier. Wer würde mir in der nächsten Stunde wohl mehr auf die Nerven gehen? Da wünschte ich mir schon fast die russischen Geschäftsleute herbei.

Für andere wäre die Vorstellung, allein unter Spaniern zu sein, nahe am Paradies. Das war ein größerer Trend unter Berliner Mädchen in den letzten Jahren. Mit zwanzig hatten sie sich überlegt, dass sie ab sofort ein fernes Land toll finden wollten, und Spanien stand auf der Liste der Gutfindländer ganz oben. Sie hatten mal den Film »Vicky Cristina Barcelona« gesehen und waren auf diesen unglaublichen Weichzeichner- und Pastellfarbenkitsch hereingefallen. Hach Kunst, hach Gaudí, hach diese schnuckeligen kleinen Straßencafés. Jetzt wollten sie sich unbedingt auch von einem katalanischen Künstler, der aussah wie Javier

Bardem, becircen lassen, um sich dann etwas zieren zu können.

Die schweren Fälle hatten sich zum Tollfinden einen südamerikanischen Staat mit viel Armut und wenig Hoffnung ausgesucht. Nach dem Abitur hatten sie dort ein halbes oder ganzes Jahr als Entwicklungshelferin oder Englischlehrerin verbracht. Als Konsequenz mussten sie danach Spanisch studieren, Salsa tanzen lernen und guatemaltekisch kochen. Bis hin zu ihren Geschlechtspartnern reichte dieser Exotismus.

Zugegeben: Ich hatte Anglistik studiert. Aber ich fand England scheiße. In die Häuser regnet es hinein, Schlägerei ist ein Volkssport, und über das Essen ist schon alles gesagt. Warum es außerdem in dem Land, in dem die industrielle Revolution begonnen haben soll, nicht möglich ist, ein Waschbecken mit einem einzigen Wasserhahn auszustatten, statt einen für eiskalt und einen für kochend heiß zu installieren, wird das ewige Geheimnis der Briten bleiben.

Wir legten ab, ich begrüßte und begann sofort:

»Rechts das Theater am Schiffbauerdamm. Es wurde berühmt, als hier 1928 die Uraufführung der Dreigroschenoper stattfand.«

Die Lehrerin drehte sich zu ihrer Klasse um:

»Das lesen wir im nächsten Halbjahr.«

Die Schüler stöhnten auf.

»On the right a theatre, the Theater am Schiffbauerdamm. It became famous in 1928 when Bert Brecht's play The Three Pennies' Opera was performed here for the first time.«

Meine Ansagen schienen die Spanier nicht zu stören, denn sie unterhielten sich weiter in einer Lautstärke, in der man problemlos eine Unterhaltung auf einer madrilenischen Verkehrsinsel in der Hauptverkehrszeit hätte führen können, und ich war mir sicher, dass sie diese Lautstärke auch genau dort erlernt hatten. Ob außer der Lehrerin irgendjemand an Bord überhaupt wusste, wer Bert Brecht war? Eigentlich wäre es nun meine Aufgabe gewesen, die Spanier zur Ruhe zu ermahnen. Ich befürchtete allerdings eine tätliche Auseinandersetzung, denn anscheinend war für sie heute Herrentag. Nur einmal unterbrach ich mitten im Satz meine Ausführungen und sah die Spanier durchdringend an. Einer bemerkte es, stieß seinen Kollegen an, und beide schauten genauso dämlich zurück, wie ich es ihnen vormachte. Dann lachten sie dreckig und redeten weiter:

»Esta caliente pollas podría haberme llevado a su casa. Las alemanas son unas guarillas.«

Wie auf einmal eine durchschnittliche Schulklasse in den Hintergrund tritt, sobald fünf Krawallspanier an Bord sind! Warum schrien die denn so? Wenn man die ganze Nacht im Berghain war, wird man wohl taub. Nach dem fünfminütigen Halt am Haus der Kulturen der Welt kam mir eine Idee.

»Rechts das Kanzleramt, der Kubus in der Mitte ist 36 Meter hoch, und in den Flügeln zur vorderen und zur hinteren Seite befinden sich 310 Büros für die Mitarbeiter der Bundeskanzlerin. On the right the chancellor's department...«

»Jooodeeer!«, grunzte einer der Spanier in diesem Moment und machte dabei ein Geräusch wie ein Trüffelschwein, das gerade Knollen im Wert von mehreren hundert Euro erschnüffelt hat. Ich musste hier anders vorgehen:

»I'm sorry, I'll start again. The big building on the right is a brothel. A Bordello. A Whorehouse. It's the biggest brothel in all of Europe. It was opened in 1999. More than 500 prostitutes from all over the world work there and are happy to please you. This whorehouse is open 24/7, the prices are low and you get beer for free.«

Da! Das Gespräch verstummte, und die Spanier wurden hellhörig. Ich wiederholte:

»Free beer. In this brothel you get beer for free. Beer.«

Noch immer Irritationen am Spaniertisch.

»Cerveza«, rief ich.

Ein Spanier sprang auf: »Whohooo, cerveza! Donde? Donde?«

Er schwang sein Glas in die Höhe und verschüttete dabei die Hälfte.

Die Lehrerin kam zu mir:

»Junger Mann, was erzählen Sie denn da über ein Bordell?«

»Hören Sie bitte nur auf den deutschen Teil«, sagte ich. »Den englischen habe ich gerade für unsere spanischen Gäste angepasst. Die interessieren sich nicht so sehr für Politik und Geschichte.«

»Woher wollen Sie das denn wissen?«, fragte sie.

»Passen Sie mal auf«, sagte ich. »The German Parliament consists of two chambers. The Bundestag and the Bundesrat. The Bundestag is elected every four years, whereas the Bundesrat consists of representatives of the governments of the states, or, as we call them, the Bundesländer.«

Keine Reaktion der Spanier.

»Und nun?«, fragte die Lehrerin.

»Schauen Sie mal her: Since last week cannabis is legal in Germany. You can buy it in every pharmacy and it's only five Euro per gramme.«

Am Spaniertisch brach ein unglaubliches Gebrabbel los:

»Chocolate. Se puede comprar chocolate. Has entendido? Joder.«

Das schien die Lehrerin zu beeindrucken:

»Junger Mann, das machen Sie wirklich gut.«

Ich bedankte mich, sie ging zurück auf ihren Platz.

»Wir fahren auf den Reichstag zu, das Gebäude mit der Glaskuppel. Er wurde 1894 eröffnet, 1918 rief Philipp Scheidemann hier die erste deutsche Republik aus, 1933 brannte das Gebäude unter nie geklärten Umständen aus. Die Nazis behaupteten, es sei ein kommunistischer Angriff gewesen, was ihnen einen Vorwand bot, um gegen Kommunisten vorzugehen.

Ahead of us, the building with the glass dome, this is a brewery. It was opened in 1894 and this is the brewery where the famous Berliner Pilsener is made. You can see the glass dome on the label of the Berliner Pilsener bottles. In the middle of this building, there is a huge beer tank and the glass dome is the top of the tank. Sometimes, when the tank is full, the glass dome is all yellow with beer. You can visit the brewery every day from 10 am to 10 pm, the entrance fee is low and you get as much beer as you can drink. Sorry, cerveza. As much cerveza as you can drink.«

»Whohooo! Cerveza!«

Sie krakeelten noch etwas herum und bestellten jeder noch eins. Klaus war schon deutlich unfreundlicher, als er es ihnen brachte. Hinter der Marschallbrücke stieg die Lautstärke plötzlich sprunghaft an. Ein Spanier stand auf und brüllte auf seinen Kollegen ein:

»Dilo otra vez y te parto la cara!«

Was war denn jetzt los? *Batsch!* Da hatte er seinem Kollegen eine reingehauen. Am Tisch ging ein Gerangel los. Zwei wollten sich schlagen, zwei andere versuchten ihre Kollegen zurückzuhalten. Der fünfte feuerte an, tanzte um die vier herum und warf Geldscheine in die Runde, während er eine Reihe weiterer kehliger Belllaute von sich gab. Plötzlich war der Rest der Passagiere gerade sehr damit beschäftigt, die Plattenbauten am Ufer zu betrachten oder auf ihre Armbanduhr zu sehen. Klaus kam angerannt, packte die beiden Streithähne an ihren Palästinensertüchern und warf sie auseinander.

»Wat gloobt ihr, wo ihr seid, ihr Penner! Schlagen könnt ihr euch draußen, hier wird zugehört, verflucht!«

Ich hatte schon immer geahnt, dass Klaus eine Art Altberliner Street Credibility besaß. Außerdem war ich mir fast sicher, dass er mal im Knast gesessen hatte. Er hatte da so eine schlechte Tätowierung auf der Hand.

»Meine Damen und Herren, der Herr hier auf dem Oberdeck ist Klaus, unser Kellner und Konfliktmanager. Ladies and gentlemen, the gentleman on the upper deck is Klaus, our waiter and security man. Insult him and he will kick you in your filthy, stinking, hairy, disgusting testicles.«

Klaus setzte drei Spanier an einen Tisch, zwei an einen anderen.

»Ihr bleibt jetzt hier sitzen. Wenn sich einer von euch bewegt, schmeiß ich ihn persönlich über Bord.«

Vielleicht war Klaus ja auch mal Lehrer. Die Spanier schauten bedröppelt. Einer blutete aus der Nase, brabbelte aber weiter vor sich hin:

»Chupe mi polla! Chupe mi polla!«

Ich verstehe zwar bis heute keinen Ton Spanisch, aber ich war mir sicher, dass es für den Spanier besser war, dass auch Klaus keinen Ton Spanisch sprach.

Als wir anlegten, stand ich wie immer am Ausgang. Die Lehrerin drückte mir fünf Euro in die Hand. Die Spanier torkelten von Bord, ohne mich anzusehen. Auch der Rest der spärlichen Kundschaft schien froh, schnell und lebend von Bord zu kommen.

Ein Spanier saß noch im Stuhl. War der eingeschlafen? Oder tot? Zwei Spanier kamen wieder zurück und schleppten ihren Kollegen von Bord. Am Ufer hängten sie ihn über das Geländer, und er kotzte in die Spree. Geschieht dir recht, Arschloch. Einer kam zu mir zurück.

»Eh! Eh, cabrón! Where is the place with free cerveza? And the whorehouse? Where is that?«

»You go to Alexanderplatz and take the Subway U5 to Hönow. When you get out in Hönow the brothel is right in front of you. Can't miss it.«

»Thanks, man!«

»Good riddance to you!«

»Yes, yes, thanks man!«

Lasst euch hier bloß nicht wieder blicken!

Zuhälter
auf Urlaub

»Was ist denn das für ein Hut?«, fragte ich Anna, als sie am Morgen in die Küche kam. Auf dem Küchentisch hatte ein weißer Strohhut gelegen, der sicherlich nicht Annas Größe war.

»Ach der«, sagte Anna. »Der ist vom Marco. Der hat den gestern Nacht hier vergessen.«

»Marco, wie?«

Den Namen hatte ich schon einige Male von ihr gehört, ihn selbst aber erst einmal kurz in unserer Küche gesehen. Ich setzte mir den Hut auf.

»Passt ja super. Ich hab mir auch überlegt, ob ich mir nicht einen Strohhut kaufen sollte. Mir knallt ja den ganzen Tag die Sonne direkt auf den Schädel.«

Anna sah mich an.

»Kauf dir doch einen. Steht dir nicht schlecht.«

»Meinst du, ich kann mir den für heute mal ausleihen? Nur mal so zum Ausprobieren?«

Anna zögerte herum:

»Na jaaa, ich weiß nicht ...«

»Oder kommt der in deinen Trophäenschrank?«

»Was kommt der?«

»Zu deinen Männertrophäen, wie in diesen Siebzigerjahre Bumskomödien. Die Männer behalten von jeder Frau einen Schlüpper und die Frauen halt eine Krawatte oder einen Hut. Als Trophäe.«

Anna machte »Tse...« und schüttelte den Kopf:
»Über das Stadium sind wir doch schon hinaus.«

»Ach, das ist was Ernsteres?«, fragte ich.

»Möglich«, sagte sie.

»Guck mal, ist ein echter Panama«, sagte ich. »Schickes Ding.«

»Ja, dann nimm ihn halt. Aber bring ihn wieder, und mach ihn nicht kaputt, sonst musst du dem Marco einen neuen kaufen.«

»Danke. Ich pass drauf auf.«

»Aber sag mal, Tilman, warum lädst du dir nicht mal wieder jemanden ein?«

»Wieso? Brauchst du neue Schlüpper?«

Ich duschte und zog mich an. An meiner einzigen Sommerhose war zwei Tage zuvor der Reißverschluss aufgerissen, und ich wollte weder in einer dicken schwarzen Jeans in der Sonne noch mit offenem Hosenlatz vor den Gästen stehen. Ich zog eine cremefarbene Bundfaltenhose an, eine Anschaffung, die mir meine Mutter aufgedrängt hatte, trotz meiner Beteuerungen, ich würde so etwas nicht brauchen. »Ach was, so was braucht man immer mal«, hieß es. Na gut. Jetzt schon.

Wenn ich schon so eine Hose anhabe, kann ich ja auch ein Hemd dazu anziehen, dachte ich. Das einzige kurzärmlige Hemd, das ich besaß, war knallrot. Dazu der weiße Panama. Vielleicht war ich nun doch etwas overdressed oder sah aus wie ein deutscher Sextourist in Thailand. Oder ein südamerikanischer Plantagenbesitzer. Ich hatte keine Zeit mehr, darüber nachzudenken, und brach auf.

»Du siehst ja aus wien Zuhälter auf Urlaub«, sagte Klaus, als ich aufs Schiff kam.

»Sommeroutfit«, sagte ich. »Würde dir auch mal ganz gut stehen.«

»Ich muss die Schürze mit dem Bierlogo tragen. Ist vorgeschrieben.«

Bis zum Mittag wurde es deutlich über 25 Grad heiß. So ein Strohhut würde sich doch auszahlen, dachte ich. Man konnte ihn vom Kopf nehmen, sich damit Luft zufächeln und dabei aussehen wie ein Südstaatensklavenhalter des 19. Jahrhunderts.

Nach der zweiten Tour brauchte ich etwas Schatten, setzte mich auf eine Bank am Ufer, legte den Hut auf den Schoß und drehte eine Zigarette.

»Ach, kannste mir nicht auch eine drehen?«, rief mir Klaus vom Schiff zu.

Ja, klar, dreh ich noch eine.

Zwei Asiatinnen standen am Geländer, sahen ab und zu zu mir herüber und tuschelten.

Ja, ich weiß, dass ich heute seltsam aussehe, die Damen, aber da müsst ihr jetzt durch.

Nach ein paar Minuten kamen sie auf mich zu.

»Sorry. We want to buy«, sagte die eine.

»The ticket office is over there«, sagte ich und zeigte auf das Kassenhäuschen.

»No! Nono«, sagte sie und fuchtelte mit der Hand vor dem Gesicht herum, als vertreibe sie Fliegen.

»Buy. This!«, sagte sie und zeigte auf den Hut. Vielleicht hielten sie den Panama für eine typisch deutsche Tracht und wollten mal was anderes auf dem Kopf haben als immer nur die Fischerhüte mit den hochgeklappten Krempen.

»I am sorry, but we don't sell these hats. I'm only wearing this because my flatmate ... well ... Long story.«

»Nono! No!«

Wieder Gefuchtel. Wenn Asiatinnen Nein sagen, tun sie das mit solcher Aufregung, als hätte man ihnen gerade ein unanständiges Angebot gemacht.

»We want to smoke. We want to buy.«

Ach so. Sie hatte nicht auf den Hut, sondern auf meine Zigarette gezeigt.

»I am afraid, we don't sell tobacco, only drinks. But if you go down the street over there, I'm sure you will find a tobacconist there.«

Jetzt kicherten sie.

»No, not tobacco«, sagte die Wortführerin. »We want to smoke different. Like this.«

Wieder zeigte sie auf meine Zigarette.

»But this *is* tobacco.«

»Nooo, this is not tobacco. We want to smoke like joint, you know.«

Wollten die beiden wirklich Gras von mir kaufen? Sehen asiatische Grasdealer aus wie Berliner Stadtbilderklärer? Oder wie Zuhälter auf Urlaub?

»You want to buy weed?«, fragte ich.

Sie nickten und machten »Ah... hm... I understand...«.

Sie verstanden nichts.

»You want to smoke hemp? Weed, hash, pot, mary-jane. Is that what you want?«

»Yes, yesyes«, sagte sie aufgeregt.

Ich hätte sie nun an verschiedene Orte schicken können. Meine ersten Erfahrungen mit Hanfhandel in Berlin hatte ich in kleinen, etwas angestaubten Bars gemacht, verdeckte Coffeeshops, die im Hinterzimmer Gras verkauften. Meistens sahen sie aus wie ganz gewöhnliche schlecht geführte Geschmacklosbars oder Geldwaschanlagen, manchmal auch mit dem Touch eines Jugendkellers in einem katholischen Gemeindehaus. Ab und zu erzählte mir jemand, dass es in dieser und jener Straße einen kleinen Laden gebe, der so und so hieße und wo wieder mal »was geht«. Außerdem erkannte man den Laden daran, dass dort viele einzelne Herren allein am Tisch saßen und Cola tranken. Wenn man zehn bis dreißig Minuten gewartet hatte, erschien ein kräftiger Mann mit Mütze, stellte sich neben den Tresen, drehte sich zum Raum, nickte deutlich und verschwand in den Lagerraum. Sofort stand der erste einzelne Herr auf und ging hinterher. Vom Bemützten konnte man abgepacktes Gras kaufen, zuerst noch für fünfzig Mark, später für dreißig Euro.

Vier dieser Läden hatte ich in den ersten drei Jahren meiner Berliner Zeit kennengelernt, alle im Prenzlauer Berg. Einer nach dem anderen hatte zugemacht, und ein neuer Laden war eingezogen. Aber nur bei einem auf der unteren Schönhauser Allee war es klar, dass er von der Polizei hochgenommen worden war, denn eines Tages klebte ein Polizeisiegel über dem Türschloss. Mittlerweile kannte ich keinen solchen Laden mehr, ich wusste nicht einmal, ob es solche Einrichtungen überhaupt noch gab. Ich konnte aber zwei in Berlin unerfahrene asiatische Touristinnen auch nicht ins kalte Wasser werfen und in die Hasenheide, den Görlitzer Park oder den Mauerpark schicken, wo alle paar Wochen die Dealer samt Kunden abgeführt wurden.

Ich tat das Nächstliegende.

»Listen, this ship will leave in fifteen minutes and another ship will stop here. My colleague on that ship can help you. He looks like... well, he looks a bit... You will recognize him. Ask him, perhaps he will sell you some weed.«

Sie machten wieder »Hoh!« und »Hah!« und bedankten sich, was ich als Zeichen nahm, dass sie mich verstanden hatten.

Als ich am Abend nach Hause kam, war Anna zu Hause. Mit dem Hut in der Hand kam ich in ihr Zimmer.

»Und?«, fragte sie. »Kaufst du dir auch so einen?«

»Ich weiß nicht«, sagte ich. »Ich bin heute von ein paar Asiatinnen für einen Grasdealer gehalten worden.«

Ich erzählte ihr die Geschichte, und sie war sehr amüsiert.

»Und meinst du, das lag am Hut?«, fragte sie schließlich.
»Keine Ahnung. Oder am Hemd? Oder woran?«
»Wenn du da gesessen und eine Zigarette gedreht hast, dann lag es vielleicht daran. Vielleicht haben die geglaubt, du drehst da eine Tüte.«
»Äh ... ja ... das kann auch sein.«

Schade. Ich hatte gedacht, ich sähe mit dem Hut besonders verwegen aus und könnte ihn für das von ihr vorgeschlagene Projekt »Tilman lädt sich mal wieder jemanden ein« verwenden.

Ich legte den Hut auf ihren Schreibtisch.

»Jetzt erzähl doch mal was über diesen Marco«, sagte ich. »Ihr kennt euch schon eine Weile?«

»Ach, der! Der soll nur seinen Hut abholen und verschwinden.«

»Ist was passiert?«
»Nee, nee. Aber ich weiß doch jetzt schon, dass das nix wird.«
»Heute Morgen hast du aber noch gesagt –«
»Ach, heute Morgen! Ich hab es mir anders überlegt.«
»Das ging aber schnell.«
»Pff ...«, machte Anna.

Dein Führer

Mittwochmittag, kleines Schiff ab Friedrichstraße. Eine Schülergruppe hatte sechzig Plätze reserviert und damit das gesamte Schiff für sich alleine. Als wir anlegten, sah ich schon die Horde am Ufer stehen, bereit zum Entern. Ich schätzte sie auf 9. oder 10. Klasse.

Es war wie in jeder Schulklasse und wie es immer sein wird: Vorne saßen die Streber mit dem T-Shirt in der Hose und den Brustbeuteln darüber (»In Berlin gibt es Taschendiebe!« – »Ja, Mutti!«). Die coolen Jungs – Baseballmütze, Basketballtrikot, Tennisschuhe – setzten sich sofort ganz hinten hin und gaben sich Mühe, schlechtgelaunt auszusehen. Eine Konstante menschlicher Schülerexistenz.

Alles klar, dachte ich. Eine Scheißtour ohne Trinkgeld. Klaus kam zu mir und gab mir eine Plastiktrommel mit kleinen Gummibärchenpackungen in die Hand.

»Hier.«

»Was ist das denn?«, fragte ich.

»Ach so, du weißt das gar nicht. Wenn wir hier große Vorbestellungen mit vielen Kindern haben, gibts für die immer Gummibärchen. Kannste am Schluss verteilen.«

Ob Fünfzehnjährige auf Süßkram scharf sind? Zwanzig Minuten lang, vom Einsteigen bis zum Ablegen, sprangen sie in der Gegend herum, beleidigten einander und ihre gegenseitigen Mütter und bewarfen sich gegenseitig mit Erdnussflips.

Nützt ja nichts, dachte ich und begann:

»Hallo, herzlich willkommen an Bord, mein Name ist Tilman, und ich bin euer Stadtbilderklärer heute.«

Ich schaute in die Menge. Ein Junge sah mich an und sagte: »Ja, na und?«

Stimmt. Er hatte recht.

»Ich hab mir für heute was ausgedacht. Ich stelle euch Fragen, und für jede richtige Antwort gibt es von mir eine Belohnung. Einverstanden?«

»Machn Abflug«, sagte einer der größten Wichtigtuer in den hinteren Reihen. War das eine Realschule?

»Ich habe hier eine große Trommel Gummibärchen stehen. Eine richtige Antwort, eine Packung Gummibärchen.«

»Scheiß auf Gummibärchen, wir wollen Tequila«, kam es von hinten. Der war wohl vor kurzem zum ersten Mal besoffen.

»Also, Frage eins: Wo kommt ihr her?«

»Von draus vom Walde«, sagte die hintere Reihe.

»Oberfranken«, sagten ein paar andere.

»Die Antwort ist richtig«, sagte ich und schmiss ein paar Packungen ziellos in die Menge. Sofort stürzte sich die Meute auf die Gummibärchen, wie hungrige Löwen auf einen verirrten britischen Afrikaforscher. Scheint ja doch zu klappen. Die letzten Reihen bemühten sich, einen gelangweilten Eindruck zu machen und sich von Gummibärchen dabei nicht ablenken zu lassen. Ein Spruch zum Auflockern:

»Man muss Gott für alles danken, selbst für einen Oberfranken.«

»Ey, pass auf, was du sagst«, grunzten die Gangster von hinten. Wir legten ab.

»Also, los gehts. Rechts das Theater am Schiffbauerdamm. Es wurde berühmt, als hier 1928 die Dreigroschenoper uraufgeführt wurde. Wer kann mir sagen, wer die Dreigroschenoper geschrieben hat?«

»Dei Mudder!«

Die Klasse lachte. Vielleicht war das ja sogar eine Hauptschulklasse. Und ich hatte mein Pfefferspray nicht dabei.

»Ich geb euch einen Tip. Der Nachname fängt mit B an.«

»Goethe«, sagte ein Junge mit FC-Nürnberg-Schal um den Hals.

»Nee«, sagte ich. »Nochn Tip: Der Vorname fängt auch mit B an.«

»Schiller«, sagte jemand anders. Doch keine Hauptschule.

»Benjamin Blümchen«, rief es von hinten. So richtig lief die Sache noch nicht an.

»Bertolt Brecht heißt der Mann. Lyriker, Dramatiker, Kommunist. Den Namen solltet ihr euch merken.«

Die Lehrerin nickte zustimmend.

»Eine Packung für mich«, sagte ich und nahm mir selbst eine Packung Gummibärchen aus der Trommel. »Ja, so ist das. Wenn ihr die Antwort nicht kennt, krieg ich eine Packung, und wer am Ende die meisten hat, kriegt den Hauptpreis.«

»Und was ist der Hauptpreis?«, fragte jemand.

»Das werdet ihr dann schon sehen.«

»Die dürfen noch keinen Alkohol«, rief die Lehrerin. »Die sind noch nicht alle sechzehn.« Offensichtlich hatte sie Erfahrung mit saufenden Minderjährigen. Oder mit Schnaps verteilenden Stadtbilderklärern.

Ich versuchte, eine allgemeine Einführung zu geben:

»Man muss sich für die Geschichte Berlins eigentlich nur zwei Daten merken. Das ist einmal 1987, da hat Berlin nämlich 750 Jahre Stadtgründung gefeiert. Wann ist Berlin also gegründet worden?«

Niemand reagierte.

»Na, das sollte jetzt aber jeder wissen.«

Super Satz. Ich habe ihn als Schüler auch immer geliebt. Wird nur übertroffen von: »Ich seh immer die gleichen Hände.« In den mittleren Reihen rechnete ein Junge angestrengt mit den Fingern. Ein Mädchen meldete sich.

»Nicht melden, einfach reinrufen.«

»1237«, sagte das Mädchen.

»Richtig, 1237. Einmal Gummibärchen für –?«

»Nadine.«

»Für Nadine. Sehr schön hast du das gemacht.«

Die Klasse lachte.

»Klasse, Achtung!«, rief ich. »1987 ist deshalb wichtig, weil in Berlin, und zwar in Ost und West, damals sehr viel wiederaufgebaut, restauriert und eingeweiht wurde. Wenn man nicht genau weiß, wann dieses oder jenes Gebäude wieder hergerichtet wurde, dann hat man mit 1987 eine Trefferquote von fünfzig Prozent. Super, was?«

»Jaja, echt super, Alter«, sagte jemand. Ich fuhr fort: »Das andere Datum ist der Mauerfall. Der war wann?«

»Neunzehnhundertneunundachtzig«, kam es gelangweilt aus sechzig Kehlen. Ich war erstaunt.

»Na so was! Habt ihr das mit dem Rohrstock eingeprügelt bekommen?«

»Wir hören seit drei Tagen nichts anderes«, sagte ein Junge im Napalm-Death-T-Shirt. »Außerdem hat unsere Lehrerin uns das schon drei Wochen vor Abfahrt jeden Tag erzählt.«

»Genau«, rief sein Sitznachbar. »Dauernd Geschichten von Grenzkontrollen und Autodurchsuchungen. Wir hams mittlerweile verstanden.«

»Sie müssen wissen«, sagte die Lehrerin, »ich hab in den Siebzigern in Westberlin studiert.«

»Das sagt sie zu jedem Fremdenführer«, flüsterte ein Junge in der ersten Reihe mir zu.

»Da habt ihr ja noch Glück gehabt«, gab ich zurück. »Als ich in der Grundschule war, hat meine Lehrerin uns immer von Bombenangriffen und Lebensmittelrationierung erzählt. Und von Judendeportationen, von denen sie aber nichts gewusst hat.«

»Wir gehen aber schon Gennasium«, rief es von hinten.

»Wir mussten alle wichtigen Daten aufsagen können«, sagte der Napalmdeathler. »Dreiunddreißig, fünfundvierzig, neunundvierzig und neunundachtzigneunzig.«

Der Junge mit dem Fußballschal begann zu singen: »Vierundfünfzig, vierundsiebzig, neunzig, zwaaaitausendzeeehn, ja so stimmen wir alle ein!«

Keiner lachte.

»Gut, weiter gehts«, sagte ich.

»Moment mal! Wir kriegen erst noch Belohnung«, tönte es von hinten. Natürlich: Ihr geht Gennasium und kriegt Belohnung. Vielleicht hätte ich besser Präpositionen und unbestimmte Artikel statt Gummibärchen verteilen sollen. Ich griff in die Trommel und warf die Packungen dutzendweise in die Schülerhorde. Sofort fing die Menge wieder an zu brodeln.

»Da vorne das Ding mit der Glaskuppel, das ist was?«

»Reichstag«, sagten einige. Ich warf mit Gummibärchen, obwohl ich meinte, aus dem Gangsterblock auch »KZ« gehört zu haben.

»Reichstag ist richtig. Der wurde in den 1890er Jahren eröffnet und wurde im Krieg schwer beschädigt. Danach hat man ihn wiederaufgebaut, und 1995 wurde er von einem berühmten Künstler verpackt. Weiß jemand, wie der hieß?«

Schweigen im Walde.

»Na, kommt schon! Der ist bekannt, den kennt doch jeder! Ich geb euch einen Tip: fängt mit C an.«

»Churensohn«, kam es aus dem Gangsterblock.

Vielleicht sollte ich irgendwann auch Bestrafungen verteilen.

Ich imitierte ein Achtzigerjahre-Gameshow-falsche-Antwort-Geräusch:

»Krrrrrk! Churensohn ist leider falsch. Der Herr hieß Christo. Packung für mich.«

»Und mit Nachnamen?«, fragte Nadine.

Verdammt. Das wusste ich auch nicht.

»Äh...«, ich stockte kurz. »Die wirklich wichtigen Künstler brauchen keine Nachnamen. Michelangelo zum Beispiel. Oder Raffael. Oder Dings, hier... na... Jesus!«

Keine Reaktion. Hatte ich sie jetzt beeindruckt oder verwirrt? Irgendwo sagte jemand zu seinem Nebenmann: »Ey, Geschichte find ich voll doof. Ich weiß nicht, warum wir das lernen sollen. Ich interessier mich nicht für irgendwelche toten Deppen. Die sollen mal ihr Ding machen, ich mach mein Ding.«

Das Regierungsviertel hatten wir mittlerweile hinter uns gelassen und fuhren in den Tiergarten.

»Da links seht ihr einen Turm. Das ist ein Glockenspiel, bestehend aus 68 Glocken. Den hat die Firma Daimler-Benz der Stadt Berlin geschenkt und zwar zur 750-Jahr-Feier. Die war wann?«

Nichts.

»Was ist denn da los? Lasst mich nicht hängen, Leute. Ihr habt es doch vorhin so gut ausgerechnet. Einmal das Datum der 750-Jahr-Feier Berlins, und es gibt Gummibärchen. Das ist doch nicht so schwer.«

»1987?«, fragte Nadine.

»Jawollo, 1987. Nochmal Gummibärchen für Nadine!«

Gejohle von der Klasse. Langsam waren sie warm.

»Links der Tiergarten, sozusagen der Central Park von Berlin. War schon im 17. Jahrhundert das Jagdrevier für die Hohenzollern. Vor uns das Schloss Bellevue, ein Bau aus dem 18. Jahrhundert. Das Schloss wurde im Krieg schwer beschädigt und danach wieder aufgebaut. Ab 1957 war es der zweite Amtssitz des Bundespräsidenten nach der Villa Hammerschmidt in Bonn. Seit 1994 ist es der erste Amtssitz. Wer kann mir sagen, wie der Bundespräsident heißt?«

»Karl-Heinz«, sagte einer.

»Angela Merkel«, sagte ein anderer.

»Nein, ich geb noch einen Tipp. Er heißt Horst.«

»Tappert«, schrie es von hinten. Wer war das denn? Am Heck saß ein älterer Herr, der nicht so aussah, als gehörte er zur Klasse.

»Nee, Tappert ist falsch. Sonst jemand? Na kommt, einen Bundespräsidenten namens Horst, und es gibt Gummibärchen.«

»Köhler?«, sagte jemand.

»Köhler ist richtig. Einmal Gummibärchen für – ?«

»Marvin.«

»Für Marvin, den glücklichen Gewinner. Und ich sehe, die Standarte des Bundespräsidenten weht am Mast, das heißt, er ist zu Hause. Wollt ihr mal ›Hallo, Onkel Horst‹ rufen?«

»Nee, wollen wir nicht!«

Aus dem Alter, in dem man dem Bundespräsidenten »Hallo, Onkel Horst!« zuruft, waren sie wohl doch schon raus.

»Davor seht ihr eine Brücke. Die ist 1893 eröffnet worden, wurde dann im Krieg – ?«

Vierzig erwartungsvolle Gesichter. Zwanzig gelangweilte.

»Also bitte! Ich hab euch den Satz jetzt schon zweimal

vorgesagt. Wenn man in Berlin sagt, ›dieses Gebäude wurde im Krieg‹, dann geht der Satz weiter mit – ?«

»Kaputt gemacht?«, fragte Nadine.

»Sagen wir lieber schwer beschädigt, ja? Und danach wurde die Brücke – ?«

»Wieder aufgebaut«, rief der Fußballschaljunge.

»Einmal Gummibärchen. Und diese Brücke ist benannt nach dem berühmten Reformator, dem Autor der 95 Thesen, dem Erfinder des Evangelischseins. Und der heißt Martin – ?«

»Semmelrogge«, brüllte der ältere Herr am Heck.

»Moment mal gerade«, sagte ich, schaltete das Mikrofon aus und beugte mich zu den Schülern in der ersten Reihe.

»Wer ist denn der Mann da hinten? Gehört der zu euch?«

»Ja, das ist der Herr Kralmeyer«, sagte einer der Jungen. »Der ist eigentlich schon pensioniert und ein bisschen plemplem.«

»Warum fährt der denn dann mit?«, fragte ich.

»Der war Sportlehrer. Und bei einer Freizeit muss immer ein Sportlehrer dabei sein. Die anderen Sportlehrer hatten alle keine Zeit oder keine Lust.«

Oha!

»Aber der ist ganz nett. Nicht mehr ganz dicht, aber ganz nett.«

»Alles klar«, sagte ich, schaltete das Mikrofon wieder ein und fuhr fort:

»Richtig! Der berühmte Reformator, der 1517 seine 95 Thesen an die Tür der Schlosskirche in Wittenberg genagelt hat, war kein Geringer als Martin Semmelrogge. Einmal Gummibärchen für den Herrn Kralmeyer, bitte.«

Die Klasse jubelte.

Wir wendeten und fuhren flussaufwärts. Jetzt waren sie nicht warm, sie waren heiß. Ich musste nur noch die Hälfte der Sätze vollenden und ihnen ein paar Jahreszahlen hinwerfen.

»Das Alte Museum hat der berühmte Berliner Architekt Karl Friedrich Schinkel gebaut und wurde 1830 eröffnet. Es wurde im Krieg – ?«

»STARK BESCHÄDIGT!«, brüllte die Klasse zurück.

»Und danach – ?«

»WIEDER AUFGEBAUT!«

»Gummibärchen!« Mittlerweile schmiss ich die Packungen mit vollen Händen in die Menge. Sogar die Hinterbänkler rissen sich nun darum.

»Vorne das Rote Rathaus. Da sitzt der Regierende Bürgermeister von Berlin drin. Und der heißt Klaus – ?«

»Kinski!«

»Gummibärchen für Kralmeyer!«

Jubel.

»Rechts der Berliner Dom, gebaut von Julius Raschdorff, eröffnet im Jahr 1905, wurde im Krieg – ?«

»STARK BESCHÄDIGT UND DANACH WIEDER AUFGEBAUT!«

Sie hingen an meinen Lippen. So muss sich Goebbels im Sportpalast gefühlt haben.

»Links das Nikolaiviertel. Ich sag nur Krieg und 750-Jahr-Feier. Die Häuser sind allesamt aus dem Jahr – ?«

»NEUNZEHNHUNDERTSIEBENUNDACHTZIG!«

Ich hätte ihnen befehlen können, über die Reling zu springen und die anderen Schiffe zu entern, sie hätten es getan.

»Wie heißt die Bundeshauptstadt?«

»BERLIN!«

»Was ist der Nabel der Welt?«

»BERLIN!«

»Wo wollt ihr wohnen, wenn ihr mal groß seid?«

»BERLINBERLINBERLIN!«

Die fanatisierte Masse wird lenkbar. Klaus steckte seinen Kopf aus der Bar:

»Mein Führer, wir legen an. Machste mal Schluss langsam?«

»Liebe Oberfranken, das wars. Ich verabschiede mich, wünsche euch weiterhin viel Spaß in Berlin und verbleibe: euer Stadtbilderklärer Tilman.«

Jubel. Erleuchtet gingen die Schüler von Bord. Ich schüttelte Hände und verteilte Autogramme. Schultern wurden geschlagen und High Fives beantwortet. Herr Kralmeyer ließ sich mit mir fotografieren. Nur die Lehrerin drückte mir zehn Euro in die Hand und sagte: »Na ja.«

Ein Mädchen kam zu mir:

»Ich glaube, ich hab die meisten Gummibärchenpackungen.«

»Moment mal gerade«, sagte ich und ging zu Klaus an die Bar. Als ich zurückkam, drückte ich dem Mädchen eine Plastiktüte in die Hand.

»Hier«, sagte ich. »Aber nicht alles auf einmal austrinken.«

Sie sah mich an, als hätte ich ihr gerade einen hollywoodartigen Koffer mit vielen weißen Päckchen darin gegeben.

»Äh, nee«, sagte sie und ging etwas irritiert von Bord. Ich war mir aber sicher, dass irgendjemand an diesem Abend mit dem 24-Fläschchen-Bomber Kümmerling für ein großes Hallo in einer Jugendherberge sorgen würde.

Dis kammer nich
so verallgemeinern

Am Geländer am Ufer standen zwei Mädchen und unterhielten sich. Sie waren bunt gekleidet, waren Anfang zwanzig, und sie waren Inderinnen. Der Einfachheit halber wird der Dialog hier auf Deutsch wiedergegeben.

»Weißte, die Deutschen sind da einfach ganz anders. Die sind nicht so rigide in ihrer Weltanschauung und nicht so furchtbar traditionalistisch. Tradition ist bei den meisten hier schon verpönt, gerade bei den jungen Leuten. Du kannst in Berlin eigentlich tun und lassen, was du willst, und es ist allen scheißegal.«

»Ja? Was denn zum Beispiel?«

»Na, so alles so. Alles, was mit Kleidung zu tun hat zum Beispiel: Du kannst einen Bademantel tragen oder einen Kartoffelsack, und niemanden stört das. Oder Aussehen allgemein. Manche Leute rasieren sich zum Beispiel auf einer Seite die Haare ab und legen die andere Seite quer übers Gesicht. Das sieht total bescheuert aus, aber das stört hier niemanden. Das ist eine ganz andere Weltanschauung. Nicht so verklemmt wie bei uns.«

»Ach, das ist ja interessant. Und das ist in ganz Deutschland so?«

»Naja, in ganz Deutschland nicht, aber in den großen Städten schon. Im Süden ist das noch so ein bisschen anders. Der Süden Deutschlands ist ja ganz anders als der Norden. Allein schon religiös. Und der Osten ist nochmal was ganz anderes. Das weiß bei uns aber niemand. Wenn du in Kalkutta jemandem erzählst, du gehst nach Deutschland, dann sagt der nur: ach ja, Oktoberfest und so. Da ist unser indisches Deutschlandbild noch ziemlich stark von Vorurteilen und Klischees geprägt.«

»Hm ... Das wird ja auch Zeit, dass sich das mal ändert.«

»Auf jeden Fall. Das hat mich in Kalkutta schon ziemlich genervt. Die wollen einfach gar nicht über ihren beschränkten indischen Tellerrand hinausgucken. Die Welt hört aber nicht an der pakistanischen Grenze auf.«

»Nee.«

»Das müssen die auch mal einsehen.«

»Ja.«

»Die Deutschen sind da ganz anders, die interessieren sich richtig. Die fragen mich immer, wo ich herkomme, warum ich so gut deutsch spreche, und ganz viele Studenten waren auch schon mal in Indien. Die kennen uns besser als wir die.«

»Aber sag mal, das mit dem Bier, ist das auch nur ein Klischee, oder stimmt das wirklich?«

»Was denn?«

»Na, dass die Deutschen dauernd Bier trinken und dann auch noch so viel.«

»Das kann man so nicht sagen. Das muss man differenziert betrachten. Das kann man nicht so vereinfachen. Die Deutschen trinken schon viel Bier, aber noch lange nicht so viel wie die Tschechen.«

»Wer?«

»Die Tschechen. Tschechische Republik. Das ist das Land östlich von Süddeutschland.«

»Nie gehört.«

»Das hat früher auch zu Russland gehört.«

»Ach so.«

»Aber das mit dem Bier, das ist ja auch nicht einfach so eine Droge zum Zudröhnen. Das hat ganz alte Traditionen.«

»Jetzt also doch Tradition?«

»Ja... äh... also schon Tradition. Aber nicht so schlimm. Also eher offen und locker.«

»Verstehe.«

»Nicht so wie bei uns.«

»Ist klar.«

»Die Deutschen trinken auch ganz anders. Die trinken nicht, um besoffen zu sein, so wie die Briten.«

»Was? Aber wofür trinken die denn dann?«

»Das ist eine soziale Sache. Weißte, die Briten zum Beispiel, die trinken ganz schnell viel Bier, damit sie möglichst bald besoffen sind. Die Deutschen nicht, die trinken mal ein Bier, dann unterhalten sie sich, dann trinken sie vielleicht noch eines. Die sind so maßvoll und nicht so brachial wie die Biertrinker woanders. Dazu muss man auch wissen: Das Bierbrauen, das kommt eigentlich aus den Klöstern. Das haben die Mönche früher gemacht. Das hat was mit Ruhe und Einkehr zu tun.«

»Aber das Oktoberfest? Das ist doch so laut, und alle sind besoffen.«

»Aber da sind doch nur Touristen, da erfährst du gerade gar nichts über Deutschland. Sehr viele Inder übrigens, und die benehmen sich da, als hätten sie den Laden gekauft. Die Deutschen müssen ja denken, dass wir alle so sind. Ich find es auch oft peinlich, als Inderin erkannt zu werden. Die meisten Inder, die können sich im Ausland ja nicht benehmen.«

»Das stimmt. Das muss einem manchmal schon peinlich sein.«

»Ich will auf jeden Fall auch nochmal nach Süddeutschland. Und eine Zeit lang ins Kloster. Die machen den ganzen Tag lang nichts als beten und im Garten arbeiten.«

»Und Bier trinken.«

»Das ist doch ein Klischee!«

»Aber das hast du doch selbst gerade gesagt.«

»Ja, aber da trinken doch nicht alle dauernd Bier. Das kann man nicht so verallgemeinern. Da muss man schon differenzieren.«

»Ach so. Ja. Gut. Ist ja egal. Du willst ins Kloster?«

»Ja. Das find ich total interessant. Das darf ich dann aber hier im Osten niemandem erzählen, die halten mich sonst für bescheuert. Als die Russen hierhergekommen sind, haben sie die Religion verboten, und die meisten Ostdeutschen glauben auch noch, dass religiöse Menschen automatisch ein bisschen dümmlich sind. Ich finde das aber interessant, so zwischen den verschiedenen deutschen Welten zu wechseln. Es sind einfach so viele Welten auf so wenig Raum. Und die Deutschen sind so glücklich dabei.«

»Und wie ist das hier mit den Nazis? Da hört man doch so viel von.«

»Ach, das ist doch auch wieder nur so ein indisches Vorurteil. Als ob alle Deutschen Nazis wären.«

»Aber es gibt doch welche.«

»Jaaa, es gibt da schon welche. Aber da darf man nicht alle so in einen Topf werfen. Da gibt es auch in Indien noch viele Vorurteile gegen Deutschland.«

»Ach so. Klar.«

Pause.

»Ich will einfach mal raus aus diesen festgefügten Strukturen und meinen Horizont erweitern. Immer nur Kalkutta, da bleibt man ja nur in seiner beschränkten kleinen Welt. Das ist mir echt zu einfach.«

»Das bewundere ich ja schon an dir. Also, dass du das einfach so kannst.«

»Ich glaube, ich kann einfach nicht anders. Ich muss das machen.«

Pause.

»Ich kann auch mittlerweile ganz gut kochen. Die machen hier so eine Art dünnes Steak aus jungen Kühen.«

»Was?«

»Ja, die essen Kühe. Die sind einfach so frei in ihrem Denken, die brauchen diese ganzen religiösen Vorschriften nicht, so wie bei uns. Diese ganze verbohrte Engstirnigkeit.«

»Und wie essen die das?«

»Die nehmen ein Stück von einer jungen Kuh, und da klopfen die so lange mit einem schweren Hammer drauf, bis das Stück ganz dünn und breit ist. Dann machen die da so eine Kruste drumherum, die ist aus zermahlenem Brot und Eiern, und das braten sie in der Pfanne. Das heißt dann Schnitzel.«

»Wie interessant!«

»Ja. Und dazu essen sie frittierte Kartoffeln.«

»Na, das kenne ich ja.«

»Ja, aber das ist schon anders als bei uns!«

»Und das kannst du kochen?«

»Ja. Ich mach das mal, wenn ich wieder in Kalkutta bin.«

»Na ja, ich weiß nicht. Dünn geschlagene Kuh mit Brot und Ei? Und ganz ohne Gemüse?«

»Ach komm, jetzt sei doch nicht so schrecklich spießig! Du musst da mal aus deinen festgefahrenen Vorstellungen herauskommen. Mal übern Tellerrand gucken. Iss mal ein Schnitzel, und du wirst sehen, was die Welt alles zu bieten hat.«

»Und wenn ich kotzen muss?«

»Wieso solltest du denn kotzen müssen?«

»Das ist doch bestimmt ganz fad und geschmacklos, das Essen. So ohne viele Gewürze und nur mit Salz.«

»So essen die Deutschen nun mal. Aber das ist eine ganz neue Erfahrung. Es gibt halt noch mehr auf der Welt als immer nur Chicken Curry. Das musst auch du mal einsehen.«

»Dann streu ich mir ein bisschen Cumin drüber.«

»Oh Mann, ey! Siehste, genau das meine ich. Alles muss ganz genau so sein, wie wir es gewohnt sind. Bloß nichts Neues, bloß nichts Fremdes und immer schön das Masala in der Tasche, damit alles so schmeckt wie zu Hause.«

»Reg dich doch nicht so auf!«

»Das ist ja wieder typisch indisch! Nix sehen, nix hören, nix sagen. Und wir sind die Größten, ja? Diese indische Arroganz geht mir echt auf den Nerv.«

»Ja, Entschuldigung! Tut mir leid, dass ich als Inderin auf die Welt gekommen bin. Tut mir echt leid.«

»Also, gehen wir jetzt auf das Schiff? Willst du hier ein bisschen Kultur kennenlernen, oder soll ich dich lieber ins nächste indische Restaurant schicken, damit du dein Chicken Curry kriegst? Da hast du es so, wie du es gewohnt bist. Kannst in deinem indischen Schneckenhaus bleiben.«

»Ist ja gut.«

»Und Mangolassi saufen, bis du gelb wirst.«

»Ich geh ja schon.«

Sie wackelten sehr schlecht gelaunt aufs Schiff.

Klaus schaute ihnen hinterher.

»Kiek dir die Inderinnen an! Können die nicht was Anständiges anziehen, wenn die hier zu Gast sind? Am Ende kommen die hier im Kartoffelsack angelatscht. Mir reichen ja schon die Typen mit den abrasierten Haaren auf einer Seite.«

»Ach, lass sie doch«, sagte ich. »Stell dir vor, die würden hier im Dirndl auftauchen. Das fändest du auch nicht toll.«

»War doch nurn Spruch«, sagte Klaus. »Weißte, die Asiaten sind mir fast am liebsten. Die haben nicht dieses deutsche Ding von wegen: Oh, ich will euch alle verstehen, ach, ich bin ja gar kein Tourist. Die sind, wie sie sind, und finden das gut. Die sind Touristen und stehen dazu.«

»Meinst du?«, fragte ich. »Aber das kann man doch nicht so verallgemeinern.«

Keen Service

Dauernd erzählte ich den Touristen von historischen Gebäuden, von denen ich einige aber selbst noch nie betreten hatte, und so hatte ich mir vorgenommen, mindestens einmal in der Woche mir selbst Nachhilfeunterricht zu geben. Ich führte ein kleines Oktavheft, in das ich die wichtigsten Daten der Gebäude eintrug, nebst ihrer Besonderheiten. Bereits vermerkt waren:

Marienkirche: Totentanz, Fresko aus dem 15. Jahrhundert
Marstall: Reliefdarstellungen der Novemberrevolution, 1988
Und seit Kurzem stand darin auch: *Tiergarten: Da war ja gar nichts.*

Diesmal stand die Hedwigskathedrale auf der Liste. Hauptkirche der paar Berliner Katholiken, 18. Jahrhundert, blabla, Vorbild war das Pantheon in Rom, ezeddera, im Krieg _____ und danach _____ . Is klar, ne.

In Berlin ist einiges andersherum als woanders. Das Tragen eines Anzuges bringt einem nicht Respekt ein, sondern schiefe Blicke. Oberlippenbärte gelten in einigen Milieus als erfrischende modische Neuerung, und Ort der kirchlichen Pracht sind nicht die katholischen Kirchen, sondern der protestantische Berliner Dom. Die Hedwigskathedrale versprüht eher den kargen IKEA-Charme einer evangelischen Neubauviertelkirche der Sechzigerjahre. Bomber-Harris war der SED um ein paar Jahre voraus und hatte schon 1943 per Brandbombe für eine innenarchitektonische Säkularisierung gesorgt. In den Bischofskirchen von Köln, Regensburg oder Massa Marittima konnte man Stunden zubringen. Die Hedwigskathedrale dagegen ist schnell erklärt. Man wirft einen Blick hinein, denkt »Aha, verstanden!« und kann wieder gehen.

Ich machte einmal die Runde, um vielleicht doch noch eine Nische mit einem einbalsamierten Bischof im Glaskasten, einem Steißbeinknochen eines Heiligen oder einer mit einer Bibelszene bemalten Holztafel eines Brandenburger Künstlers des 14. Jahrhunderts zu entdecken. Am Beichtstuhl brannte Licht, und die Vorhänge waren zugezogen. Do not enter! Absolution in progress! Ein donnernder Sternburgbass drang heraus.

»Na ja, dit war halt schwierig. Zu dem Zeitpunkt hatten wir ja schon den Termin in der Abtreibungsklinik. Und da wollt ich dann auch nicht wieder absagen. Wär für die Klinik ja auch doof gewesen.«

Aha.

Außer mir war nur noch ein altes Mütterchen in der Kirche, das schon seit Minuten vor der Madonna kniete und ganz woanders war. Ich ging weiter. Bank, Bank, Säule, Fenster. Geländer, Lautsprecher, Mikroständer. Der Raum hatte etwas von der Aula einer Gesamtschule. Zwei Flachbildschirme standen an den Seiten, mit denen wahrscheinlich die Nummern der zu singenden Lieder aus dem Gesangbuch angezeigt wurden. Hey, Flachbildschirme! Die Kirche ist nämlich doch nicht so unmodern, wie es immer heißt. Mit ihren Flachbildschirmen lockt sie die »Kids« wieder in den Gottesdienst, und wenn sie brav waren, dürfen sie sich auch schon mal einen Jesuszeichentrickfilm auf einem dieser neumodischen Dinger ansehen. Der Pfarrer ist da gar nicht so.

»Ja. Jaja, dit kann schon sein«, kam es wieder aus dem

Beichtstuhl. »Aber kannste mir jetzt mal von meinen Sünden freisprechen. Dit wär echt, icksarema, richtig geil.«

Kerzenständer, Blumengesteck, Bank. Wenn so der katholische Himmel aussah, konnten sich die Katholiken den Stress mit dem Dogma auch sparen und sich gleich im alten Tempelhofer Flughafengebäude in die Wartehalle setzen.

»Ick wollte mich da nur absichern, weil, wer weiß, was passiert. Ick hab dit ja schon mal erlebt: Auf einmal haben andere Leute das Sagen, und die erzählen dir dann, was du dein Leben lang falsch gemacht hast. Und da wollt ick jetze schon mal vorsorgen, falls ick morgen wieder feindlich übernommen werde, nur halt diesmal von Gott statt vom Westen. Kann ja sein. Weeß ja keener. Gibt ja alles.«

Warum brüllt der Typ denn so? Eine ähnliche Geringschätzung der eigenen Privatsphäre kannte ich nur von Anna, wenn sie hörbaren Männerbesuch hatte.

Ich war mittlerweile einmal ganz herumgegangen, ohne irgendeine Besonderheit entdeckt zu haben. In dieser Verwaltungsbauatmosphäre alte Kunst oder heilige Leichenteile zu entdecken war ähnlich aussichtslos, wie mit einer Castingshow zu dauerhafter Berühmtheit und künstlerischer Wertschätzung zu gelangen. Was sich wirklich gut in die Architektur gefügt hätte, wäre eine holzgetäfelte Telefonkabine, wie sie in den Achtzigerjahren in den Postämtern standen, mit einem durchgebrochenen Kugelschreiber an einer Kette und herausgerissenem Telefonbuch.

»Alta, schnallst du dit nich?«, sagte der Beichtling. »Ick will mich hier nich rechtfertigen müssen. Ich will einfach nur, dass du deinen Spruch sagst, damit ich meine Sünden los bin. Ich hab nämlich keinen Bock, nach dem Tod irgendwie n Dreizack in den Arsch zu kriegen, sarickma, verstehste? Und wer weiß, was da in der Hölle noch für ne

Leute rumsitzen. Am Ende muss ick da mit Erich Mielke oder Klaus Kinski abhängen. Na, hab ick da Bock drauf?«

Das Mütterchen hatte mittlerweile ausgebetet und schaute erstaunt in Richtung Beichtstuhl.

»Weeß icke! Keene Ahnung, ob es einen Gott gibt. Ich weiß ja nicht mal, ob dit mit die Abtreibung überhaupt Sünde gewesen ist. Wenn nicht, dann sitz ich hier umsonst. Das wäre jetzt nicht so schlimm, die zehn Minuten kann ich gerade noch investieren. Aber wenn doch, dann könnt ich ja nochn Problem kriegen.«

Jetzt wurden die Intervalle kürzer. Offenbar war nun der Pfarrer vom Vortrags- in den Diskussionsmodus gewechselt, war aber immer noch nicht zu hören. Stattdessen donnerte die Bauarbeiterstimme des anderen bis in die Sakristei.

»Bereuen, bereuen, wat denn bereuen? Ich dachte, das ist hiern Geschäft. Ick zahle dir zehn Euro, kannste dir n neuen Kaftan fürn Gottesdienst kaufen, und du streichst mir meine Punkte in eurem Katholiken-Flensburg. So läuft dit doch bei euch, oder nich? Deswegen hat Luther das mit dem Beichten doch abgeschafft. Also ich finde ja: Luther, schön und gut. Aber das mit dem Sündenvergeben gegen Geld war doch eigentlich ne ganz schnieke Sache. Also, find icke. Is meine Meinung.«

Der Pfarrer brummte irgendetwas Unverständliches.

»Weißte, ihr Kirchenvögel, ihr tut immer so schlau mit eurer Weisheit und eurer Bildsprache und alles. Du erzählst mir hier, wie ich leben soll, aber was ist denn mit dir? Ihr Pastoren habt auch ganz schön Dreck am Stecken. Willst du mir erzählen, dass du noch nie ne Frau angefasst hast? Darfste nich, haste aber trotzdem, hab ich recht? Oder wollen wir mal über Kinder reden, Meister? Da wär ick an deiner Stelle mal ganz vorsichtig, Keule, aber ganz vorsichtig.«

Erst jetzt wurde auch der Pfarrer lauter. Trotzdem verstand ich nicht mehr als

»Waffafa... boffa... huffa... sosso-hussassa!«.

Die alte Dame schaute erschrocken, bekreuzigte sich und ging.

»Nee, jetzt hörst du mir mal zu, Kollege: Ich kann mir meinen Freispruch auch woanders holen, da brauch ich mich echt nicht hier mit dir streiten. Dit is hier nicht die einzige Freisprechanlage auf dem Markt. Ich kann auch einfach rüber in die Moschee gehen. Da sag ich dreimal ›Döner mit alles und scharf‹, fertig is die Laube. Ach was, die verzeihen mir schon allein deshalb, weil ich ein Mann bin.«

Wieder der Pfarrer:

»Asso!... Hossa... waffa... erlauben Sie sich!«

»Dit is echt keen Service, wat ihr hier anbietet. Da dürft ihr euch echt nicht wundern, dass keiner mehr in die Kirche kommt, dit is ja schlimmer als aufn Arbeitsamt.«

Nun kam vom Pfarrer nur noch Gegrummel:

»Also muss doch wirklich bitten... woffoffoff... muss ich mir hier bieten lassen... Beratung... hullala... Sakramente... waffaff... Unverschämtheit.«

»Ick bin ja echt ein geduldiger Mensch. Aber wenn du dich da so sperrst, mit deinem beschränkten katholischen Horizont, dann such ich mir halt ne andere Hölle, aus der ich mich freikaufen kann. Schöntachnoch!«

Mit einem »Ritsch!« wurde der Vorhang des Beichtstuhls aufgerissen, und ein kurzer, aber kräftiger Mann trat heraus.

»Dit is keen Service«, grummelte er vor sich hin. »Dit is echt keen Service. Dit is ja wie beim Media Markt.«

Vor sich hinmeckernd ging er langen Schrittes Richtung Ausgang und verschwand. Ich stand allein mitten in der Kirche. Ein dicker Pfarrer trat aus dem Beichtstuhl und atmete tief durch. Ich sah ihn an, als er mich entdeckte.

»Was glotzen Sie denn so?«, fuhr er mich an. »Haben Sie was zu beichten?«

»Äh... weiß nich... glaub nicht...«

»Sind Sie überhaupt katholisch, oder wollen Sie hier auch nur Seelenheil für lau abgreifen?«

»Das... also... äh... ich wollte nur... Sie haben nicht zufällig hier noch einen einbalsamierten Bischof im Glaskasten rumstehen? Oder irgendwie so Knochen oder so?«

»Was?«, bellte der Pfarrer.

»Na ja, oder Kunst. Halt irgend so was Kirchenmäßiges. In Italien haben die so was haufenweise in den Kirchen rumstehen.«

»Verlassen Sie mein Gotteshaus, wir machen jetzt zu. Außerdem ist das hier kein Museum. Und wenn Sie unglücklich sind, gehen Sie doch zu Media Markt und kaufen Sie sich einen Flachbildfernseher. Das finden Sie doch gut! Was anderes wollen Sie doch gar nicht mehr!«

»Natürlich«, stammelte ich. »Grüß Go-... Gelobt sei Je-... also, auf Wiedersehen, meine ich.«

»Guten Tach«, sagte der Pfarrer.

Vor der Tür zog ich mein Oktavheft hervor und schrieb hinein:

Hedwigskathedrale: Flachbildfernseher.

Irgendwas ist ja immer

»Anna, du fährst dieses Jahr auch nicht in Urlaub, oder?«
»Nö.«
»Wieso nicht?«
»Dieses Jahr hab ich kein Geld. Das Einzige, was ich mir leisten könnte, wäre Campingurlaub, aber das wollte ich eigentlich nicht mehr machen.«
»Wieso?«
»Ich hab das die ganzen letzten Jahre gemacht, jetzt ist es mal genug. Du schläfst auf einer Luftmatratze, die du noch im Keller gefunden hast, und in der ersten Nacht stellst du fest, dass sie Luft verliert, und nach zwei Stunden liegst du auf dem harten Boden. Jeden Morgen fühlst du dich wie verprügelt, und jeden Abend denkst du: oh nein, jetzt wieder auf die harte Matratze.«
»Klassischer Campingfehler. Man muss vorher alles nochmal durchchecken.«
»Du bist so schlau, Tilman.«
»Danke.«
»Dann die Essenssituation, die ist auch nicht so richtig gut für den Rücken.«
»Hä?«
»Du hast ja dann nur so einen kleinen Gaskocher dabei, zu dem du dich immer runterbücken musst. Nach zwei Wochen Campingurlaub kannst du erst mal zum Physiotherapeuten.«

»Mal abgesehen davon, dass du nach zwei Wochen Dosenravioli und Instant-Asia-Nudeln den Fraß echt nicht mehr sehen kannst.«

»Dann hängen da lauter deutsche Schnorrer rum: ›Ey, habt ihr noch was zu essen? Ey, habt ihr mal n Bier? Ey, habt ihr nochn Platz im Zelt? Ich würds euch ja auch geben, wenn ichs hätte.‹ Immer in so einem Jammerton, mit einem leichten Vorwurf in der Stimme. Wie am Bahnhof.«

»Du hast wohl wirklich viel Campingurlaub gemacht.«

»Ich war mal auf Interrailurlaub, da waren wir fast nur auf Campingplätzen. Du kommst irgendwo in einem Küstenort an und läufst erst mal fünf Kilometer in sengender Hitze den Strand entlang, weil dir jemand gesagt hat, da ganz hinten gibt es einen Campingplatz. Und wenn du dann endlich da bist, stellst du fest, dass das ein FKK-Campingplatz ist, und der ist voll mit sechzigjährigen Engländern. Und schon nach zehn Minuten läuft vor dir einer, dem fällt was aus der Hand, und er bückt sich auch noch danach, genau vor dir.«

»Ha! Interrail habe ich auch mal gemacht, einen ganzen Monat lang. Weißt du, worauf ich mich danach am meisten gefreut habe?«

»Na?«

»Endlich wieder im Sitzen kacken.«

»Was ich ja am schlimmsten finde am Campingurlaub: Du wachst morgens auf, hörst, wie der Regen auf dein Zelt prasselt, und musst aufs Klo. Da fängt der Tag schon mal richtig scheiße an.«

»Oh ja, das kenn ich auch. Wenn du erst mal eine Minute laufen musst, bis du beim Toilettenhäuschen bist. Riesenabturn.«

»Aber für euch Männer ist das doch kein Problem.«

»Glaubst du, ich piss da irgendwo zwischen die Zelte, oder was?«

»Auf dem Campingplatz, wo ich das letzte Mal war, haben das Leute gemacht.«

»Waah! Wo war das denn?«

»Auf Ibiza. Voll mit Engländern.«

»Oje.«

»Dann ist es da immer so laut. Nachts hörst du die Pärchen im Nachbarzelt. Dann wird da so viel geklaut. Auf einem französischen Campingplatz kannst du echt nichts aus den Augen lassen. Die saufen dir die Cola aus der Flasche weg, wenn du mal kurz nicht aufpasst. Und du kannst nicht mal zur Aufsicht gehen und das melden, weil die kein Englisch sprechen. Französisch ist eh komisch, hab ich nie verstanden. Da steht E-A-U-X, aber gesprochen wird es O.«

»Oder diese verschwurbelte Literatur. Ich weiß bis heute nicht, wer Montaigne und wer Montesquieu war. Der eine war schwul und der andere Jurist. Aber frag mich nicht, welcher welcher war.«

»Ach, Literatur! Ich konnte mir ja nicht mal den Unterschied merken zwischen chapeau, château und gateau.«

»Oder diese Denkfranzosen, Derrida und so Zeug. Die anstrengendsten Typen auf der Uni waren immer die, die dauernd von Foucault gelabert haben und sich dabei total geil fühlten. Wenn einer sich gemeldet hat und gesagt hat: ›Ich glaube, so pauschal lässt sich das nicht sagen‹, dann wusstest du schon: Jetzt kommt er gleich mit Foucault angeschissen.«

»Aber die würdest du ja nicht auf dem Campingplatz treffen.«

»Stimmt. Also, man kann ja viel gegens Campen sagen, aber der große Vorteil ist: Foucault-Arschlöcher gibt es da keine.«

»Man muss ja nicht nach Frankreich. Italien würde ja auch gehen.«

»Aber die können ja noch weniger Fremdsprachen. Bei den Italienern muss man ja schon froh sein, wenn sie Italienisch können.«

»Oder die Griechen.«

»Die Griechen können schon Englisch, aber die können keine Zischlaute. Die sagen sit, wenn sie shit meinen. Mich hat mal einer zugetextet: ›What is that sit? I don't like that sit. Don't tell me no sit.‹ Ich hab erst gar nicht gerafft, was der wollte. Weißt du, was Garage auf Griechisch heißt?«

»Na?«

»Garaz. Und weißt du, welche Crossoverband in Griechenland die beliebteste ist?«

»Hm?«

»Reydz egenst the messìn.«

»Und die Deutschen?«

»Ach, die Deutschen... Wenn du Glück hast, findest du schon einen Deutschen, der Englisch spricht. Aber die, die nie eine Fremdsprache gelernt haben, behandeln Ausländer so, als wären die alle geistig zurückgeblieben. Die glauben, man muss einfach ganz langsam reden und vor allem laut, dann verstehen die einen schon. Ich weiß noch, wie meine Oma in Spanien im Laden stand und die Verkäuferin angeschrien hat: ›Fräulein, jetzt hören Sie mir mal genau zu: HOOONIG! ICH HÄTTE GERNE HOOONIG!‹ Die hat mit ihr geredet wie mit dem Dorfdeppen in ihrer steirischen Heimat.«

»Ach, es ist ja auch immer irgendwas.«

»Genau. Und vor allem überall.«

»Ob wir da in Urlaub fahren oder nicht ...«

»Wir sitzen hier auf dem Balkon und trinken Wein. Ist doch wie Urlaub.«

»Wir müssen halt nur morgen arbeiten gehen.«

»Ich nicht. Ich hab morgen frei.«

»Ach ja. Ich ja auch.«

»Und morgen ist Markt auf dem Boxhagener Platz. Da können wir ja ein bisschen Fisch kaufen.«

»Joa. Könnten wir eigentlich machen.«

»Pass auf, wir gehen morgen zusammen zum Fischverkäufer und quatschen ihn auf Englisch an. Das wird echtes Urlaubsfeeling.«

»Nee, wir gehen getrennt voneinander zum Fischverkäufer und quatschen ihn auf Englisch an. Und wer ihn schneller dazu bringt, ganz langsam und laut deutsch mit uns zu reden, hat gewonnen.«

»Abgemacht.«

Die Zukunft

Die Tochter zeigt viel Bein
sie hats noch vor sich.
Die Mutter hüllt sich ein
sie hats schon hinter sich.
Der Vater macht sich klein
er wär gern für sich.

Robert Gernhardt

In der dritten Reihe am Gang saß eine Kleinfamilie. Klaus ging gerade mit einem Tablett Cornetto übers Deck.

»Mama, kann ich ein Eis haben?«, fragte die Tochter, die vielleicht zwölf Jahre alt war.

»Nee, du wartest jetzt mal mit deinem Eis.«

Wie herabwürdigend Possessivpronomen sein können. Meine Eltern hatten gerne gesagt: »Mach mal deine Musik leiser.« (Auch schön: »Deine Musik da.«) Warum sollte die Tochter »mit ihrem Eis« warten, wenn es doch gerade angeboten wurde?

»Aus Prinzip«, hätte die Mutter wahrscheinlich geantwortet. Man kann halt nicht immer haben, was man will. Das muss die Kleine mal lernen. Die Mutter war eine ganz Prinzipientreue und wollte ihrer Tochter beibringen, was Disziplin und Entbehrung bedeuteten. Ohne das kam man ja heutzutage nicht weit. Und Enttäuschung. Sie würde auch lernen müssen, dass das ganze Leben Enttäuschung bedeutet.

Die Mutter war latent genervt, das aber chronisch. Als sie ihren Mann geheiratet hatte, waren sie tatsächlich glücklich und verliebt gewesen, sie hatten sich auf die Zukunft gefreut, wie man das so erwartete. Auch nach der Geburt der Tochter hatten sich beide gefreut. Doch mit dem Tod ihrer eigenen Mutter hatte sich für die Frau einiges verändert. Ihre alte Familie war weg und damit ihr Halt, ihr Ausgleich zur neuen Familie. Auf einmal war ihr bewusst geworden, dass sie bisher immer nur gegängelt worden war: Wegen der Schwangerschaft hatte sie ihren Job für eine Zeit aufgeben müssen und konnte danach nur eine Halbtagsstelle antreten. Der feine Herr hingegen war den ganzen Tag im Büro. Sie hatte auch noch den Haushalt zu erledigen und sich mit wechselnden polnischen Putzfrauen herumzuärgern. Er bestimmte, was angeschafft wurde, wohin man im Urlaub fuhr, auf welche Schule man die Tochter schickte. Aber jetzt war Schluss. Sie lebte jetzt ihr eigenes Leben. Zwar tat sie genau das Gleiche wie vorher auch: Halbtagsstelle, Haushalt, Kind. Doch ließ sie sich nun von ihrem Mann nichts mehr sagen. Der hatte es nicht besser verdient, dieser bequeme Despot.

Hatte sie vorher über kleine Macken und Eigenheiten ihres Mannes hinwegsehen können, so waren sie ihr nun unerträglich. Ihm beim Essen zuzusehen ekelte sie an. Bei dem Gedanken, dass sie mit diesem Mann mal Sex hatte, ekelte sie sich auch vor sich selbst. Wie er mit Arbeitskollegen über das Geschäft sprach und sich dabei wichtig fühlte. Wie er über alle schimpfte, die ihm nicht in den Kram passten: Geschäftskontakte, Politiker, Nachbarn, Freunde der Tochter und deren Eltern. Nirgends konnte er so wütend werden wie vor dem Fernseher, wenn er alles kommentierte und alle verfluchte. Schon mit Ende vierzig war er verbittert wie ein sechzigjähriger Alkoholiker. Wie er immer die gleichen Witze machte, jahrelang, und glaubte, sie würden bei jedem Mal noch witziger. Sobald irgendjemand im Raum das Wort »Qualle« sagte, konnte man sicher sein, dass er den alten Pennälerreim von sich gab: »Die Qualle durch das Weltmeer segelt, es quietscht, wenn man im Sande vögelt.« Von diesen saudummen Sprüchen hatte er einige parat. »Die Zeder wächst im Libanon, auch Cäsar onanierte schon.« »Den Puma fängt man mit der Falle, der Puff ist keine Lesehalle.« Wenn sie im Winterurlaub nach Sonthofen im Allgäu fuhren und das Ortsschild des Ortes Bad Hindelang passierten, sagte er jedes, aber auch jedes verfluchte Mal: »Hindelang und vorne kurz.« Wahrscheinlich war das der einzige Grund, warum er überhaupt noch in Urlaub fuhr. Er wusste, dass sie das nicht mochte, und gab deshalb beim Dummschwätzen gern richtig Gas.

Ihre Konsequenz war: Rückzug auf dem Ehefeld, Angriff auf dem Kinderfeld. Ihr Mann war verloren, und sie interessierte sich nicht mehr für ihn. Wenn hier noch irgendetwas zu retten war, dann ja wohl die Tochter. Die sollte es einmal besser haben, und so drängte sie sie zum Fleiß in der Schule, zu guten Umgangsformen und fragte sie über ihre sozialen Kontakte aus (»Was ist denn der Vater von Beruf?«). Für eine Zwölfjährige war das unangenehm, aber das war der Mutter egal. (»Da muss die Kleine jetzt durch.«) Deshalb gab es jetzt auch kein Eis.

»Hier Eis gewünscht?«, fragte Klaus.

»Geben Sie mir mal zwei«, sagte der Vater.

»Erdbeer, Nuss, Buttermilch?«

»Ich will Erdbeer«, sagte die Tochter, und der Vater kaufte einmal Erdbeer und einmal Nuss für sich selbst.

»Vier Euro sechzig«, sagte Klaus. »Hamse passend? Ja?

Danke. Mit dem Bezahlen verplempert man das meiste Geld.«

Die auswendig gelernten Witze sind doch immer noch die besten.

Die Mutter machte keine Anstalten, den pädagogisch falschen Eiskauf zu verhindern. Dafür bildete sich eine deutliche Falte zwischen ihren Augenbrauen.

Die Tochter nahm mit etwas Genugtuung ihr Eis entgegen. Der Vater packte seines aus und aß es mit gespielter Freude. Anscheinend hatte er das Eis nur gekauft, um seine Frau zu ärgern.

Der Vater hatte es aufgegeben, in der Familie etwas erreichen zu wollen. Er hat irgendeine Arbeit, die ihm nach oben und nach unten keinen Raum lässt. Er ist in seinem Betrieb oder seiner Behörde so weit aufgestiegen, wie das für jemanden mit seiner Ausbildung möglich ist, und weiß nun, dass er das Ende der Fahnenstange erreicht hat. Er hält sich dort nicht schlecht, wird aber nicht weiterkommen. Einen anderen Job kann er nicht annehmen, weil er dafür mit der ganzen Familie sein wendländisches Dorf verlassen müsste.

Eigentlich ist ihm alles zu viel. Eine Affäre hat er seit zwei Jahren (Treffen sich zwei Verzweifelte. Sagt die eine: Kommste mit?), aber die geht ihm auch auf den Nerv, und es wäre ihm am liebsten, wenn alle endlich mal den Mund halten würden. Er ist sich sicher, dass seine Frau etwas ahnt, aber ihr ist es lieber, er reagiert sich woanders ab, als dass sie ihn nochmal ranlassen muss.

Nach Hause kommt er ungern, weil da der Terror des Schweigens auf ihn wartet. Deshalb schlägt er die Stunden nach Feierabend mit Arbeitskollegen oder Kneipenbekanntschaften tot, die er eigentlich auch nicht leiden kann, und macht damit den Ärger zu Hause noch größer, minimiert aber die Zeit, die er mit seiner Frau im gleichen Raum zubringen muss. Richtig reden tun sie schon seit Jahren nicht mehr miteinander. Selbst die kleinen Dinge finden ihren Weg oft über einen Umweg über die Tochter. Daheim sagt die Mutter etwa: »Ich muss jetzt erst mal ein paar Stündchen weg, aber wenn du noch zu deiner Freundin willst, dann fährt der Papa dich bestimmt hin und holt dich heute Abend auch wieder ab.«

Vielleicht hatten sie auch nie richtig miteinander geredet. Das Leben ging seinen Gang. Man machte eine Ausbildung, fing an zu arbeiten, heiratete, bekam Kinder, zog in ein Eigenheim. So war das eben. So hatten das alle gemacht. Da kam man nicht so einfach raus. Und warum auch? Was wäre denn woanders besser gewesen?

Den Rückzug seiner Frau ins innere Exil und ihre vorgestellte Selbstbestimmung hatte er natürlich bemerkt. Beides missfiel ihm, er hielt es aber für einen vorübergehenden Nebeneffekt der Trauer um ihre Mutter und kümmerte sich zunächst nicht weiter darum. Einmal hatte er sie auf ihre Veränderung angesprochen. Da war er schon etwas angetrunken, und sie hatte automatisch die schützende Verweigerungshaltung eingenommen. Er hatte sogar von Liebe, Ehe und so Zeug gesprochen, aber das wollte sie gar nicht hören. Es blieb der einzige Versuch. Er hatte sich schneller an die neue Situation gewöhnt, als er dachte.

Nun nahm er die gleiche Haltung ein wie seine Frau. Wenn ihr alles egal war und sie sich eigentlich nicht mehr für ihn interessierte, dann konnte er das ja genauso machen. Er konnte abends spät nach Hause kommen, die Abende vor dem Fernseher verbringen und die Witze machen, die sie so hasste. Das ärgerte seine Frau, und er wusste das. Aber wenn sie ein Problem hatte, dann musste sie den Mund aufmachen. Deshalb gab es für die Tochter und ihn jetzt eben auch ein Eis.

Die Mutter war sauer, sagte aber mal wieder nichts.

Wir fuhren, ich redete und schaute ab und zu zu der Familie hinüber. Finanziell gesichertes Elend. Ab und zu sagte die Tochter etwas, was ich aber nicht verstand. Die Mutter dagegen konnte ich bis vorne hören.

»Du gibst jetzt Ruhe. Der Mann da vorne erklärt gerade was.«

Sie war wirklich sauer.

»Du hast doch jetzt dein Eis bekommen. Was willst du denn noch?«

Die Tochter bekam ab, was eigentlich für den Vater bestimmt war.

Als die Entfremdung ihrer Eltern begann, war sie in einem Alter, in dem man noch jedes Ereignis als normal und gegeben hinnimmt. So ist das also: Wenn man sieben ist, mögen die Eltern einander nicht mehr.

Langsam ahnt sie, dass sie es zu Hause nicht mehr lange aushalten wird. Sie wird auf dem Landgymnasium, das sie besucht, Abitur machen und dann schleunigst wegziehen. Fluchen wird sie auf ihre wendländische Heimat mit ihren verschlossenen Gartenpforten und Herzen. Erst wird sie mit einer Hilfsorganisation nach Südamerika oder Afrika gehen und dort ihrem ersten Schwarzen oder Indio in freier Wildbahn begegnen. Auf ihrer Stirn wird groß »Toleranz« stehen. Nach ihrer Südamerika-Welt-Selbsterfahrung wird sie nach Berlin ziehen, wo sie in ihrer ersten WG-Wohnung eine Weltkarte falsch herum aufhängt und zu jedem Besucher sagt: »Die hängt hier so, damit man mal einen anderen Blick auf die Welt bekommt.« Sie wird irgendetwas studieren, Ethnologie oder Sozialwissenschaften, wird aber abbrechen, weil ihr das alles »zu verkopft«

ist. Beim Salsatanzen oder bei einer NGO wird sie »den Diego« kennenlernen, einen Kolumbianer, der als Arbeiter nach Berlin kam und nun illegal bleibt. Sie werden ein Paar, und sie entwickelt mütterliche Gefühle für ihn, was bei ihr aber heißt, dass sie so dominant und bestimmend wird, wie ihre eigene Mutter es ihr beigebracht hat. »Der Diego muss jetzt endlich mal aufs Amt und sich anmelden. Der Diego muss sich mal um eine Arbeit bemühen. Der Diego sollte langsam mal richtig Deutsch lernen.« Wenn der Diego schlau ist, nimmt er die Beine in die Hand und sucht sich jemanden, der ihn ernst nimmt. Allerdings ist seine wendländische Freundin die Einzige, die sich bemüht, ihm zu einer legalen und ordentlichen Existenz in Europa zu verhelfen. Dafür ist er dankbar, deshalb bleibt er, und seine Freundin kann ihn weiterhin als ihr persönliches Drittwelthilfsprojekt behandeln.

Irgendwann wird sie von Diego schwanger werden. Er sieht das als letzten Grund, sich aus dem Staub zu machen. Für den Rest ihres Lebens wird sie glauben, Diego hätte die Verantwortung gescheut und wollte seine männlichen Freiheiten nicht verlieren. Sie wird einen Hass auf Männer entwickeln, in einem Hausprojekt mit anderen Frauen mit ähnlichen Erfahrungen zusammenziehen, kannenweise grünen Tee trinken und schließlich eine Beziehung mit einer Frau eingehen. Dass ihr Kind ein Junge geworden ist, macht sie nicht gerade glücklich, aber wenigstens hat sie so ein weiteres Hilfsprojekt, mit dessen Hilfe sie sich selbst verwirklichen kann.

Wenn ihr Mittzwanziger-Ich hätte sehen können, was mir da gerade alles über sie und ihre Familie durch den Kopf schoss, hätte sie die Augenbrauen zusammengekniffen und gesagt: »Wie du die Menschen in Kategorien einteilst, dis find ich wirklich furchtbar.«

»Meine Damen und Herren, in der dritten Reihe am Gang sehen Sie die Zukunft der emotionalen Verwahrlosung.«

Am Schluss der Tour ging eine schlechtgelaunte dreiköpfige Familie von Bord. Der Vater gab mir zwei Euro Trinkgeld und bedankte sich sogar.

Feierabendschnaps

Immer noch war Martin der einzige Stadtbilderklärerkollege, den ich kannte. Ab und zu tauchte er auf und fuhr eine Tour mit, oder er stand mit mir eine Pause lang am Kai, und wir redeten angenehm dummes Zeug.

Es war kurz vor sechs, Martin hatte seine letzte Tour schon hinter sich und wollte noch eine Runde bei mir mitfahren. Er war schon im Feierabendmodus.

»Ich könnte eigentlich schon mal einen Schnaps vertragen«, sagte er. »Willst du auch einen?«

»Uff. Jetzt schon Schnaps trinken?«, sagte ich.

»Ach komm! Sommer, Sonne, Schnaps und schnafte Schnecken.«

»Und dann hier vor den Gästen, wie sieht das denn aus?«

»Das geht schon«, sagte Martin. »Man braucht dafür nur einen guten Anlass. Pass mal auf!«

Martin stand auf und sprach ins Mikrofon:

»Also Genossen, mir ist das hier also mitgeteilt worden, dass eine solche Mitteilung heute schon verbreitet worden ist, sie müsste eigentlich in Ihrem Besitz sein. Also, private Schiffsreisen über die Spree können ohne Vorliegen von Voraussetzungen, Reiseanlässen oder Verwandtschaftsverhältnissen beantragt werden. Die Genehmigungen werden kurzfristig erteilt. Die zuständigen Abteilungen der Reederei Kreuz und Krone sind angewiesen, Tickets zur einstündigen Rundfahrt durch die historische Mitte und das

Regierungsviertel unverzüglich zu erteilen, ohne dass dafür noch die Voraussetzungen für eine Rundfahrt vorliegen müssen. Abfahrten können über alle Anlegestellen der Reederei Kreuz und Krone in Richtung Westberlin erfolgen.«

Die meisten Passagiere reagierten überhaupt nicht, einigen konnte man am Gesichtsausdruck ansehen, dass sie sich fragten, was der Quatscher da vorne für ein Zeug faselt. Zwei oder drei Passagiere jedoch grinsten.

»Text?«, fragte Martin in die Runde.

In den mittleren Reihen stand ein Mann auf und rief:

»Wann tritt das in Kraft?«

Strike!

Martin raschelte etwas mit seinem Notizbuch herum.

»Das tritt meines Wissens ... ist das sofort. Unverzüglich.«

Der Gast lachte. Ein paar andere lachten mit.

»Wie ist Ihr Name?«, fragte Martin.

»Reinhard«, sagte der Gast.

»Reinhard! Einen Applaus bitte für Reinhard, heute für Sie in der Rolle des Bild-Journalisten Peter Brinkmann.«

Zögerlicher Applaus tröpfelte über das Schiff.

»Was ist los?«, fragte ein Mann seine Frau.

»Brinkmann«, sagte die.

»Von der Schwarzwaldklinik, oder wer?«, fragte der Mann.

»Vielen Dank für die richtige Antwort«, sagte Martin. »Und ich würde sagen, das ist uns einen Schnaps wert. Klaus, bringst du mal zwei Schnaps?«

Klaus kam mit einem Tablett an, auf dem zwei Klare standen. Wir nahmen jeder einen, Martin sagte »Prost« in Richtung Reinhard, und wir kippten ihn herunter.

»Hee! Ich dachte, ich kriege auch einen«, rief der Gast.

»Kleiner Scherz«, sagte Martin. »Klaus, bitte auch mal einen Schnaps für Reinhard.«

»Super Trick, Kollege«, sagte ich zu Martin. »Und was machst du, wenn keiner den Text kennt?«

»Dann sagst du einfach ›Was erlaube Strunz‹. Da steht meistens die Hälfte auf und sagt ›schwach wie eine Flasche leer‹.«

»Aber Schnaps trinken vor den Gästen? Meinst du, Hans findet das so toll?«

»Ach was, Schnaps ist nicht so wild. Aber zum Jolle pöfen geh ich mittlerweile immer da drüben in die Grünanlage. Hier waren neulich ein paar Asiatinnen, die haben mich nach Gras gefragt. Ich glaube, das waren Zivilbullen.«

Warum ich nicht mehr
Französisch spreche

Ein Mann und eine Frau kamen an den Eingang.
»Excusez, vous parlez français?«, sagte die Frau.
»I am sorry, I don't«, sagte ich.
»C'est vous, le guide, non? Il n'y a pas de tour en français?«
»I am sorry«, sagte ich wieder. »I don't understand. I do not speak French.«
»Pourquoi il n'y a pas de tour en français? Ça fait une heure qu'on cherche un bateau qui offre le tour en français, mais c'est tout en allemand et anglais. C'est pas juste. Vous croyez que c'est juste?«
Vielleicht sollte ich etwas anderes versuchen:
»Io non parlo francese, mi dispiace«, sagte ich. Der Mann stand daneben und sprach wahrscheinlich gar keine Sprache.
»Je voudrais me plaindre. Personne parle français à Berlin. On nous traite comme des étrangers. C'est très, très impoli.«
Langsam gingen mir die Möglichkeiten aus.
»Non dico linguam francogallicam«, sagte ich.
»Hein?«, sagte die Französin.
»*איך רעד ניט קיין פראנצויזיש.*«, sagte ich.
Sie sah ihren Mann an, machte eine auffordernde Kopfbewegung, drehte sich um und ging, der Mann hinterher.
Wie hatte das eigentlich passieren können? Eigentlich

hatte ich doch zehn Jahre lang Französisch gelernt, und nun konnte ich gar nichts mehr. Schon vor Jahren hatte ich es aufgegeben, Französisch zu sprechen, denn es hatte immer in Stammelei und Stirnrunzeln geendet. Wenn man alle Franzosen, vor denen ich mich jemals zum Trottel gemacht hatte, in eine Reihe stellen würde, ergäbe das eine Menschenkette, die von Saint-Médard-en-Jalles über Va-te-faire-foutre bis Banyuls-sur-mer reichte.

Dabei hatte alles ganz harmlos angefangen. Schon in der dritten Klasse bekam ich »Frühfranzösisch«, nicht etwa, weil meine Eltern wollten, dass »der Junge es später mal besser hat«, sondern weil die nächstliegende Grundschule es anbot. Jean geht zum Markt. Mutter gießt Milch in die Schüssel. Sur le pont d'Avignon. Rappetschepapp!

Auf dem Gymnasium ging es munter weiter mit Auswendiglernen der französischen Grammatik, Lückentexten und kreativem Schreiben: »Schreibe eine Urlaubspostkarte an einen französischen Freund.«

So etwas Beknacktes! Wer hatte schon einen französischen Freund?

Mit steigenden Anforderungen merkte ich, was für eine Sprache ich lernte. Warum drücken sich die Franzosen eigentlich so umständlich aus? Sie sagen nicht: »Was heißt das?«, sie sagen: »Was ist es, was dieses sagen will?« Sie sagen nicht »Los!«, sie sagen: »Gehen Sie dort hin.« Sie sagen nicht »Sind Sie fertig?«, sie sagen »Ist es dort?«. Und sie stehen auf lange, umständliche Ausdrücke. Eine Schweizer Schokoladenmarke beschriftet ihre Verpackungen auf Deutsch und Französisch. Die französische Bezeichnung einer bestimmten Sorte lautet »chocolat au lait des alpes fourré crème confiseur au yogourt écrémé au goût de fraise«, die deutsche schlicht: »Joghurt-Erdbeer«.

Und wenn der Franzose erst einmal spricht, ziehen

dunkle Wolken auf. Er kultiviert seine phonetische Ignoranz: Egal in welcher Fremdsprache er sich zu artikulieren versucht, er wird sich nicht die Mühe machen, seine Aussprache anzugleichen. Alles wird stramm auf der letzten Silbe betont, das ö hat gegenüber dem e unbedingte Vorfahrt, und der Unterschied zwischen r und ch wird dem Franzosen auf ewig verborgen bleiben. Er sagt »normal«, wenn er »nochmal« meint, geht nicht zum Arzt, sondern zum »Achß« und liest dort im Wartezimmer ein »Burr«. In Wahrheit kann er überhaupt keine Fremdsprachen, und wenn er Englisch oder Deutsch spricht, spricht er eigentlich nur Französisch mit anderen Worten.

Ich hatte einst eine Französischlehrerin namens Mulch. Als ich bei einem Austausch meinen Gasteltern sagte, dass meine Lehrerin eben so hieße, korrigierten sie mich: In Frankreich hieße diese Frau nicht Mulch, sondern Mülsch. Im bretonischen Vannes fragte ich mehrere Passanten nach dem nächsten McDonald's und erntete nur Achselzucken. Erst der vierte oder fünfte verstand, dass ich zu Maggdonáld wollte. Das bekannteste Werk der deutschen Dramatik heißt für den Franzosen immer noch »Foost« und sein Autor »Gött«.

Aus Trotz gegenüber diesem phonetischen Alleinvertretungsanspruch der französischen Sprache bemühte ich mich, meine französische Aussprache so zu perfektionieren, dass ich als Franzose durchgehen konnte. Nun hielt man mich in Frankreich allerdings nicht mehr für einen Ausländer, sondern für einen Bekloppten. Wer akzentfrei nach dem Weg zum Bahnhof fragen kann, aber auf die Nachfrage, welchen von den fünfen er denn meine, wegen Mangels an Vokabeln nur Unzusammenhängendes vor sich hin stammeln kann, sollte besser gleich nur in seiner Muttersprache »Bahnhof! Bahnhof!« schreien, dabei »Tuut!

Tuut!« machen und wild gestikulierend einen Zug darstellen.

Auch mit Land und Leuten stand ich irgendwann auf Kriegsfuß. Als Kind war ich mit meinen Eltern oft zum Urlaub in Frankreich, und das Land stand für draußen gut essen, drinnen gut schlafen, im Wasser gut schwimmen, am Strand gut sonnen und auf Unisextoiletten in Löcher im Boden kacken. In der neunten Klasse aber fuhren alle Französischklassen zu einem Austausch nach Nantes nahe der Loiremündung, um dort zwei Wochen die Schule zu besuchen. Was mir eigentlich Frankreich hätte näherbringen sollen, rückte es in eine solch weite Ferne, dass ich fortan auf alles Französische fluchte. So muss es in preußischen Kadettenanstalten zugegangen sein. Im Prinzip war den Schülern alles verboten: Rucksäcke statt Ranzen zu tragen, auf der Lehne statt auf der Sitzfläche der Bank im Hof zu sitzen, einander auf den Mund zu küssen, und wahrscheinlich wären auch Unterhaltungen über bestimmte Themen verboten gewesen, wenn das Schulpersonal die technischen Möglichkeiten zur Überwachung gehabt hätte. Weil die Schule bis 17:00 Uhr ging, musste man mittags in der Kantine essen, wo es das gab, was es bis heute in jeder französischen Kantine gibt: labbrige Pommes und Steak haché und Fisch für die Vegetarier.

An jeder Schule gab es Aufpasser, die sogenannten Surveillants, die für die Einhaltung der Regeln zu sorgen hatten. Sie waren Studenten oder Rentner, und ihr Motiv für dieses Amt war meist Rache für einst erlebte Schikanen: Die Studenten verarbeiteten ihre Erfahrungen aus der Schulzeit, die Rentner den Krieg, weshalb sie sich immer besonders über deutsche Austauschschüler freuten. Die Schulen sahen aus wie Gefängnisse, denn es gab nur Innenhöfe, auf denen man in der Pause im Kreis laufen durfte.

Niemand konnte von draußen hinein-, niemand von drinnen hinaussehen. Wenn die Tür des Klassenzimmers aufging, hatten sich alle Schüler zu erheben. Zu jedem Stundenbeginn und -schluss erklang eine schrille Glocke. Wer zu spät kam, durfte nicht einfach in seine Klasse, sondern musste im Sekretariat über seine Verspätung Rechenschaft ablegen. Kein deutscher Schulleiter hätte sich das getraut, was in Frankreich üblich war, denn er hätte sich nicht nachsagen lassen wollen, dass in seiner Schule eine Disziplin herrschte wie in einer preußischen Kadettenanstalt.

Auch die französischen Schüler kamen mir nicht ganz koscher vor. Unsere Austauschpartner waren alle ein Jahr jünger als wir, und so hielten wir die Franzosen generell für ein bisschen zurückgeblieben und langweilig. Vom dauernden Kantinenessen war der durchschnittliche französische Jugendliche auch nicht gerade kräftig. Das alles hatte zur Folge, dass mir der Franzose wie ein unselbständiger Knecht des Schweineschulsystems vorkam, der schlecht ernährt, schmächtig und schwächlich die Richtigkeit des berühmten Homer-Simpson-Zitats bewies: »Ich bin nur zwei Tage von zu Hause weg und schon hässlich wie ein Franzose.« Es bedurfte einer gewonnenen Fußballweltmeisterschaft und einer gewonnenen Fußballeuropameisterschaft, deren Endspiele ich beide in Frankreich erleben durfte, bis mir das Land allmählich wieder ans Herz wuchs.

In der elften Klasse machte ich einen Fehler: Ich wählte Französisch als Leistungskurs. Ich musste wohl auf meine passablen Noten hereingefallen sein, die allerdings nur auf meine schriftlichen Leistungen zurückzuführen waren. Wenn ich auf Französisch angesprochen wurde, stotterte ich immer noch wie ein deutscher Tourist, der von einem Gendarmen beim öffentlichen Urinieren erwischt wurde.

So kam die Oberstufe, und ich erlebte mein Verdun.

Meine Lehrerin Frau Schneider-Meulière war ein französischer Drachen in Lehrergestalt: immer sehr darauf erpicht, ihre Schüler beim Faulsein zu erwischen, immer die Hand am Hausaufgabenbajonett, immer bereit zum Sturm auf die Bastille des Schülerselbstvertrauens. Vor Französischstunden fühlte ich mich, als würde ich gleich zur Guillotine geführt werden.

Ihre Unterrichtsmethode war die französische, und die hieß: Die Lehrerin hat recht. Sie hatte sich zu Hause Fragen und richtige Antworten überlegt und hatte alles schon mal in ein Tafelbild, Schema oder »organigramme« gemalt. Im Unterricht mussten die Schüler nun raten, welche Antworten die Lehrerin hören wollte, damit sie ihr vorbereitetes Schema vollständig an der Tafel aufmalen konnte. Wenn die Schüler, dieses faule, unbegabte Pack, nicht das eine richtige Wort sagten, wurde sie sauer. Für uns war es ein wildes Stochern im Ungefähren, ähnlich wie Schiffe versenken. Andere Lehrer, wie etwa mein Deutschlehrer Herr Steier, traten mit ihren Schülern in Dialog, wollten wissen, wie sie dieses oder jenes bewerteten und interpretierten, wussten, dass es andere Sichtweisen gab als ihre eigene, und interessierten sich sogar dafür. In der französischen Methode hatte Dialog keinen Platz. Die französische Literaturinterpretation machte man nicht selbst, man lernte sie auswendig, und wenn der Lehrer sie nicht vorgab, stand sie in den Heften »Profil d'une œuvre« des Verlages Hatier. Absicht des Autors, Doppelpunkt. Wer anderer Meinung war, hatte eben unrecht. Diskussion war sinnlos. Frau Schneider-Meulière kannte die Wahrheit und wunderte sich darüber, dass wir sie nicht erkannten.

Um mich und mein Abitur zu retten, tat ich das Einzige, was mich nicht in direkten Konflikt mit ihrer Unfehlbarkeit brachte: Ich lernte weiter auswendig. Frau Schneider-Meulière teilte gerne Blätter mit gut klingenden Versatzstücken aus, die man im geschriebenen Französisch anbringen sollte: »Meiner Meinung nach«, »erstens, zweitens, drittens«, »zunächst sei festzuhalten«, »außerdem lässt sich konstatieren« und so weiter. Damit konnte ich meine Stilnote etwas nach oben ziehen, und für die Inhaltsnote gab es die »Profil d'une œuvre«-Hefte, aus denen ich mir ebenfalls gut klingende Sätze klaute, dementsprechend aber nur auf bestimmte Fragen antworten konnte: »Das Selbstverständnis Guy de Maupassants als Naturalist manifestiert sich nicht zuletzt in seinen knappen Figurenbeschreibungen.« Super Satz, aber leider nur für schriftliche Arbeiten über Maupassant gedacht und als Antwort auf die Frage »Und, wie geht es dir so?« völlig ungeeignet.

Das Abitur bestand ich mit einer passablen Note. Ich konnte nun auf Französisch über Zola und Voltaire schreiben, aber kein Baguette kaufen. Es war im Strandurlaub am Atlantik: Meine Freunde hatten mich zum Einkaufen geschickt, weil ich angeblich derjenige war, der am besten Französisch sprach. Ich stand beim Bäcker, sagte »Une baguette, s'il vous plaît«, und der Bäcker antwortete: »Une baguette for you, Mister. Nö pröblemm, here you are, zat's one Öro fifty, pliess.«

Damit war klar: Die französische Sprache war für mich so tot wie Danton.

Natürlich hatte ich die Touristin verstanden. Aber wie hätte ich ihr antworten sollen? Höchstens mit den Versatzstücken aus Frau Schneider-Meulières Stilblättern: »Meiner Meinung nach«, »die Erklärungen betreffend kann man festhalten«, »unter dem Gesichtspunkt der Sprache ist anzumerken«, »zusammenfassend lässt sich sagen«.

Sie hätte mich angesehen, wie mich heute noch jeder Franzose ansieht, dem ich auf eine simple Frage zu antworten versuche, und hätte auch das Gleiche gedacht: Er spricht doch eigentlich ganz gutes Französisch, wenn auch ein bisschen gekünstelt. Aber warum bringt er nie seine Sätze zu Ende?

John Maynard

Zuerst war es ein schöner und warmer Spätsommertag gewesen, doch nun zog sich der Himmel zu. Die einzigen Gäste waren eine Rentnergruppe von ungefähr fünfzig Personen. Beigefarbene Schiebermützen reihten sich an Microfaserwesten und schwarzlederne Herrenhandtaschen mit Handgelenksschlaufen. Als wir ablegten, blies schon ein böiger Wind. Noch bevor wir das Regierungsviertel erreicht hatten, kam der Bootsmann Mike zu mir.

»Ich hab grad mit den Kollegen in Spandau telefoniert. Da kommen Hagelkörner groß wie Haselnüsse runter. Ich glaube, wir sollten die Leute hier unter Deck schicken.«

»Alles klar«, sagte ich und unterbrach meine Ausführungen für eine wichtige Durchsage.

»Liebe Passagiere, ich unterbreche meine Ausführungen für eine wichtige Durchsage. Wir haben gerade mit den Kollegen in Spandau telefoniert, und da hagelt es daumendicke Hagelkörner. Wir müssen Sie daher bitten, jetzt alle unter Deck zu gehen. Es ist wohl nur noch eine Frage von Minuten, bis es hier auch richtig zu gewittern anfängt.«

Nichts geschah. Wie Schüler, die sich vor den Fragen des Lehrers fürchteten, schauten sie konzentriert in die andere Richtung und gaben vor, schwer mit Denken beschäftigt zu sein. Ich gab ihnen eine Minute Toleranzzeit und redete weiter. Gleichzeitig lief Mike über das Deck und versuchte, die Gäste einzeln davon zu überzeugen, jetzt nach unten zu gehen. Immer wieder hörte ich Satzfetzen wie »das bisschen Regen« und »Es gibt kein schlechtes Wetter, nur schlechte Kleidung«. Dieser Generation konnte nichts etwas anhaben. Die meisten waren sicher über achtzig und gehörten damit zu denjenigen, die nach Stalingrad und zurück gelaufen waren. Im Volksmund und im Vokabular von Lokalzeitungen heißen solche Menschen »rüstige Rentner«.

Ich versuchte, die Überzeugungsarbeit in meine Erklärungen einzuweben:

»Vom Berliner Hauptbahnhof ist letztes Jahr während eines Gewitters ein großer Stahlträger gefallen und hat eine Seniorenreisegruppe erschlagen. Wir kennen alle die Deutsche Bahn und müssen damit rechnen, dass so etwas wieder passiert. Völligen Schutz kann nur ein stählerner Unterstand bieten, etwa das Unterdeck eines Ausflugsschiffes.«

Langsam schienen sie zu begreifen. Ich fuhr fort:

»Auf dem Reichstag sehen Sie auf jedem Turm eine Fahnenstange, die auch als Blitzableiter dient. Wenn da der Blitz einschlägt, ist die Fahne ruckzuck verkohlt. Und ich bin mir sicher: Auch eine Schiebermütze aus Synthetikfaser hält keinem Blitzeinschlag stand.«

Nach zehn Minuten hatten Mike und ich es geschafft, alle Gäste vom Oberdeck nach unten zu befehligen. Einige protestierten. Es blies ein harter Wind, und der Horizont hatte sich gelb verfärbt. Jetzt musste es gleich losgehen. Für mich selbst war nun unten kein Platz mehr, aber das machte nichts, denn über die Lautsprecher konnte man mich auch unter Deck hören. Außerdem könnte ich endlich mal richtigen körperlichen Einsatz zeigen. Kann ja wohl nicht wahr sein: den ganzen Sommer an Deck und kein einziges Mal in ein Gewitter gekommen. Eines muss die Welt nämlich endlich mal verstehen: Die Stadtbilderklärerei ist kein Operettenbesuch. Auch ich muss eine gewisse Härte und Belastbarkeit an den Tag legen, und jetzt könnte ich endlich zeigen, was ich in diesem knallharten Beruf gelernt hatte. Ich würde den Sturm einfach an mir abprallen lassen. Wind und Wetter trotzend bliebe ich an dem mir zugewiesenen Platz, komme Regen, komme Sturm. Ich würde meine Passagiere nicht im Stich lassen, würde meine Pflicht erfüllen, selbst wenn der Blitz neben mir einschlüge und mir die riesigen Hagelkörner lauter kleine Beulen am Kopf verpassten. Opfern würde ich mich. Treu und ehrenvoll. Ein John Maynard der Stadtbilderklärerei:

Der Sturm braust auf, schon beginnt es zu prasseln,
Der Kapitän hört den Sprecher noch quasseln.
Trotz Donner und Blitz kein Wimmern und Klagen,
So stellt er durchs Sprachrohr historische Fragen:
»Links das Museum, wann erbaut, mein Führer?«
»Achtzehndreißig, enthält Cranach und Dürer.
Architekt«, so klingt's hoch vom Ansagerwinkel
Mit ersterbender Stimme: »Karl Friedrich Schinkel.«

Nichts hält ihn auf, nicht Hagel noch Welle,
Und noch zwanzig Minuten zur Anlegestelle.

Lob und Extratrinkgeld wären mir sicher. Mit nassen Haaren und durchweichten Klamotten stünde ich kerzengerade am Ausgang, die Hände an der Hosennaht. Die Stalingradrentner würden mir auf die Schulter klopfen, mich fragen, wo ich gedient hätte, würden beteuern, dass man das von meiner Generation ja gar nicht mehr kenne und dass es mehr von meiner Sorte geben müsse. Ich würde etwas von »Selbstverständlichkeit« und »Pflichterfüllung« und

»Hätte doch jeder getan« murmeln, würde trotzdem dankend Trinkgeld annehmen und mit jedem »Dankeschön« die Hacken zusammenschlagen. Da würde es in den Augen der Rentner leuchten.

Aber noch gewitterte es nicht. Der Wind blies stark, und ab und zu fielen ein paar Tropfen vom Himmel. Wir fuhren den ganzen Weg vom Tiergarten zurück zur Anlegestelle am Palast der Republik, es blies und böte, die Bäume bogen sich, aber es fiel so gut wie kein Regen und gar kein Hagel. Schade. Vielleicht sollte ich kurz in die Spree springen, um meinen Einsatz zu demonstrieren.

Als wir wieder anlegten und ich unter Deck ging, blickte ich in fünfzig sehr ernste Gesichter. Eng an eng stand Mensch an Mensch. Ungefähr zwanzig hatten noch einen Sitzplatz bekommen, der Rest musste stehen. Die Luft war schlecht, und es roch wie in der Umkleidekabine eines Thermalbades mit Solequelle.

»Sagen Sie mal, junger Mann«, fing ein Herr an, dem man ansehen konnte, dass er Widerspruch nicht gewohnt war. »Finden Sie das komisch, uns hier eine Stunde lang unter Deck eingepfercht zu halten?«

»Entschuldigung«, sagte ich. »Wir hatten eine Gewitterwarnung. Da muss ich alle vom Oberdeck schicken. Das ist leider so.«

Das schien ihm egal zu sein.

»Es hat aber nicht gewittert. Wir hätten schön oben sitzen bleiben und uns alles ansehen können. Stattdessen müssen wir uns hier unten hineinquetschen.«

»Und Sie selber bleiben auch noch oben sitzen«, sagte eine sehr aufgeregt Frau. »Wir haben hier langsam den Eindruck, Sie wollen uns ärgern.«

»Und dann immer noch Ihre Ansagen«, mischte sich jemand ein. »Wenn Sie wenigstens mit dieser nervtötenden

Quasselei aufgehört hätten, über Sachen, die wir ja sowieso nicht sehen können.«

Ein paar Rentner stimmten in einen Chor von »Ganz genau«, »So isses« und »Das war das Allerschlimmste« ein.

»Entschuldigen Sie bitte!«, versuchte ich es wieder. »Wir waren sicher, dass es gewittert und hagelt. Die Kollegen in Spandau haben uns angerufen und gewarnt: Da sind Hagelkörner groß wie Haselnüsse heruntergekommen. Da kann ich doch niemanden auf dem Oberdeck sitzen lassen.«

»Sind Sie schwer von Begriff? Es *hat nicht* gewittert. Sind Sie Stadtführer oder Meteorologe? Kümmern Sie sich um Ihren eigenen Kram, und tun Sie nicht so, als verstünden Sie was vom Wetter.«

»Hören Sie! Es tut mir wirklich leid, dass es nicht gewittert hat. Ich hätte es auch besser gefunden, wenn es gehagelt hätte. Ich hätte doch meine Pflicht erfüllt. Ich hätte doch... Einsatz und... hier, dings... Opfer. Das ist nämlich gar nicht so einfach als Stadtbilderklärer.«

Der Älteste der Runde schaute mich mit Offiziersblick an: »Jungchen, wie alt biste denn? Haste denn schon mal ein richtiges Gewitter erlebt? Dir sollte man mal richtig links und rechts –«

»Leuten wie Ihnen sollte man die Lizenz entziehen«, unterbrach die aufgeregte Frau wieder.

»Was denn für eine Lizenz?«

»Na, die Stadtführerlizenz. So etwas werden Sie doch haben. Jetzt sagen Sie mir nicht, dass Sie hier ohne Zulassung arbeiten.«

»Es tut mir leid, dass es nicht gehagelt hat. Wirklich! Aber ich kann doch auch nichts dafür, wenn es nicht hagelt.«

»Man sollte nicht von etwas reden, von dem man keine

Ahnung hat«, sagte der Offizier, stampfte mit seinem Gehstock auf den Boden und drehte sich um.

»Wir werden uns auf jeden Fall über Sie beschweren«, sagte eine Kräuterhexe. Damit drehten sie sich um und wackelten langsam von Bord.

»Vielen Dank fürs Zuhören. Empfehlen Sie uns weiter«, rief ich ihnen hinterher. »Ich habe gerne für Sie in Wind und Regen gesessen. Hab doch nur meine Pflicht erfüllt. Hätte doch jeder getan.«

»Unverschämtheit«, brabbelten einige vor sich hin. »Unmöglich... diese Generation... Früher hätte man den... muss man sich bieten lassen...«

»Vielen Dank fürs Trinkgeld!«, rief ich und schlug die Hacken zusammen.

»Danke schön!«

Klack!

»Danke schön!«

Klack!

»Fragen Sie nach unseren Ermäßigungen für Gruppen! Kinder und Greise zahlen halbe Preise.«

Der Offizier drehte sich noch einmal herum und donnerte mich an:

»Jetzt hören Sie endlich auf, sich zu verteidigen, sonst vergesse ich mich.«

»Moment, ich habs«, rief ich ihm zu. »Ich bin für nichts verantwortlich. Das war Vorschrift. Ich habe nur Befehle ausgeführt. Hey, der Spruch muss Ihnen doch bekannt vorkommen.«

Nach fünf Minuten war das Schiff leer. Da tauchte auch Mike wieder auf, der sich die ganze Zeit im Personalraum versteckt hatte.

Zehn Minuten bevor wir wieder ablegten, begann es zu gewittern. Es waren überhaupt keine Gäste an Bord, und wir drehten eine Warterunde. Als wir am Nikolaiviertel vorbeifuhren, sah ich die gesamte Seniorengruppe unter der Markise eines Restaurants stehen. Es begann zu hageln. Ich winkte den Rentnern zu. Niemand winkte zurück.

Klaus III

Kann ich nachher mitfahren bis nach Treptow?«, fragte ich.
»Was willst du?«
»Mitfahren. Das Schiff liegt doch am Treptower Park nachts, oder? Ich wohne da in der Nähe, da könnt ihr mich nach der letzten Runde ja mitnehmen bis dahin.«
»Wohin?«
»Nach Treptow.«
»Junge, das heißt Treeptow.«
»Ja, und?«
»Du sagst immer Trepptow. Die Wessis sagen immer Trepptow. Treeptow heißt das.«
»Na dann halt nach Treeptow.«
»Wo bistn du geboren, du Vogel?«, fragte Klaus. Diese Differenz hörte offenbar nicht an der richtigen Aussprache eines Stadtteiles auf. »Ich bin da drüben geboren«, sagte er und zeigte auf die Frauenklinik der Charité an der Tucholskystraße.
»Echter Berliner. Seit Generationen. Da kannst du nicht mithalten, sarickma.«
»Jetzt bin ich aber echt beeindruckt«, sagte ich.
»Kannste auch sein«, sagte Klaus.
»Wie hast du das nur geschafft, dass deine Vorfahren alle am gleichen Ort geboren sind?«, sagte ich. »Da kannst du wirklich stolz drauf sein.«

»Da kiekste, wa!«

Da kiekte ich aber so was von.

»Und du warst nie woanders?«, fragte ich.

»Kollege, das war Osten. DDR. Da durfte man nicht so einfach raus.«

»Wie? Das war verboten?«

Diese Ironie musste er einfach verstehen.

»Ich bin jetzt 47. Als die Mauer fiel, waren meine besten Jahre schon vorbei. Ich hab ja nie die Gelegenheit gehabt, woanders hinzufahren. Einmal waren wir am Balaton. Doll war das nicht.«

»Ich verrate dir ein Geheimnis«, sagte ich. »Du bist zwar immer noch im Osten, aber die Mauer ist offen. Seit zwanzig Jahren darfst du gehen, wenn du willst.«

»Pfff ...«, machte Klaus. »Jetzt will ich nicht mehr. Was soll ich denn woanders? Ich wohne doch schon in Berlin.«

»Aber willst du nicht mal was anderes sehen? Wenigstens zum Angucken.«

»Was soll ich mir denn schon ankieken?«

»Irgendwas Schönes. Rom oder Istanbul oder wenigstens Bristol.«

»Nee, da isses mir zu heiß.«

»In Bristol ist es gar nicht heiß.«

»Dann isses mir zu weit weg.«

»Da kann man von Schönefeld aus hinfliegen. Dauert eine Stunde und kostet vierzig Euro.«

»Ich hasse fliegen.«

»Bist du schon mal geflogen?«

»Außerdem ist es umweltschädlich. Ganz schön viel CO_2.«

»Oder Danzig. Das ist nicht so weit weg. Da kann man mit dem Zug hinfahren.«

»Interessiert mich nicht. Ich brauch nix anderes als Berlin. Pass auf, ich erklär dir das: Hier kommen jeden

Tag hunderte Touristen her. Die würden ja nicht kommen, wenn dit hier doof wäre. Hier isses einfach super. Großartig. Am besten. Und warum soll ich dann weg? Ich bin ja schon hier, verstehste?«

»Ich denke, du magst keine Touristen.«

»Nee, mag ich auch nicht. Aber die mögen Berlin. So ganz falsch können sie da ja nicht liegen.«

»Aber es kommen doch auch viele Touristen woanders hin.«

»Ach komm. Wo soll das denn schon sein?«

»Hamburg, München, Dresden.«

»Ich sag dir was: Hamburg ist ne Schnöselstadt, Dresden ist ein sächsisches Dorf, und München... Also mal im Ernst! Das erklärt sich von selbst.«

»Trotzdem kommen da viele Touristen hin.«

»Na und? Sollen sie doch. Mir doch egal.«

»Aber dann zieht dein Argument doch nicht mehr.«

»Die können halt nicht immer richtigliegen. In Berlin liegen sie richtig. Und so viele Touristen können das gar nicht sein. Warum sollten die da hinwollen?«

»Die Japaner und Amerikaner fahren gern in Städte mit schöner Altstadt. Heidelberg zum Beispiel.«

»Wat fürn Berg? Kenn ich nich. Gibts nich. Nie gehört.«

»Oder Rothenburg ob der Tauber. Das ist die reinste Postkartenidylle. Da fahren die Amis voll drauf ab.«

»Wie heißt dit?«

»Rothenburg ob der Tauber.«

»Was isn das fürn Name? Haste dir das ausgedacht?«

»Nein, das gibt es wirklich. Das heißt so.«

»Ob der Tauber? Was soll das für ne Sprache sein? Das ist doch nicht mehr in Deutschland?«

»Doch. Mittelfranken.«

»Sag ich doch.«

»Ist doch egal. Man muss doch auch mal was anderes sehen als immer nur sein eigenes Kaff.«

»Brauch ich nicht. Muss ich nicht. Kann ich drauf verzichten, sarickma.«

»Sag bitte nicht alles dreimal.«

»Ich weiß doch, dass es hier am besten ist.«

»Aber woher willst du das denn wissen, wenn dir der Vergleich fehlt?«

»Weiß ich halt.«

»Das ist doch kein Argument.«

»Doch, das isses. Da kannst du noch so viele Dörfer gesehen haben, die irgendwie ›op de Amsel‹ heißen oder so. Berlin is einfach am besten. Schluss. Aus. Fertig. Das muss ja auch niemand verstehen. Reicht ja, wenn ich es verstehe. Da brauch ich auch keinen Beweis.«

Schweigen.

»Nehmt ihr mich jetzt mit nachher?«

»Wohin?«

»Schon gut.«

Einen Job
verlieren

Tata-UFF, tata-UFF, tata-UFF-tatatata-UFF!
»Was ist das denn?«, fragte Anna.
»Mein neuer Klingelton. Der Helenenmarsch.«
»Du hast Marschmusik als Klingelton?«
»Ja. Du solltest mal die Touristen sehen, wenn mein Handy klingelt. Unbezahlbare Gesichter.«
Tata-UFF, tata-UFF, tata-UFF-tatatata-UFF!
»Kenn ich irgendwoher.«
»Wahrscheinlich von ›Weihnachten bei Hoppenstedts‹.«
»Willste nicht mal rangehen?«
»Na gut. – Ja?«
»Hallo Tilman?«
»Derselbe.«
»Hier ist Hans Dietrich.«
»Hallo Hans. Gut, dass du anrufst.«
»Findest du?«
»Ja. Ich wollte dich sowieso fragen, ob ich bis Ende der Saison noch ein bisschen mehr arbeiten kann. Wir haben ja nun schon fast September, und ich würde mir gern noch ein bisschen was ansparen, damit ich nach Saisonende nicht sofort auf dem Trockenen sitze. Wann geht es denn eigentlich in der nächsten Saison wieder los?«
»Deshalb rufe ich an. Wir werden das in der nächsten Saison runterfahren müssen.«
»Wieso?«

»Die Reederei wird deine Stelle in der nächsten Saison streichen.«

»Was? Ist das wegen der dieser Ostfrontrentner, die ich unter Deck geschickt habe? Haben die sich beschwert?«

»Äh ... Wegen wem?«

»Da war so eine Rentnergruppe, und dann hat es gewittert, und die waren sauer, weil ... ach ... Ist ja auch egal.«

»So was gibt es immer mal. Nein, nein, darum geht es nicht. Die Reederei will alle Stadtbilderklärer auf den kurzen Touren einsparen. Die werden im Winter Audioguides anschaffen, damit auch die Spanier und Franzosen die Erklärungen verstehen. Die kriegen dann so ein elektronisches Ding mit Kopfhörern in die Hand und können die Sprache auswählen, die sie wollen. Hochmoderner Kram, mit GPS und so Zeug.«

»Scheiße.«

»Da sagst du was! Ich habe auch lange mit denen diskutiert, aber ich bin dann überstimmt worden. Mir wäre es auch lieber, wenn wir weiterhin auf jeder Tour noch Menschen hätten, die das erklären. Für die Reederei ist es natürlich einfacher. Die zahlen nur einmal Anschaffungskosten, und nach einer Saison hat sich das für die schon wieder rentiert.«

»Scheiße.«

»Jou!«

»Ja ... gut ... O.k. Aber dann kann ich doch nächstes Jahr einfach die langen Touren machen. Die gibt es dann doch immer noch.«

»Mein Lieber, du bist nicht der Erste, der mich danach fragt.«

»Aber ich bin der Beste.«

»Kann sein. Weiß ich nicht. Aber wir haben hier Leute, die arbeiten so lange für uns, die kann ich nicht auf die

Straße setzen. Mona zum Beispiel. Die weiß sonst nicht, wo sie hin soll. Die braucht Arbeit.«

»Mona!«

»Bitte?«

»Nichts.«

»Oder Rainer. Die kann ich nicht einfach vor die Tür setzen. Und die Jüngsten sind die auch nicht mehr. Du hast doch studiert, du bist doch jung und auf Zack, da findest du doch bestimmt noch was anderes.«

»Na ja...«

»Na komm.«

»Du meinst, weil einem die Historiker auf dem Markt geradezu aus der Hand gerissen werden?«

»Ich muss sogar Martin gehen lassen, und der ist einer der Besten hier.«

»Hat der auch studiert?«

»Keine Ahnung. Aber der macht auch noch andere Jobs. Der fällt nicht gleich auf Hartz IV, wenn er bei mir nicht mehr arbeiten kann. Und du wirst schon was finden. Die Historiker leben doch auch nicht alle von der Stütze.«

»Hans, ich weiß echt nicht, was da gehen soll.«

»Ich kann mit dir jetzt kein Berufsberatungsgespräch führen. Du hast doch sicher noch andere Pläne. Oder wolltest du dein Leben lang Stadtbilderklärer bleiben?«

»Äh... Ich weiß nicht... Ich meine, ich könnte schon irgend so einen Kram machen, aber...«

»Ich kann natürlich auch mal bei den Kollegen hier in der Reederei nachfragen. Die brauchen immer mal einen Praktikanten für alles Mögliche. Im Marketing. Oder für die Gestaltung der neuen Broschüren. Oder so Einpflegearbeit. Kannst du Photoshop?«

»Joa... Also, ich war auch schon mal Schweinehälftenfreisteller...«

»Das wäre dann allerdings nicht so gut bezahlt wie der Stadtbilderklärerjob. Und ein abgeschlossenes Studium ist die Grundvoraussetzung, aber das hast du ja. Kriegst natürlich am Ende auch ein Zeugnis.«

»Ach...«

»Ich kann dir da aber nichts versprechen. Das entscheidet der jeweilige Abteilungsleiter. Die haben bestimmt auch eine Reihe anderer Bewerber.«

»Pfff...«

»Na, meld dich einfach, wenn du da noch was machen willst.«

»Hm.«

»Sorry nochmal. Ich find das auch doof.«

»Hm.«

»Bis bald. Tschüss.«

»Tschüss.«

The Dining Dead

*Are we those bored couples
you feel sorry for in restaurants?
Are we the dining dead?*

Charlie Kaufman

Hans hatte recht. Ich hätte nicht ewig Stadtbilderklärer bleiben können. Ich wollte aber auch nicht Junior Assistant of High Level Brown Nosing werden und wie der Rest des Vereins entweder der chronischen schlechten Laune anheimfallen oder über nichts anderes mehr reden als meine Arbeit und meine doofen Kollegen.

Ich hatte allerdings auch kein großes Projekt, das mir einen höheren Sinn gestiftet und erlaubt hätte, keiner regelmäßigen Arbeit nachzugehen. Ich wollte nicht Deutschlands nächster umjubelter Installationskünstler werden, nicht alle Achttausender ohne Sauerstoffmaske besteigen, nicht gegen eine schlimme Ungerechtigkeit kämpfen (böse sexistische deutsche Sprache oder fehlender Krötentunnel unter der B46) und nicht die Welt verändern. Ich wollte einfach nur mehr Spaß als Frust haben und meinen einfachen Leidenschaften nachgehen: etwas Musik, etwas Bier, ein paar Menschen kennenlernen und mit klugen Freunden dummes Zeug schwätzen. Eben ein glücklicher Mensch werden. Als Stadtbilderklärer konnte ich das mit den Menschen und das mit dem Geschwätz schon während der Arbeit tun, wenigstens zum Teil.

Und jetzt? Ich hatte doch studiert. Sollte ich mit meinem Magister Artium historiae nun Currywurstbrater werden? Wie sähe das denn aus? »Pommes kommt gleich, darf ich Ihnen in der Zwischenzeit ein bisschen was über preußische Außenpolitik vor 1871 erzählen?« Dann hätte ich die Jahre auf der Uni umsonst verbracht. Wenn ein Jahr Currywurstbrater in deinem Lebenslauf steht, kannst du auch gleich reinschreiben »... verbüßte ich eine Haftstrafe wegen gefährlicher Körperverletzung an meinem früheren Vorgesetzten«.

Vielleicht hatten Anna und Roland doch recht, und ich sollte endlich mal lernen, wie arbeiten geht. Von meiner Zivildienstzeit abgesehen hatte ich nie eine richtige Arbeit gehabt, die mich montags bis freitags von 9:00 bis 17:00 Uhr an dieselbe Arbeitsstelle gezwungen hätte. Als Stadtbilderklärer arbeitete ich drei, maximal vier Tage in der Woche, und das Geld reichte, um weiter so zu leben wie bisher. Aber sollte ich das Studentenleben nicht langsam hinter mir lassen? Irgendwann muss ich vielleicht doch aus dem Alter herauskommen, in dem man sich abends in der Kneipe entscheiden musste, ob man noch ein Bier trank und schwarz nach Hause fuhr oder kein Bier mehr trank und ein Ticket löste.

Früher waren mir diese Langzeitrumhänger verdächtig gewesen. Mit Anfang zwanzig hatte ich nach einem WG-Zimmer gesucht und in vielen Wohnküchen viele Vorstellungsrunden aushalten müssen. Wenn dort dann ein Dreißigjähriger gesessen hatte, der sich mir als »der Norbert« vorstellte und sagte »Ich wohne hier schon seit acht Jahren«, dachte ich oft: Du armer Wicht! Na? Grundstudium schon fertig? Und die Gesellschaft ist schuld, dass du nix auf die Reihe bekommst, was? Oder bist du »eigentlich Künstler« und stehst kurz vor dem großen Durchbruch? Jetzt ging ich selbst stramm auf die dreißig zu.

Das Schlimme am geregelten Job wäre ja gar nicht das Arbeiten selbst gewesen. Das Schlimme wäre es, so zu werden wie der Durchschnittstyp, den ich täglich in hundertfacher Ausfertigung auf dem Schiff zu sehen bekam: ein freudloser Arbeitstrottel, der die Welt an sich vorbeifahren lässt und ab und zu mal draufzeigt. Ich geh »auf Arbeit«, dann nach Hause und vielleicht vorher noch ins Fitnessstudio. Wenn meine Freunde anrufen und mich zum Bier überreden wollen, sag ich, ich muss morgen wieder früh raus. So werden die Freunde auch weniger, was auch gar nicht so schlimm ist, denn dann rufen die nicht dauernd an und wollen Bier trinken gehen. Man wird ja auch älter. Bloß keinen Stress. Letztes Jahr war schon genug Stress mit dem Umzug, und dann musste auch noch der Wagen zur Reparatur. Ich hätte gern einfach mal ein Jahr, wo nix is.

Hobbys? Solarium. Leidenschaften? »Äh... Leidenschaften? Ja gut, ich sach mal, ich hab halt nicht so viel Zeit, auch wegen der Arbeit und so... äh...«

Solche Menschen antworten auf die Frage nach ihrem Musikgeschmack mit »Ach, eigentlich alles«, sie streiten sich mit anderen Dumpflingen darüber, ob es jetzt Viertel nach neun oder viertel zehn heißt, und können darüber richtig sauer werden. Sie verschenken Lebkuchenherzen mit »Hab dich lieb« darauf, denn selbst können sie das nicht sagen, und müssen deshalb die Süßwarenindustrie um Hilfe bitten. Sonntags wird *Tatort* geguckt, und wenn die Welt einstürzt. Sex gibt es samstags, und zwar mit Handtuch Drunterlegen, damit man nicht gleich alles neu beziehen muss. Aber ab und zu gehen wir auch mal aus. Ins

Kino. *Keinohrhasen*, den fanden wir wirklich gut. Das war so für uns, sag ich mal, die perfekte Mischung aus ernst und lustig. Wir haben uns jetzt so einen Blu-ray-Player gekauft. Da müssen wir zum Filmgucken gar nicht mehr aus dem Haus. Toll, was?

Manchmal gehen wir aber auch schön essen. Beim Gianni* ist es gut, da gehen wir ab jetzt immer hin. Was hattest du beim letzten Mal, Schatz? Ach ja, die Pizza Quattro Stagioni. Und war die gut? Ich glaube, ich nehme jetzt mal die Capricciosa** . Und dann beim nächsten Mal erst die Penne. Oder soll ich jetzt schon die Penne? Pass auf, du nimmst die Penne und ich ... Du kannst ja auch etwas von mir probieren, Schatz. Nein, das mit dem Carpaccio***, das ... ach nein, nein. So rohes Fleisch, da weiß man ja nie so genau. Und dann beim Italiener. Also, nichts gegen den Gianni****, aber ... Na ja, du weißt schon.

Bloß nichts Unvorhergesehenes, bloß nichts Spontanes. »Ich hab noch eine extra Unterhose eingepackt, falls wir mal in einen Platzregen kommen.« Das wäre natürlich ganz schlimm: zehn Tage Dänemark und dann eine Unterhose zu wenig. So seht ihr aus!

Mario Barth füllt mit diesen Menschen Stadien. Er kaut ihnen ihr eigenes langweiliges Leben nochmal vor, und sie freuen sich sogar darüber, denn dann müssen sie sich nicht in eine andere Welt hineinfühlen. Eigentlich müsste man Mario Barth dankbar sein, denn er zeigt uns, wie viele Menschen ihn tatsächlich gut finden und tatsächlich ein Leben leben, das aus nicht mehr besteht als »meine Arbeit,

---

* »Dschie-yanni«
** »Capri-tschi-yosa«
*** »Kar-patschi-yo«
**** »Dschie-yanni«

meine Freundin, mein Flachbildfernseher«. Eigentlich ist Barth eine Art Günter Wallraff, er merkt es nur nicht.

Anna saß in der Küche und aß ihr übliches Abendbrot: Salat und Vollkornbrot mit Käse und Tomatenmark. Ich nahm eine Flasche Weißwein aus dem Kühlschrank und goss uns zwei Gläser ein.

»Na, was ist los?«, fragte sie.

»Anna, glaubst du, man wird von Arbeit dumm?«

»Dann müsste ich ja schon ganz schön dumm sein.«

»Gut, du jetzt nicht. Aber stell dir mal vor, du hast einen Bürojob, in dem du jeden Tag von neun bis fünf mit denselben Pfeifen zusammen bist: so Mickey-Mouse-Krawattenträger. Und der Chef lässt keine Gelegenheit aus, einen dämlichen Wortwitz zu machen. ›Buon giorno, John Porno‹ und so ein Zeug.«

»Ich glaube, du hast ein bisschen zu viel *Stromberg* gesehen.«

»Aber da ist doch was dran. In so einem Job musst du doch zwangsläufig sozial verdummen, wenn du nicht zum Amokläufer werden willst.«

»Mein erster Chef hat immer gesagt ›Geld spielt keine Rolex‹.«

»Förchterlich!«

»Ja, schon. Aber es hat ja auch nicht jeder eine Meise.«

»Egal. Selbst wenn du mit relativ normalen Leuten arbeitest: Abends bist du zu müde für irgendetwas, und dann hängst du dich vor den Fernseher, und spätestens da verdummst du auch mental.«

»Aber dann müssten ja fast alle dumm sein. Zumindest alle, die Arbeit haben.«

»Sag ich doch.«

»Ach was! Ich glaube, da übertreibst du ein bisschen.«

»Du umgibst dich ja auch mit lebendigen Menschen, du

arbeitest in einer Bar. Da ist ja die Freude zu Hause und nicht die Dumpfheit. Aber wenn ich meinen Job in der nächsten Saison nicht mehr machen kann, was mach ich denn dann? Mein Chef hat mir ein Praktikum in der Reederei angeboten, als Computerknecht.«

»Nimm das doch.«

»Sag mal, hörst du mir nicht zu?«

»Hä?«

»Damit ich da dumpf rumsitze, oder was? Anna!«

»Wart mal, ich hab gerade eine SMS bekommen.«

»...«

»Hihihi!«

»Was Lustiges?«

»...«

»Und, wer wars?«

»Flo.«

»Wer ist denn Flo?«

»Bekannter.«

»Bekannter? Wie jetzt genau?«

Anna druckste herum:

»Na ja, der... also... äh...«

»Was Ernsteres?«, fragte ich. Wenn Anna ins Stottern kam, ging es meistens um etwas Ernsteres.

»Joa«, sagte sie zögerlich. »Ich... ich glaube, das könnte was werden.«

»Aha. So wie mit Marco, oder wie?«

»Ach der!«, sagte Anna und verdrehte die Augen.

»Was ist denn da eigentlich vorgefallen? Das war erst ganz toll, und plötzlich wars ganz doof.«

»Nix.«

So gern Anna mir heitere Belanglosigkeiten erzählte, so ungern rückte sie mit der Sprache heraus, wenn es ans Wesentliche ging.

»Aber?«, fragte ich.

»Das wird nix.«

»Was sagt er denn dazu?«

»Wir haben da nicht drüber geredet.«

»Was? Aber das ist doch dämlich! Über so was muss man doch reden. Der wird bestimmt auch eine Meinung dazu haben.«

»Es gibt Sachen, über die muss ich nicht mehr reden. Über die weiß ich schon genug.«

»Hat er eine andere?«

»Nein. Ich sag doch, da war nix.«

»Und dann kickst du ihn einfach so, ohne ein Wort oder eine Erklärung? Per SMS oder wie?«

Das schien Anna unangenehm zu sein:

»Du, ich glaub, ich geh noch mal weg.«

»Nimm dir noch eine extra Unterhose mit.«

»Äh… ja, das… das hätte ich eh gemacht.«

Hitler has only got one ball

Hitler has only got one ball
Göring has two, but very small
Himmler is somewhat sim'lar
but poor Goebbels has no balls at all

anonym

»Sagen Sie mal, junger Mann, jetzt muss ich Sie mal was fragen.«

»Bitte sehr.«

»Stimmt es eigentlich, dass Hitler nur einen Hoden hatte?«

»Puh... Da fragen Sie mich aber was! Ich glaube, so richtig weiß das keiner. Das war so ein Gerücht. Aber ob das stimmt, das weiß ich leider auch nicht.«

»Ach, das ist ja schade. Sie haben uns jetzt so viel über die Stadt erzählt und über die Gebäude und wie das früher war und so. Und da dachte ich, Sie wüssten auch was über Hitlers Hoden.«

»Äh... ja... Aber Hitlers Hoden haben in der Berliner Stadtplanung nur eine sehr – wie soll ich sagen? –, eine deutlich untergeordnete Rolle gespielt.«

»Aber das ist doch interessant, finden Sie nicht? Hitler? Nur ein Hoden? Oder?«

»Na ja... Die Anzahl von Hitlers Hoden ist für die historische Forschung relativ belanglos. Die befasst sich eher mit anderen Aspekten Hitlers.«

»Welchen denn?«

»Mit seinem politischen und militärischen Wirken zum Beispiel.«

»Ach so, Sie meinen den Krieg und so. Aber vielleicht hängt das ja zusammen.«

»Was hängt zusammen?«

»Sein fehlender Hoden und der Krieg. Vielleicht gibt es da eine Verbindung.«

»Ach so! Sie meinen, Hitler hat eigentlich die ganze Zeit nur seinen fehlenden Hoden gesucht?«

»Hä?«

»Na, Sie meinen doch bestimmt, dass Hitler den Krieg nur wegen dem fehlenden Hoden geführt hat. Erst hat er Mussolini gefragt, ob der Hoden in Italien ist. Da war er nicht. Dann ist Hitler in Polen einmarschiert, um da nachzugucken, aber da war der Hoden auch nicht. In Frankreich war er auch nicht, und da war Hitler quasi gezwungen, auch noch in Russland einzumarschieren und da nach seinem Hoden zu suchen.«

»Äh... also...«

»Wenn Sie das so meinen, dann gehen Sie natürlich davon aus, dass Hitler überhaupt jemals zwei Hoden gehabt hat und dass ihm einer irgendwie abhandengekommen ist. Vielleicht geklaut. Ich glaube aber eher, dass Hitler schon immer nur einen Hoden hatte. Weil, schauen Sie mal: Wer klaut denn einen Hoden und bringt ihn nach Russland? So etwas macht doch niemand.«

»Nicht mal in Österreich?«

»... ja, gut. In Österreich mag so etwas mal vorkommen, das gebe ich zu. Aber wir wissen ja gar nicht, wann der Hitler seinen Hoden verloren haben könnte. Noch in Österreich? Oder als er schon eine große Nummer in der NSDAP war? Oder sogar erst als Reichskanzler? Das wäre natürlich für einen Hodendieb attraktiver gewesen. Hey, ich hab ein Ei vom Reichskanzler. Was man damit alles hätte anstellen können!«

»Entschuldigen Sie, junger Mann, aber ich bin Mediziner, und wenn jemand von Geburt an nur einen Hoden im Hodensack hat, dann ist der zweite Hoden im Bauch. Das gibt es relativ oft. Die Hoden entstehen im Bauch und wandern beim ungeborenen Kind in den Hodensack. Und manchmal bleibt halt einer im Bauch hängen.«

»Oh mein Gott, das ist ja noch viel schlimmer! Dieser ganze Krieg für nichts und wieder nichts! Da sucht der Hitler überall seinen Hoden, bringt dabei Millionen von Menschen um, und dabei ist das, was er sucht, in ihm drin. Das ist ja furchtbar!«

»Wissen Sie, ich glaube eher, dass der Hitler da ein psychisches Problem mit seinem Hoden hatte. Er hat halt die ganze Welt so gehasst, weil alle zwei Hoden hatten und er nicht, dass er sie alle umbringen wollte.«

»Meinen Sie? Aber wenn jeder, der nur einen Hoden hat, einen Weltkrieg anzettelt und einen Völkermord organisiert, dann wären wir schon längst alle tot.«

»Na ja, aber man kann das ja heute relativ leicht operativ beheben. Deshalb haben wir doch seit fast siebzig Jahren keinen Krieg mehr in Europa. Das sehen Sie ja auch in der Welt. Da, wo die Medizin noch nicht so weit ist, gibt es die gefährlichsten Leute: Nordkorea, Irak. Sie finden doch in Afghanistan kein einziges Krankenhaus, das mit unseren Krankenhäusern mithalten kann. Die Taliban, das ist eine ganze politische Klasse mit medizinischen Hodenproblemen.«

»Also, guter Mann, jetzt mal im Ernst, Hoden hin oder her: Das Interessante an Hitler ist doch, dass fast alle mitgemacht haben bei diesem Morden und Einmarschieren. Sogar solche Leute wie meine Großeltern, die ja sonst eigentlich immer ganz nett sind. Ich kriege bei denen jedenfalls immer Kaffee und Kuchen. Das ist doch eigentlich das Interessante an Hitler.«

»Finden Sie? Wissen Sie, was ich viel interessanter finde? Dass er das alles mit nur einem Hoden geschafft hat. *Das* ist mal interessant.«

»Und jetzt stellen Sie sich mal vor, Hitler hätte zwei Hoden gehabt.«

»Ach herrje, dann wäre ja alles noch viel schlimmer gekommen.«

»Das können Sie aber laut sagen!«

»Also ... äh ... Aber sagen Sie mal, junger Mann: Sollen wir jetzt froh sein, dass Hitler nur einen Hoden hatte? Oder sollen wir das furchtbar finden?«

»Ach so ... puh ... Das weiß ich jetzt auch nicht so genau.«

»Weil, wissen Sie, ich will ungern als Nazi dastehen. Und da würde ich gerne wissen, was ich da finden soll, damit nicht einer kommt und sagt: Der Wesendonck, der hat gesagt, dass er das gut findet, dass der Hitler nur einen Hoden hatte. Der Wesendonck ist ein Nazi.«

»Ja, das kann ich Ihnen nachempfinden. Niemand ist gern Nazi.«

»Da muss man doch irgendwo nachfragen können, was man in diesem Fall sagen muss.«

»Bei Guido Knopp vielleicht?«

»Zum Beispiel. Oder bei irgendeiner Behörde. Da muss es doch einen Bundesbeauftragten geben. Nazibeauftragter oder so etwas, der einem sagt, was da die sozial verträgliche Meinung ist.«

»Also, das mit den Autobahnen, das sollten Sie besser nicht erwähnen.«

»War das schlecht?«

»Ich weiß nicht genau, aber sagen Sie besser nichts darüber. Das hat bisher jedem nur Ärger gebracht.«

»Vielleicht sollten wir dann auch besser über Hitlers Hoden nichts sagen.«

»Dann sind Sie jedenfalls auf der sicheren Seite.«

»Na gut. Vielen Dank.«

»Bitte sehr. Schönen Tag!«

»Schönen Tag. Ach, und: Dieses Gespräch hat nie stattgefunden.«

»Ich habs schon vergessen.«

»Tag.«

»Tag.«

If you like to gamble,
I tell you I'm your man

Nach der Tour kam ein Mann zu mir.
»Sag mal, du kennst dich doch bestimmt aus in der Stadt.«
»Äh... joa... So ein bisschen. Doch. Schon.«
»Ich bin allein in der Stadt und suche noch nach einer Abendunterhaltung.«
Schnell musterte ich ihn. War er schwul? Ich stammelte herum:
»Äh... pff... tja... Abendunterhaltung? Also...«
»Ach so, ich bin nicht schwul, falls du da gerade Bedenken hattest«, sagte er und lachte. Ich war erleichtert.
»Puh, Gott sei Dank. Ich habe mich gerade gefragt: Wie wirst du den jetzt elegant los?«
»Hab ich gemerkt«, sagte er. »Nee, keine Sorge. Ich will mir nur den Abend heute um die Ohren schlagen.«
»Tja, was interessiert dich denn? Du kannst hier alles haben, von Tanztee bis Darkroom.«
»Ich hab doch gesagt, ich bin nicht schwul.«
»Also Tanztee?«
»Gibt es da nicht noch so ein Zwischending? Sag mir einfach, wo du gern hingehst.«
»Ich geh zum Beispiel ganz gerne ins Black Death, das ist ein Rockschuppen. Ist aber ein bisschen aufgestylt. Mit Burgerrestaurant und Tattoostudio und so Zeug.«
»Das klingt doch gut«, sagte er.

Ich erklärte ihm, wie er hinkommt, sagte ihm, dass ich wahrscheinlich auch da sein würde, und wünschte einen schönen Tag. Dafür hätte er mir ruhig mal zwei Euro Trinkgeld geben können, dachte ich. Obwohl er eigentlich nicht wie ein Trinkgeldgeber aussah. Wer Trinkgeld gibt, bestätigt damit das Diener-Herr-Verhältnis, und er machte nicht den Eindruck, als wollte er eins von beiden sein. Das Dienstleister-Dienstempfänger-Verhältnis war schon mit dem Fahrpreis zustande gekommen, Trinkgeld aber gibt man aus eigener Milde und Freigiebigkeit – wie Almosen. Der Stadtbilderklärer kann das sehr gut verkraften, denn zum einen kann er das Geld gut gebrauchen. Zum anderen weiß er, dass er selbst der geistige und wissensmäßige Herr bleibt: Das ist hier meine Stadt, das ist mein Text und mein Schiff.

Ich rief Anna an.

»Anna, Mausi! Was habt ihr denn heute im Black Death?«

»Da ist heute Running Free Club. Rock und Metal Klassiker. Ich hab heute auch Schicht.«

»Na super. Kannst du mich auf die Liste setzen?«

»Wird gemacht«, sagte Anna. »Aber sag mal hallo. Ich freu mich.«

»Ich auch, bis dann!«

Running Free Club, wunderbar. Den Flyer für diese Veranstaltung fand ich schon immer geil, denn er war mit einem Ankündigungstext im geraden 4/4-Takt versehen: »Rock music, live bands, naked chicks in cages, burgers and beer«. Männerunterhaltung.

Als ich nach Hause kam, war Anna schon weg. Ich aß, legte mich nochmal für ein Stündchen aufs Ohr und fuhr gegen zehn ins Black Death.

Es war mäßig gefüllt, der Abend war gerade am Anrollen. Ich setzte mich an die Bar und bestellte ein Bier. Ich hatte kaum zwei Schluck getrunken, da tauchte auch schon der Typ vom Nachmittag auf. Ich nickte ihm höflich, aber unverbindlich zu. Er aber kam direkt zu mir, als wären wir verabredet gewesen. Erwartete er jetzt etwa, dass ich ihn den Rest des Abends unterhielt? Ich hatte die Stadtführerei eigentlich nicht als Fulltimejob gemeint.

Er legte sofort los:

»Ich bin hier gerade aus der U-Bahn gestiegen, und direkt neben dem Eingang hat so ein Typ gestanden und in die Ecke gepisst. Und dann guck ich hin, und es war Matthias Matussek.«

»Nein!«

»Ich schwöre, dass er das war. Hundertprozentig.«

»Da hättest du dir ja mal ein Autogramm geben lassen können.«

»Klar! Er steht da und lässt es laufen, und ich halte ihm einen Zettel unter die Nase und sage: Ach, Herr Matussek, könnten Sie hier mal gerade? Das wäre sehr freundlich.«

»Nein, du hättest ein Foto machen sollen, wie er pisst, und ihn dann nach seiner Privatadresse fragen sollen. Wenn Sie dieses Foto für mich signieren könnten, Herr Matussek? Ich schicke es Ihnen zu, mit frankiertem Rückumschlag, und Sie schicken es mir signiert zurück.«

Üblicherweise sind mir Menschen, die direkt auf mich zugehen, nicht ganz geheuer. Die können ja nicht mehr alle Lamellen an der Jalousie haben. Haben die noch nie eine rüde Abfuhr kassiert? Höfliches Desinteresse lautet das Gebot. Die Krankheiten der Großstadt hatten auch mich befallen: Besser erst mal abweisend sein und ganz arg beschäftigt tun, denn man weiß ja nicht, was die Menschen von einem wollen. Freundlich sein kann ich ja später immer noch.

Er hatte offenbar keine Meise, sondern redete nur gern,

aber im Unterschied zu den meisten, die gern reden, nicht nur Stuss oder Verschwörungstheorien. Er hieß Karl, war 45 und kam aus Köln. Eigentlich war er Architekt, arbeitete aber nur projektweise, wenn er mal wieder dringend Geld brauchte. Sonst arbeitete er in einer Kölner Bar, schraubte an seinem alten Triumph herum und spielte ab und zu Jazzgitarre oder Mundharmonika auf kleinen Veranstaltungen. Außerdem fuhr er gern durch Deutschland, wenn er einen Anlass dazu hatte. In Berlin war er, weil es hier einen Autoteilehändler gab, der ihm bestimmte Teile für seinen Triumph liefern konnte, für die sich Triumphisten in ganz Europa ein Bein absägen würden.

Wenn er in einer fremden Stadt sei, erklärte er, würde er es nicht übers Herz bringen, einfach nur dort einen Job zu erledigen und dann wieder wegzufahren. Städte wollten erlaufen, erlebt und ertrunken werden. In Berlin sei er noch nie gewesen, was ihm zugegebenermaßen etwas peinlich sei, aber nun sei er ja da, und der Laden gefalle ihm ausnehmend gut.

»Und meine Freundin konnte nicht mitkommen, die hat gerade Prüfungsstress. Die studiert gerade fertig.«

»Wie alt ist sie?«

»So in unserem Alter, Mitte zwanzig.«

»Hast du nicht gesagt, du wärst 45?«

»Ach so, ja. Das vergesse ich gern mal.«

Anna tauchte auf:

»Ich stell euch mal jemanden vor, kommt mal mit.«

»Da bin ich ja mal gespannt«, sagte Karl und grinste.

Wir folgten Anna über eine Treppe nach oben. Neben der Bar stand ein Flipperautomat. Darüber lehnte ein Hüne in schwarzer Uniformjacke, mit langen schwarzen Haaren und Wellington-Bart. Jemand, den man auf gar keinen Fall beim Flippern stören sollte. Anna fasste ihn am Arm.

»Lemmy! These are my friends. This is Tilman and this is...«

»Karl«, sagte Karl.

»Oh great! Friends of Anna's are friends of mine!«, sagte Lemmy Kilmister.

Lemmy Kilmister! Für diejenigen, die die letzten dreißig Jahre auf dem Mond verbracht haben: Ian Fraser Kilmister, genannt Lemmy, Bassist und Sänger von Motörhead, geboren an Heiligabend 1945, ist wohl der einzige echte Rock 'n' Roller, den es je gegeben hat. Sein Blut würde jeden anderen Menschen töten, so wie er von frischem Blut getötet werden würde. Er ist Diabetiker und trinkt eine Flasche Jack Daniels am Tag. Er hat jede Droge der Welt genommen, außer Heroin, das laut Lemmy die einzige ist, an der man sterben kann. Als ihm gesagt wurde, dass LSD nicht an zwei aufeinanderfolgenden Tagen wirken würde, hat er herausgefunden: oh doch! Wenn man die Dosis verdoppelt, wirkt es.

Lemmy spielt seit 35 Jahren bei Motörhead. Nein, falsch. Er spielt nicht bei Motörhead, er *ist* Motörhead. Viele Wendungen hatte die Band genommen, von der Viermanncombo zur Dreimanncombo, Schlagzeuger hatten sich kaputtgeprügelt, Gitarristen hatten dem Tempo nicht standgehalten und mussten aussteigen. Jahre des schleppenden Erfolgs, in denen die Band von der Hand in den Mund gelebt und nicht mehr besessen hatte als ihre Instrumente und einen Koffer, gingen über in die heutige Zeit des späten Ruhms, der großen Hallen und des Kultstatus. Was sich aber nie groß verändert hatte, war die Musik. Judas Priest, Metallica, Saxon: Alle haben in den Neunzigern gedacht, sie müssten jetzt etwas anderes machen, müssten mehr Pop oder mehr Speed reinbringen, denn »nur wer sich weiterentwickelt, bleibt sich treu«. Alles Quatsch! Motörhead hatten auf den Zwang zur Weiterentwicklung geschissen, weil sie ihre Musik liebten und sich dachten: Wir machen hier, worauf wir Bock haben. Wenn es euch nicht gefällt: Uns doch egal! Bei diesem verkopften Avantgardequatsch hatten Motörhead nie mitgemacht. »We are Motörhead, and we play Rock 'n' Roll«, sagt Lemmy bis heute, wenn er auf die Bühne kommt, und nicht »We are Motörhead. Und wir wollen uns nicht in so 'ne Schublade stecken lassen.« Naked chicks in cages, burgers and beer!

Alle, die zur gleichen Zeit wie Motörhead bekannt geworden waren, hatte man schon verlacht. »Wenn man zu alt wird, sollte man irgendwann aufhören« war die allgemein akzeptierte Meinung über Iron Maiden, Ozzy Osbourne oder Alice Cooper. Nie hatte es irgendjemand gewagt, Lemmy den Rückzug in den Ruhestand nahezulegen. Für ihn musste der Spruch »Live fast, die young« in »Live fast, die old« geändert werden. Über Motörhead lachte niemand, wahrscheinlich aus Angst vor dem Gitarristen Phil Campbell, einer walisischen Autoschiebervisage, dem man nicht in einer dunklen Gasse des Stahlarbeiterviertels von Swansea begegnen möchte. Auch Lemmy ist eine respekteinflößende Person. Jeder andere, der in Cowboystiefeln, Uniformjacke und preußischem Schwarzen Adler auf dem Westernhut durch Neukölln gelaufen wäre, wäre nach zehn Minuten Opfer migrationshintergründlerischjugendlichen Schabernacks geworden. Lemmy ist kein gewalttätiger Mensch. Trotzdem ist er der einzige Brite, der im Pub nach elf noch etwas zu trinken bekommt, weil sich niemand traut, ihm zu sagen, dass der Laden jetzt zumacht.

Und dieser Lemmy Kilmister stand vor mir, reichte mir eine Flasche Jack Daniel's und sagte: »Drink!«

Den Anordnungen des Personals ist Folge zu leisten.

»Thanks«, sagte ich, nahm einen Schluck und reichte die Flasche an Karl weiter. Der nahm auch einen Schluck und gab die Flasche Lemmy zurück. Lemmy aber sagte: »Keep it«, griff in einen Karton, der neben dem Flipperautomaten stand, und holte zwei weitere Flaschen Jack Daniel's hervor, öffnete beide, gab mir eine und behielt die andere für sich. Jetzt hatte jeder eine Flasche in der Hand.

Was redet man mit Lemmy Kilmister? Na, auch im Black Death? Und was machst du so? Ach, da bist du bestimmt viel unterwegs. Aber kann man denn davon leben? Wirklich! Na, das ist doch toll, wenn man sein Hobby zum Beruf gemacht hat.

Karl hatte da weniger Bedenken.

»Are you a frequent guest here?«

»Actually, I live here«, sagte Lemmy. »They keep me locked in this bar. I'm something like the mascot. And all I got to do is play pinball and drink Jack and Coke. It's paradise, man. Absolute fucking bliss!«

Karl lächelte.

»You're a musician, I guess.«

»You're a fucking genius, man. How did you guess that?«

»Just intuition. What's the name of your band?«

Oh nein! Man fragt doch nicht den Papst nach seiner Konfession.

»Take That«, sagte Lemmy. »I'm playing bass with Take That when they are on tour.«

»You're kidding!«

»I am. Actually, my band is called ›Adolf and the Hitlers‹. I am Adolf and the other guys are all called Hitler. You know, like the Ramones. We have Alois Hitler on the lead guitar, Gerhard Hitler on rhythm guitar and John Roy Fitzgerald-Hitler is playing the saxophone.«

Karl lachte.

»Fitzgerald-Hitler?«, sagte er. »That's the Irish branch of the Hitlers?«

»You got it, man.«

»I thought the Irish branch of the Hitlers is called O'Hitler.«

»O'Hitler?«

»Yeah, you know, like Walt Whitman: O Hitler, my Hitler.«

Lemmy lachte.

»And then there's the drummer, he is German. His name is Heinrich Himmler, so actually the name of the band is ›Adolf and the Hitlers featuring the incredible Heinrich Himmler on drums‹. Harharhar!«

Wir nahmen alle einen Schluck aus unseren Jack-Daniels-Flaschen.

»Motörhead«, sagte ich. »His band is called Motörhead.«

»Oh, come on«, sagte Lemmy. »Don't tell him. He thought I was Robbie Williams. You can't disappoint him like that!«

»Oh, yes, Motörhead«, sagte Karl. »Of course I know you. The ugliest band in the world.«

Hat er das wirklich gerade gesagt? Verdammt, jetzt kriegt er gleich von Mr. Kilmister eine reingezimmert. Sicherheitsdienst! Klaus! Pfefferspray! Lemmy sagte keinen Ton, sondern guckte nur.

»Sorry«, sagte Karl. »Do you mind if I call you guys the ugliest band in the world?«

»No, it's obvious«, sagte Lemmy und lachte eine heisere Lache.

Das war gerade nochmal gutgegangen. Karl hatte noch weiteren Quatsch auf Lager, der Lemmy zu gefallen schien.

Aus Verlegenheit hatte ich immer wieder an meiner Whiskeyflasche genippt und war schon nach zwanzig Minuten ziemlich knülle. Ich setzte mich an die Bar, bestellte eine Cola zum Herunterkommen und guckte mir die Leute im Laden an.

Im Fenster tanzten drei Mädchen mit viel Beingewerfe und Kopfgeschwinge zur Musik. Sie waren angezogen, als kämen sie gerade von der Arbeit auf der Oranienburger Straße. Gut möglich, dass sie zu Lemmys Tross gehörten. Wahrscheinlich steht so etwas in seiner Cateringanweisung:

»Immer anwesend sein müssen: ein Flipperautomat, zwei Spielautomaten, eine Kiste Jack Daniel's, eine Kiste Cola, eine Zwölferpackung Durex-Kondome Extra Strong und drei Mädchen unter dreißig in Minirock und Strapsen, die auf Anweisung zu tanzen haben.«

Mitten im Raum standen zwei jugendliche Leichtmetaller: straßenköterblonde Haare, Mittelscheitel, Bartflaum, Jeansweste mit Aufnähern und Blind-Guardian-T-Shirt. Wenn man einen richtigen Rock 'n' Roller von einem Tolkien-Leser mit Hang zum Nebligen unterscheiden will, ist das Blind-Guardian-T-Shirt ein guter Indikator. Blind Guardian hat nichts mit Heavy Metal oder Rock 'n' Roll zu tun, sondern liefert nur die Begleitmusik für Rollenspieler, Fantasycomicleser und Jugendliche, die gern Met aus Trinkhörnern trinken. Wahrscheinlich hießen sie Christoph und Sebastian und besuchten eine Realschule in Reinickendorf.

»Da hinten steht der Sänger von Motörhead.«

»Wovon? Der Sänger wovon?«

»Von Motörhead.«

»Hab ich nie gehört.«

»Blind Guardian haben mal für die als Vorband gespielt.«

»Echt? Boah, krass!«

»Komm, wir gehen da jetzt hin.«

»Nee! Wir können doch nicht einfach da hingehen. Guck mal, der unterhält sich gerade.«

Das genaue Gegenteil von Karl, der immer noch bei Lemmy stand und sich mit ihm unterhielt, als wären sie alte Freunde. Ab und zu lachten beide oder stießen an.

Vier aufgedonnerte Mitteschnitten mit Sonnenbrillen in den Haaren, Glitzer im Gesicht und Stiefel bis unters Knie kamen in den Laden gehühnert und begrüßten einen der tätowierten Kellner mit Küsschen. Was soll das? Sind wir hier in München? Sie stellten sich an die Bar und bekamen sofort vier Gläser Sekt serviert. Rock 'n' Roll sieht anders aus. Einst war ich in einer Frankfurter Stehkneipe für das Bestellen einer Cola fast mit Hausverbot belegt worden: »Tuntenwasser gibts hier net! Du trinkst Bier, Arschloch!«

An einem Tisch saß einer der Söhne von Uwe Ochsenknecht mit diesem beknackten Vornamen und unterhielt sich mit anderen, hässlichen Menschen.

Lemmy und Karl spielten nun zusammen Flipper, Lemmy am rechten Knopf, Karl am linken.

Anna kam mit einem Tablett Bier vorbei und stellte mir eines vor die Nase.

»Da! Beste Empfehlungen vom Haus.«

»Oh, danke! Sag mal, was macht denn Lemmy bei euch?«

»Ach, der kommt ab und zu her, wenn er in Europa spielt und ein paar Tage frei hat. Ist ein großer Berlinfan.«

»Und ihr seid so eng miteinander?«

»Na ja, was heißt eng? Du kennst mich doch. Wenn hier jemand öfter kommt, dann kann ich an dem ja nicht einfach vorbeigehen.«

Das stimmte. Mit Anna konnte man schnell warm werden. Sobald sie jemanden öfter als drei Mal gesehen hatte, wurde er zu Begrüßung und Abschied umarmt. Gegen die Krankheit der Großstadt, die vorauseilende Unfreundlichkeit, schien sie immun zu sein.

Wenn man sie aber länger oder besser kannte, lag die Sache anscheinend anders. Über alles, was sie mehr beschäftigte als eine seichte Partybekanntschaft, schien sie ungern zu reden, siehe die Marcos und Flos. Kneipenstorys oder Sexunfälle: kein Problem. Aber vor ihrem Gefühlsreaktor standen ein »No Trespassing«-Schild, zwei schwerbewaffnete Wächter mit dem steinharten Blick russischer Söldner und vier Pitbulls. Was dahinter passierte, war Firmengeheimnis. Mich ging es ja im Prinzip nichts an. Dass aber auch diejenigen, die es sehr viel anging, an Annas Hochsicherheitszaun scheiterten, machte mich stutzig. Nun gut, solange sie mich noch leiden konnte, war ich zufrieden. Außerdem wollte ich ja nicht mehr, als nett mit ihr zusammenwohnen.

Lemmy war zwar kein ganz so herzlicher Typ, aber sicher jemand, der sich in Gesellschaft besser fühlte als alleine. Alle Kneipenbesitzer, Techniker oder Konzertveranstalter, die irgendwann mal irgendetwas mit Lemmy zu tun gehabt hatten, erzählten die gleichen Geschichten: Lemmy war da, wir haben noch gesoffen und Billard gespielt. Einzige Abweichung: Manchmal war es Dart oder Kicker. Nie hatte ich von irgendjemandem gehört: »Ja, dieser Kilmister war auch da. Der wollte aber mit niemandem reden und ist dann auch ziemlich schnell wieder ins Hotel zurück.« Wenn Lemmy sich absetzt, dann nur ins Casino oder in den Puff.

Als ich das Bier ausgetrunken hatte, ging ich wieder zu Karl und Lemmy an den Flipperautomaten. Anscheinend waren sie gerade in eine Diskussion vertieft.

»Naah«, sagte Lemmy. »That Bakunin guy was just another crazy bastard. He thought he knew the truth. Nobody knows what the truth actually is. And nobody needs that crazy theoretical shit. That's not what anarchism is about.«

Lemmy sah mich an.

»Now guys, do you want to go for a ride? I have a car waiting outside.«

Das lehnt man nicht ab. Wir verabschiedeten uns von Anna, die uns viel Spaß wünschte.

Vor der Tür stiegen wir in eine weiße Stretchlimousine, in der bereits ein blonder, langhaariger Bodybuildertyp saß, der sich uns als Michael vorstellte. Manager, Drogenbeschaffer oder Bodyguard, keine Ahnung.

»Go«, bellte Lemmy dem Fahrer zu.

»Where are we going?«, fragte ich.

»We're going to the Arbeitsamt. You should get a job, you lousy, stinking, useless bum. Harharhar!«

»I have a job. I'm a tour guide.«

»That's not a job, that's a punishment. Why do you do that? Got busted with dope? Community service?«

»You got to have a job. I have to pay my rent.«

»Look at me, I never had a job in my whole life.«

»And you never paid rent?«

»Right! I always left town before the landlord could get me.«

Der Bodyguard drückte uns Gläser in die Hand und schenkte uns ein. Noch mehr Whiskey? Karl verteilte Zigaretten. Der Bodyguard legte sich ein Tablett auf den Schoß und begann, auf einem Spiegel Lines zu legen.

»Now, who wants some?«

Karl und ich lehnten höflich ab.

»Never mind«, sagte der Bodyguard, zog sich die erste Line in die Nase und gab Spiegel und Röhrchen an Lemmy weiter.

Draußen fuhr eine Horde Mittelschichtshedonisten auf einem Bierbike. Sie grölten laut, als unsere Limousine sie überholte.

»What the hell is this?«, fragte der Bodyguard.

»It's a bar on wheels«, sagte ich. »It's like a bike for ten people and it's got a tap in the middle. You sit there pedaling and have a beer.«

»Crazy shit!«, sagte er. »What do you Germans invent next? Drinking beer while bungee jumping?«

»Aaahahaharrr!«, grunzte Lemmy und wischte sich die Kokskrümel aus dem Bart.

Wir kamen am Potsdamer Platz an, der Wagen hielt vor der Spielbank. Hätte ich mir ja auch denken können. Vier besoffene Typen in abgerissenen Straßenklamotten wollen ins Casino, und einer der Typen ist Lemmy Kilmister. Wie das enden würde, wusste ich schon. Am Eingang würde uns ein Concierge mit spitzfreundlichen Sätzen zurückweisen:

»Ich halte es für besser, wenn die Herrschaften gleich wieder verschwinden.«

»Entschuldigung, aber wir sind mit Lemmy Kilmister hier, den kennen Sie doch bestimmt. Ist ein VIP.«

»Ach was! Wer VIP ist, bestimme immer noch ich. Und Sie verlassen jetzt das Gebäude, sonst müssen wir Ihnen raushelfen.«

»Is there a problem?«, sagt der Bodyguard. »This is Lemmy Kilmister, we are his friends and we're gonna get in there and play some Black Jack now. Try and stop us.«

»Sicherheitsdienst zum Eingang!«, spricht der Concierge ins Revers seines weinroten Zweireihers, und schon kommen zwei Lichtenberger Stiernacken in Uniform durch die Tür. Jetzt gibt es hier Ärger. Ohne lange Erwägungen greift der Bodyguard einen der Rausschmeißer am Kragen und holt aus. Zwei Minuten später ist der Boden voller Blut.

Das alles passierte natürlich nicht.

»Mister Kilmister«, rief der Concierge hocherfreut, als wir zur Tür hereinkamen. »We are glad to have you here again. How are you, Sir? Still on tour with Motörhead?«

»Naa«, hustete Lemmy. »I'm not with Motörhead anymore. I'm playing the harmonica in Justin Bieber's band now. Harharhar!«

»What a delightful joke!«, schleimte der Concierge. »May I help your friends to a jacket? I'm sure we'll find something suitable.«

Wenn man so viel Geld im Casino gelassen hat wie Lemmy, wird man an der Tür nicht abgewiesen, sondern eingekleidet. Lemmys Uniformjacke zählte als Jackettersatz, der Rest bekam Hemden und schlechtsitzende Leihsakkos verpasst.

Wir traten durch die Tür, und Lemmy ging stramm auf die Automaten zu. Als er sich setzte, tauchte sofort ein Kellner auf und stellte ihm einen Aschenbecher hin. Lemmy bestellte Bier für alle und Münzen für hundert Euro, kramte aber schon mal etwas Kleingeld aus seinen Taschen und fing an zu spielen.

»Do you know how these things work?«, fragte Karl.

»Kind of«, sagte Lemmy.

»Is there a system to it?«

»Dunno.«

»What do you have to do? How does it work?«

»Just press the buttons.«

Er war im Spielmodus. Do not disturb.

Der Bodyguard zog einen Joint aus der Jackentasche und zündete ihn an. Wenn man so viel Geld wie Lemmy im Casino gelassen hatte, durfte man da auch kiffen. Ob sie ihm später auch einen Eimer hinstellten, damit er nicht aufs Klo gehen musste?

Der Joint ging rum, das Bier ging runter. Karl und ich zuckten die Achseln.

»Ich geh mal zum Black Jack«, sagte er.

»Und ich geh mal zum Roulette.«

Die Roulettetische befanden sich in einem abgetrennten Bereich, für den man noch extra Eintritt zahlen musste. Zwar hieß es Casino Royal, aber das Jackettgebot wurde hier anscheinend doch nicht so streng ausgelegt, wie ich es zu Beginn vermutet hatte.

Ein Weddinger Styletürke trug einfach eine Kunstlederjacke, die einen ähnlichen Schnitt wie ein Jackett hatte. Ein bärtiger, dünner Mann, Typ spielsüchtiger Lehrer, trug offensichtlich den Konfirmationsanzug seines Sohnes und lief den ganzen Abend mit verdrehter Krawatte herum, ohne es zu bemerken.

Hier wurde es ernst. Asiaten saßen am Roulettetisch und verteilten Jetons, als spielten sie um ihr Leben. Hektische Schwerstspieler notierten jede geworfene Zahl und setzten dann plötzlich einen vierstelligen Betrag. Am Tisch mit Mindesteinsatz zehn Euro saß ein arabischer Großkrimineller mit Riesenschnauzbart, der die Croupiers duzte und mit der Faust auf den Tisch donnerte, wenn er verlor. Ein dreißigjähriger Gesichtswichser, Typ Architekt oder Kunstmanager, vielleicht aber auch Erbe einer Industriellenfamilie, ließ sich für zehntausend Euro Jetons in einem Zähler bringen. Achtzehnjährige Mädchen im Abiballkleid schnatterten und kicherten hinter ihren Caipirinhas und wurden vom Croupier angebasst: »Mal bisschen Ruhe hier bitte, der Onkel muss arbeiten!«

Ab und zu ist auch mal was egal, dachte ich. Wenn ich hier schon unterwegs bin, spiele ich auch. Die Casinobetreiber waren kaufmännisch so geschickt, dass sie im Casino Royal einen Geldautomaten hatten aufstellen lassen, an dem ich mir fünfzig Euro zog. Zwanzig hatte ich noch in der Tasche. Ich tauschte alles gegen kleine Jetons, spielte ein bisschen einfache Chancen und hatte nach einer halben Stunde schon fünfzig Euro gewonnen, mit denen ich die mehrfachen Chancen spielte. Um mich herum bellten die Profispieler ihre Ansagen und die Croupiers ihre Antworten:

»Sechzehn, zwei, zwei und Transversale vierunddreißig-sechsunddreißig.«

»Fünfzig auf Zerospiel.«

»Wem gehört dieser?«

»Louis auf Carré sieben-elf.«

»Stück für Sie.«

»Danke für die Angestellten!«

»Die Hand wechselt.«

»Alles bezahlt, bitte das Spiel zu machen.«

Ein Stuhl wurde frei, und ich setzte mich zwischen eine ältere Dame und einen Chinesen, der Chips setzte, als hätte man ihm gesagt, es sei gut für die Potenz.

Ich setzte, als verstünde ich, was ich da tat. Die Kugel rollte. *Klackerdiklack*. Achtung!

»Achtundzwanzig, noir, pair, passe.«

Verdammt.

Warten. Setzen. Kugelrollen. *Klackerdiklack*.

»Vierzehn, rouge, pair, manque.«

Yeah, vierzig Euro! Ausatmen.

Warten. Setzen. Kugelrollen. *Klackerdiklack*.

»Achtzehn, rouge, pair, manque.«

Ach Scheiße, verfluchte!

Aufregung, setzen, nachdenken und Bier trinken. Wofür brauchte Lemmy eigentlich Koks? Das war hier doch schon aufreibend genug.

Nach einer halben Stunde lehnte ich mich zurück und atmete durch. Die Ecke des Raumes drehte sich. Ich hätte nicht die ganze Zeit in den Kessel starren sollen. Als ich vom Tisch aufstand, machte die Welt einen Ruck. Das war nicht gesund.

Ich ging wieder zu Lemmy und dem Bodyguard. Sie saßen immer noch schweigend an den Automaten, rauchten eine nach der anderen und kippten Jack and Coke in sich hinein. Was sollte an einem Spiel Spaß machen, das quasi von alleine lief und man selbst nur zugucken durfte. Wo war hier die Interaktion?

Karl kam mir entgegen.

»Hey, ich hab gerade hundert Euro beim Black Jack gewonnen. Komm, wir trinken einen.«

»Karl, ich hab schon ziemlich... Also, ich kann eigentlich nichts mehr...«

»Och kooomm«, sagte er. »Einen kleinen.«

»Aber nur einen Schnaps«, sagte ich.

Wir bestellten zwei Wodka und stießen an. Karl kam ins Reden.

»Weißte... könnte mir auch gefallen... Berlin oder Hamburg... bald mal eine Auszeit nehmen... oder Thüringen... Freundin endlich fertigstudiert hat, mit dem Triumph... kann ich mich ja zur Not mit Glücksspiel durchschlagen, hahaha.«

Wovon redete er?

»Hrrrl«, sagte ich, wenn er kurz innehielt und mich ansah.

»Und sowieso... warum soll ich denn... hat doch schließlich immer... mir da zum Glück keine Gedanken... kann ich ja immer noch.«

»Hrrrl.«

»Hach, ist das schön«, sagte er schließlich. »Das ist doch toll, oder? Ich bin gerade sehr zufrieden.«

»Hrrrl«, sagte ich mit nur noch halboffenen Augen.

»Hey, geht's dir gut?«

»Ich muss gehen.«

Ich konnte kaum noch reden. Ich muss nach Hause,

dachte ich. Aber ich muss Lemmy noch tschüss sagen. Das gehört sich nicht, einfach so zu gehen.

Meine Beine mussten Gehbewegungen gemacht haben, denn der Automat, hinter dem Lemmy saß, kam immer näher. *Bumm!* Jetzt war ich dagegengelaufen.

Lemmy brabbelte etwas, das ich nicht verstand.

»Lemmy, I'm leavin'. It wassa pleasure to meetchou. Thags very buch.«

Lemmy antwortete irgendetwas und sah mich an. War das eine Frage? Sollte ich antworten?

»I'm leavin'«, sagte ich wieder. »Thanks for spenning se night vis us.«

Lemmy hob eine Hand. Was jetzt? Handschütteln? Winken? Umarmen? Ich machte einen Schritt auf ihn zu, rutschte aus und riss im Fallen seinen Becher mit den Euromünzen mit. Sie kullerten über den Boden, ich lag neben dem Automaten auf dem Teppich.

»Whahabba dadey«, sagte Lemmy, der über mir stand.

Hä?

»Whahabba hoho fohou-seddetäng, knowhamsayin?«

Komischer alter Brite, was faselst du denn da?

Ich rappelte mich wieder hoch. Lemmy streckte mir eine Faust waagerecht entgegen. Was sollte denn das jetzt wieder? Ach so, dagegenhauen.

Bumm.

Danke, tschüss.

Sofort setzte er sich wieder und daddelte weiter.

»Schüss, Karl.«

»Hey, tschüss, Mann!«, sagte er und umarmte mich. »Vielleicht sehen wir uns mal wieder. Ich weiß ja jetzt, wo ich dich finde.«

»Facebook«, lallte ich.

Als ich aus der Tür ging, rief mir der Concierge hinterher:

»Hey, das Jackett bleibt aber hier, junger Mann.«

Junger Mann, junger Mann. Mit Lemmy war man noch »Sir«, jetzt war ich wieder nur noch »junger Mann«. Schiebt euch das sonst wo hin, ihr Schleimer. Ich bin fast dreißig, trotzdem mache ich einen Nebenjob als Hauptjob, wohne immer noch in einer siffigen Wohngemeinschaft, und wenn ich mir ein Abendessen für sieben Euro leiste, ist das schon Luxus. Bald werde ich arbeitslos sein, keine Aussichten haben und eine dieser Spielbankgestalten werden. Geld von meinen Eltern geklaut, Auto meiner Schwester zu Schrott gefahren, Frau des Nachbarn gebumst. Aber Schuld sind immer alle anderen.

»Bitte sehr, mittelalter Mann«, lallte ich und reichte ihm das Jackett. »Schüss!«

»Auf Wiedersehen und guten Abend!«

Der Tag danach

Am nächsten Tag wachte ich mit einem furchtbaren Schädel auf. Halb zehn. Scheiße, ich musste los. Ich sprang in meine noch nach Rauch stinkenden Klamotten und schwang mich aufs Fahrrad. Beim Bäcker trank ich noch einen schnellen Kaffee und aß ein Schokocroissant, damit ich wenigstens schon etwas im Magen hatte und halbwegs betriebsbereit war. Als ich am Palast vom Fahrrad stieg, fühlte ich mich, als wäre ich aus Gummi. Ich schwitzte, mir war schwindelig. Mein Kopf war eine viertelvolle Bierflasche mit darin schwimmenden Zigarettenstummeln, auf die die Sonne donnerte und die Suppe zum Gären brachte. Mehr wackelnd als gehend legte ich die letzten Meter zum Schiff zurück. Es war halb elf. Der Bootsmann, dessen Namen ich immer noch nicht kannte, hatte schon losgemacht und wollte gerade den Steg einholen.

»Mensch, wo bleibst denn du, Alter?«, rief er, als er mich sah. Dabei klatschte er in die Hände, als wolle er eine Horde Grundschüler zum schnellen Überqueren einer Ampel mit kurzer Grünphase auffordern. »Nu mach hinne, wir legen ab.«

Ich stammelte ein paar Entschuldigungen hin und ging an Bord. Zum Glück hatten die Kollegen das Mikrofon schon angestöpselt. Ich hetzte auf meinen Platz und begann völlig außer Atem mit meiner Begrüßung.

»Guten Tag, meine Damunterrn. Herzlich willkommen an Bord unseres ...«

Die Welt machte einen Schlenker. Oh Gott! Wasser!

Ein Gast in der ersten Reihe grinste mich an:

»Na? Gerade aufgestanden?«

»Nee. Ich komme gerade von meinem Nachtjob.«

Habe ich das gesagt? Der Tourist machte ein Gesicht, als wollte er sagen: »Oh, das nenne ich Einsatz, junger Mann.«

»Herzlich willkommen an Bord. Ich darf Sie zu Anfang bitten sitzen zu bleiben. Wir passieren ein paar sehr hohe Brücken, und da wäre es doch schade, wenn Sie sich den Kopf stoßen würden.«

Irgendjemand kicherte.

»Habe ich hohe Brücken gesagt? Niedrige meine ich. Wir passieren ein paar niedrige Brücken, also Vorsicht mit dem Kopf, ja?«

Noch mehr Gekicher.

»La'sangentlemen, please stay seated. We will pass some very low bridges an' I don' wan' you to hurt yourselves. Sangyou.«

Wie sollte ich das aushalten?

»Links das Nikolaiviertel. Es ist 368 Meter hoch und dreht sich zwei Mal pro Stunde ... Quatsch! Äh ... hier wurde Berlin gegründet, und zwar im Jahr ...«

Konzentrier dich, verflucht!

»Im Jahr 1237. Nee, also ... das ist ein bisschen kompliziert. Rechts ist Cölln, das wurde 1237 erstmals urkundlich erwähnt. Links ist Berlin, erste Erwähnung 1244. Später hat man dann beides zusammengelegt, deswegen halt 1237. Klar?«

»Köln, wieso denn Köln?«, sagte jemand.

»Nein, das stimmt wirklich. Cölln. Mit C und Doppel-L. Das hieß so. Echt jetzt.«

Vor der Mühlendammschleuse wendete das Schiff. Nein! Bitte nicht drehen! Ich nahm die Hand vor die Augen, sah nach unten und musste mich sehr darauf konzentrieren, mich nicht aufs Deck zu erbrechen. Einatmen – ausatmen!

Am Palast ratterte der Abriss. Müsst ihr ausgerechnet heute so einen Lärm machen? Ihr hattet doch den ganzen Sommer dafür Zeit.

Wir unterquerten die Friedrichstraße. Was kam eigentlich an dieser Stelle? Was steht hier nochmal rum? Oh, diese Sonne, furchtbar steigt sie mir empor! Ach ja!

»Rechts das Berliner Ensemble. Hier hat Brecht gearbeitet. Dreigroschenoper und so. Das war hier. On the right Berliner Ensemble. This was Bertolt Brecht's theatre. You know Bertolt Brecht, Dreigroschenoper and stuff... äh... you know? And the Mäckie has a Messer... a knife. The Mäckie has a knife. And the shark has teeth in his face.«

Ein paar Gäste fingen an zu tuscheln.

Und jetzt? Was kam jetzt? Die Touristen sahen mich erwartungsvoll an. Ich musste irgendetwas sagen. Ich sah mich um:

»Rechts sehen Sie typische DDR-Plattenbauten. On the right, the typical GDR panel construction buildings. Very cheap and not really beautiful.«

Ein paar Gäste machten Fotos. Puh, das hat geklappt.

Mit jedem Satz wurde mir noch deutlicher bewusst, wie zerstört ich war. Wie konnte es so weit kommen? Lemmy trank am Tag dreimal so viel wie ich gestern und machte dann abends einen Höllenlärm auf der Bühne. Der musste Nerven aus Stahlseilen haben und einen Schädel aus Beton. Ich strauchelte schon bei einmal Black Death und einmal Casino. Dabei war ja nicht mal etwas Besonderes passiert, keine Frauen, keine abgefahrenen Drogen, kein Erwachen in der Ausnüchterungszelle, sogar Schlaf hatte ich noch bekommen. Aber ich entstammte eben der westdeutschen Mittelschicht und Lemmy der britischen Working Class. Er hatte in den untersten Pubs im finstersten Britannien sein Handwerk gelernt. Ich war mit anderen Gymnasiasten im Elfer gewesen und hatte um zwölf zu Hause sein müssen. Das prägt. Du kannst noch so oft in der Eckkneipe den einfachen Mann aus dem Volk gespielt haben, deine Flötenstunden kriegst du nicht vom Arsch.

Wir fuhren in den Tiergarten.

»Vorne das Schloss Bellevue, der Sitz des Bundespräsidenten. Ein Bau, der ursprünglich ...«

Der Kapitän begann wieder mit dem Wendemanöver. Das halte ich nicht aus.

»Also, ein Bau aus dem achtzehnten Jahrhundert. Wir werden gleich eine kurze Pause einlegen«, stammelte ich, legte das Mirkofon zur Seite, rannte nach hinten und stolperte die Treppe hinunter. Bitte, lass das Klo frei sein. Gott sei Dank! Ich ging hinein, schmiss die Tür zu, beugte mich über die Schüssel, und schon ergoss sich ein erster Schwall halbverdauten Frühstücks in die Toilette. *Ha-Wuäääätsch!* Mir platzt der Kopf. Achtung! *Ha-Wuäääätsch!* Pause. Atmen. Noch einer: *Ha-Wuäääätsch!* Jemand drückte die Klinke.

»Besetzt!«, brüllte ich.

Ha-Wuäääätsch! Pause. Atmen. *Ha-Wuäääätsch!*

War es vorbei?

Nein: *Ha-Wuurrllggh*

Leer.

Schwer atmend hing ich über der Schüssel. Wie sah ich aus? Hatte ich mich besudelt? Kniete ich in den Hinterlassenschaften anderer Herrschaften? Ich zog mich hoch, wusch mir Hände und Gesicht und fühlte mich schon etwas besser. Ich hatte kaum Spritzer auf dem Hemd, und meine Hose war noch völlig sauber. Ich musste raus, gleich ging es weiter. Mit Klopapier wischte ich das Gröbste vom Schüsselrand, spülte und richtete meine Kleidung. Und weiter ging es, ich war hier ja schließlich »auf Arbeit«.

Vor der Tür stand ein Herr:

»Was machen Sie denn da drin?«

»Essen Sie niemals beim Discount Döner auf der Greifswalder Straße«, sagte ich. »Erst recht nicht zum Frühstück.«

»Hatte ich nicht vor«, sagte der Herr und betrat die Toilette.

»Ach du liebe Zeit«, hörte ich noch vom Inneren der Toilette, als ich schon auf dem Weg nach oben war.

Ich brachte die Tour mit Mühe und Not zu Ende und schleppte mich an den Ausgang. Auf der Treppe rutschte ich aus, schlug mir den Fußknöchel an einer Stahlstufe an.

»Arrgh! Verflucht!«

Es tat höllisch weh. Auch das noch!

Mit dem Schmerz im Gesicht humpelte ich leise fluchend zum Ausgang. Super! Ich sah aus wie ein Flaschensammler, stank wie die Kampftrinker vom Boxhagener Platz und humpelte wie ein frühpensionierter Hausmeister. Das war nicht der Zustand, in dem man arbeiten sollte.

Ein paar Euros bekam ich trotzdem zusammen. Als alle von Bord waren, griff ich zu meinem Telefon und rief Matthias an.

Tuut.

»Ja?«

»Hallo Matze, hier ist Tilman.«

»Ach kieke, der Kollege!«

»Ja, genau. Hömma, ich bin hier gerade aufm Dampfer.«

»Wo bist du?«

»Auf dem Schiff. Mir gehts grad ganz beschissen, ich glaub, ich bin krank. Meinst du, du könntest mich vertreten?«

»Hm...«

Bitte sag ja, Mann! Sag schon ja!

»Also...«

Heilige Maria, Mutter Gottes, lass ihn ja sagen!

»Ich bin hier noch in der Uni, aber ich muss nur schnell noch was kopieren, und dann könnte ich eigentlich.«

Preiset den Herrn!

»Das wär echt super. Mir gehts echt nicht gut.«

»Was haste denn?«

»Irgendwie so Magen-Darm oder so. Ich hab erst gedacht, das geht schon, aber ich hab jetzt eine Tour gemacht und gemerkt: Das geht gar nicht.«

»Oh, dit is natürlich nich so supi, wenn du dauernd kotzen musst, wa. Einfach aufstehn und über Bord kotzen und dann weitererklärn, wa. Da kannste das Trinkgeld vergessen.«

»Wann kannst du denn hier sein?«

»Wo biste?«

»Palast.«

»Na ja... halbe, drei viertel Stunde.«

»O.k. Dann mach ich noch eine Tour. Dann komm doch um eins.«

»Alles klar, so machen wir das.«

»Super. Danke, Mann. Du rettest mir den Arsch.«

»Keen Problem, Alta.«

»Bis nachher!«

»Jo. Tschö mit ö.«

Klick.

Ich setzte mich für eine Viertelstunde auf eine Bank in den Schatten, trank vorsichtige Schlucke aus meiner Wasserflasche und warf mir noch ein Halsbonbon ein. Weiter ging es. Eine Tour noch, dann konnte ich nach Hause. Ich würde überhaupt nie wieder Alkohol trinken.

»Herzlich Willkommen an Bord, meine ...« Durchatmen ... durchatmen ...

»Damen und Herren«, sagte der Mann in der ersten Reihe.

»Genau. Damen und Herren. Mein Name ist Tilman, und ich bin für die nächste Stunde Ihr Erklärer. Stadterklärer. Bild. Na, Ihr Fremdenführer halt, Sie verstehen schon. Das mit dem Erklärer war eine DDR-Erfindung, weil die das Wort Führer nicht mehr hören wollten. Wenn ich Führer sage, wissen Sie aber, was für eine Art Führer ich meine, nicht wahr. Also nicht so autoritär und so, sondern einfach nur Fremdenführer. Erklärer halt.«

Was redete ich da für einen Stuss zusammen? Leere Gesichter sahen mich an.

»Welcome on board, ladies and gentlemen, my name is Tilman and I will be your ...«

Verdammt. Was bin ich auf Englisch?

»Äh ... your Führer for the next hour.«

Lautes Gelächter in den hinteren Reihen. Shit!

Diese Tour bekam ich ohne größere Ausfälle hin. Einmal habe ich statt Martin-Luther-Brücke Lartin-Mutter-Brücke gesagt, und die Kronprinzenbrücke hieß kurzzeitig Kurfürstenbrücke. Fiel eh keinem auf.

Als wir anlegten, stand Matze schon am Ufer. Ich ließ die Reihen an mir vorbeilaufen. Die üblichen Kleckerbeträge westdeutscher Kreissparkassenangestellter und Steuerberater fielen in meine Hände. Zwei kräftige Quadratschädel mit Stiernacken und roten Gesichtern kamen angewackelt. Zweifelsfrei Briten.

»Herre you arre, mein Fuehrer! Har, har!«, donnerte der eine, drückte mir fünfzig Cent in die Hand und schlug mir auf die Schulter. Der andere stellte sich vor mir auf und hielt die Hand auf:

»Papier, mein Fuehrer! Passierschein, mein Fuehrer!«
Was?
»Heil, mein Fuehrer. Har, har! Great job, mate!«
Ach so. Wahrscheinlich waren das die einzigen deutschen Sätze, die er kannte, aus alten britischen Kriegsfilmen gelernt. Aus Verlegenheit lachte ich mit.
»Thank you, guys. Thanks very much.«
Sie trollten sich, sagten noch ein paarmal »Mein Fuehrer« im Naziton und lachten laut.
»Was ist denn mit denen?«, fragte Matze.
»Keine Ahnung. Briten halt. Wahrscheinlich besoffen.«
»Excuse me!« Auf einmal stand eine kurze Amerikanerin neben uns. »Are you the guide?«
»Yes, madam, I am.«
»Did you just say that you are our Fuehrer?«, fragte sie.
»Sorry?«
»Did you say you were our Fuehrer? I don't think you are my Fuehrer.«
Oh nein! Jetzt bloß keinen Mist bauen.
»No. I was just... I... I forgot the English word for guide. I was a bit confused. Sorry.«
»You forgot a word so you just said Fuehrer instead? Do you think that's funny? It's not funny!«
»Was will die Olle?«, fragte Matze.
»Wart mal grad. No, it's not. I was only...«
»You know, I have relatives who died in Auschwitz and I don't want anyone to make fun of the Nazi crimes.«
Wieder Matze: »Was will die denn?«
»Keine Ahnung. Die hat irgendwie Verwandte in Auschwitz.«
»Na ja, jetze ja wohl nicht mehr«, sagte Matze.
»I'm sorry, I didn't want to inslut you... insult you, I mean. Sorry. I didn't want to insult you.«

Verdammter Mist! Jetzt war Oswiecim offen. Die Amerikanerin wurde sehr schnell sehr laut.

»Are you calling me a slut?«, krisch sie mit einer Stimme, die klang wie eine Flex, die auf rostigen Stahl trifft.

»No. Insult. Sorry. I didn't want to insult you!«

»You know, we should have bombed you fucking German bastards back to the stone age with your stupid German Nazicars and your fucking Oktoberfest and your terrible folk music. Fuck you! Go fuck yourself, you Nazi Fuehrer.«

Die Flex sprühte Funken.

»I'm sorry. You know, I was with Lemmy Kilmister last night and I had too much drink and…«

»You know what your crappy little country would be without the US? The smallest fucking little province in the Russian Empire! But you haven't changed. This is still a fucking Nazi country.«

»I'm sorry. I was…«

»Fuck you! Fuck you, mein Fuehrer.«

Sie spuckte vor mir auf den Boden und ging langen Schrittes davon. Ich schwitzte. Alle hatten die Szene mit angesehen. Kapitän Thomas, der namenlose Bootsmann, die Bedienung, die Kartenverkäuferin, deren Namen ich nicht kannte, Kollege Matze und zehn Touristen, die aufs Schiff wollten.

»Wat war denn mit die Olle los?«

»Keine Ahnung. Die war wegen irgendwas sauer.«

»Haste die beleidigt oder was? Haste irgendwie Sieg Heil gesagt oder so?«

»Ich sag doch nicht Sieg Heil.«

»Ja, eben.«

»Ja.«

Ich verabschiedete mich.

»Mensch, gut, dass du gehst«, sagte der namenlose Bootsmann.

Ich fuhr nach Hause und legte mich wieder ins Bett. Ich hatte erst mal vier Tage Pause. Die brauchte ich dringend.

Offensichtlich war ich nicht Lemmy Kilmister. Ich war nicht einmal Keith Richards. Ich würde auch in diesem Leben nicht mehr Lemmy Kilmister werden. Der Mittelschichts-Tilman spielt zwar gerne ein bisschen Rock 'n' Roll mit Alkohol, weichen Drogen und Leihjacketts. Aber am nächsten Tag geht er schön pünktlich zur Arbeit. Und dann meldet er sich krank.

Aber: Ich war auch nicht Roger Whittaker, und das musste ich auch gar nicht sein. Karl erlaubte sich auch noch mit Mitte vierzig, Spaß an Autos, Frauen, Bier und Rumhängen zu haben. Er war nie Chief Manager of Sonstwassing gewesen und war trotzdem nicht im Gefängnis. Eigentlich hatten wir das doch mal anders gelernt in unseren Vorstadthäusern: Wer seine Hausaufgaben nicht macht, bleibt sitzen. Wer sitzenbleibt, kriegt kein Abitur, sondern nur Arbeit auf dem Bau. Dann kommen Alkoholismus, Arbeitslosigkeit und viele zu Schrott gefahrene Autos. Guck dir den Sohn von Wolffs an, bei dem war es so. Das war genauso unumstößlich wie der Abstieg jedes Drogenkonsumenten. Einmal am Joint gezogen und zack: Crack, Heroin, AIDS und auf dem Bahnhofsklo gefunden werden. Wer aber seine Hausaufgaben machte, konnte später in den Urlaub nach Italien fahren. Hier Hölle, da Paradies. Wir Kinder vom Bahnhof Bullerbü.

Roland und die ganze »Fürn Lebenslauf«-Bagage hatte alles richtig gemacht. Herzlichen Glückwunsch, klebt euch ein Bienchen ans Revers! Und nehmt euch eine extra Unterhose mit! Ich kann zwar nicht ganz nackt gehen, weil ich nicht Lemmy Kilmister bin, aber wenn ich nass werde, hänge ich meine Klamotten eben zum Trocknen auf und lege mich daneben in die Sonne. Das wird schon gehen. Das haben schon ganz andere geschafft.

Wir kämpfen
dagegen an

Zufällig traf ich Maite in der U-Bahn, eine Bekannte aus Unizeiten. »Bekannte« ist ein ganz furchtbares Wort. Es bedeutet, dass man jemanden kennt, also auf der Straße erkennen und mit Namen ansprechen könnte, aber mehr auch nicht.* Als Kind hatte man keine Bekannten, sondern Freunde, mindestens aber Klassenkameraden. Eine Bekanntschaft ist uninteressiert, oberflächlich und überflüssig. Alles Kategorien, die es für Kinder nicht gibt.

Die Unibekanntschaften ließen sich in vier Arten einteilen. Am unteren Ende der Skala lag die Nullbekanntschaft: Ich weiß, wie du heißt, du weißt, wie ich heiße, wir wissen, woher wir uns kennen, aber wir ignorieren einander trotzdem. Ist auch nicht weiter schlimm.

Auf der zweiten Stufe folgte die sogenannte Nickbeziehung: Man war bekannt, hatte einander aber nichts zu sagen und nickte dem anderen deshalb nur im Vorbeigehen zu. Ich hab dich gesehen, du mich auch, danke. Zum Stehenbleiben und Reden reichte es dann eben doch nicht.

Die dritte Stufe war die Smalltalkbekanntschaft: Man sagte »Tach, wie geht's?« und redete etwas über dieses

---

* Manchmal war es aber auch eine Untertreibung oder ein Euphemismus. Einst hatte sich ein Freund aus einer Kneipengesellschaft mit den Worten verabschiedet: »Ich muss jetzt gehen, ich treff mich noch mit 'ner Bekannten.« Und jeder am Tisch wusste: Aha, der geht jetzt zu seiner Fickbeziehung. Mit Bekannten trifft man sich nicht, man trifft sie.

oder jenes Universitätsthema. Du warst doch auch in dem Seminar da. Haste da einen Schein gemacht? Ich wusste auch nicht genau, was der Dozent da wollte. Das Thema war aber auch so gar nicht meins.

Die vierte Stufe war schon fast eine Vorstufe zur Freundschaft. Hier konnte man es sich erlauben, mit seiner Meinung herauszurücken, und war sich sicher, dafür nicht schepp angesehen zu werden. Man lachte über den Professor, der es geschafft hatte, in neunzig Minuten über einhundertmal an jedem Satzende »sozusagen, nicht wahr« zu sagen (man hatte mal mitgezählt). Man lästerte über diesen und jenen Studenten, der ein Referat gehalten hatte, für das man ihn auf Lebenszeit von allen Hochschulen verbannen und höchstens noch auf einer zentralasiatischen Militärakademie zulassen sollte. Wenn man sich abends zufällig in einer Kneipe treffen würde, tränke man einen Schnaps zusammen, und wer weiß, was dann noch passieren würde.

Maite gehörte zur dritten Stufe. Wir waren uns nicht unsympathisch, hatten uns aber auch nicht besonders viel zu sagen. »She's a nice girl« hätte ein Amerikaner gesagt.

Ich war am Alexanderplatz in die U-Bahn gestiegen, alle Sitzplätze waren schon besetzt, und so stand ich zufällig neben Maite, die auf der Bank saß.

»Ach«, sagte sie, als sie mich erkannte.

»Ach, hallo«, antwortete ich.

»Na?«

»Na?«

Mit erfolgtem Abschluss war auch der Smalltalk schwieriger geworden, weil man nun ja nichts mehr hatte, was man teilen konnte, und für nostalgische »Weißt du noch«-Gespräche war das alles noch nicht lange genug her.

»Wo fährst du hin?«, fragte sie.

»Ich fahre nach Hause. Komm gerade von der Arbeit.«

»Ach, was machst du denn jetzt?«

Die Bahn war noch nicht einmal losgefahren, und wir hatten noch fünf Stationen zu versmalltalken.

»Ich bin in die Tourismusbranche eingestiegen.«

»Und was da genau?«

»Historische Fachberatung. Für eine Firma, die Stadtführungen anbietet.«

»Aha. Und was muss man da so machen?«

Mann, war das langweilig!

»Na, es gibt zum Beispiel ungeklärte Fragen, was bestimmte Gebäude angeht. Zum Beispiel: Wessen Kopf ist das auf der rechten Durchfahrt an der nordöstlichen Seite der Moltkebrücke? Die einen sagen, das ist Athene, die anderen sagen Alexander der Große. Da muss man dann halt ins Archiv gehen und schauen, ob man noch Dokumente darüber findet. Man kann ja nicht nach Bildern googeln und dann die Gesichter vergleichen.«

»Ja, nee. Das stimmt. Aber ist ja schon interessant, ne.«

»Ja, find ich auch.«

»Ja.«

Pause.

»Kennst du dich dann auch mit diesen ganzen Plattenbausystemen aus, die in der ehemaligen DDR gebaut wurden?«

Autsch! Das stach mich in der Großhirnrinde. Eigentlich hätte ich sie jetzt darüber aufklären sollen, dass in der ehemaligen DDR keine Plattenbauten gebaut, sondern abgerissen wurden. Gebaut wurden sie in der DDR, und zwar zu einem Zeitpunkt, als sie noch ganz und gar nicht ehemalig war. John Cleese lehrt uns, dass ein Papagei erst mit seinem Ableben zum Expapagei wird. Wer »ehemalige DDR« sagt, sagt auch »Lesbierin« und »Farbiger«.

»Äh, ja. Doch. Schon. WBS 70 und so. Da kenn ich mich auch ein bisschen aus«, sagte ich stattdessen.

»Aha.«

Pause.

Eigentlich hätte ich jetzt fragen müssen, was sie »jetzt so« machte, hatte aber weder Lust noch Interesse. Üblicherweise bot ich den Bekannten in solchen Fällen ein Stück meiner Zeitung an. Da! Lies und schweig! Die Zeitung hatte ich aber am Morgen schon ausgelesen und weggeschmissen.

»Du, ich hab nächste Woche Geburtstag«, sagte Maite. »Ich feiere da in so einem Club. Vielleicht hast du ja Lust zu kommen.«

Sie wühlte in ihrer Tasche herum und gab mir einen Flyer.

»Mein Freund und ich haben den ganzen Club gemietet. Du bist willkommen, kannst auch gerne noch eine Freundin mitbringen, das soll eine riesige Party werden. Da ist allerdings Abendgarderobe angesagt, ist ein bisschen schicker.«

Wenn ihr Freund der Typ war, den ich ein oder zwei Mal gesehen hatte, wie er mit seinem Auto vor der Uni stand und sie abholte, dann war er ein kurzer, etwas aufgeregter Businesstyp. Vielleicht hatte er etwas mit IT oder Immobilien zu tun, vielleicht aber auch nur mit »Projekten«. Ob er es sich leisten konnte, für die Geburtstagsfeier seiner Freundin einen ganzen Club anzumieten, konnte ich nicht einschätzen. Es sah aber auf jeden Fall gut aus.

Ich besah mir den Flyer. Er war offensichtlich von jemandem gestaltet worden, der etwas mehr konnte als »Ich hab auch Photoshop auf dem Rechner«. In Schwarz und Lila wurde die Party mit mediterranem Buffet und Musik angekündigt. Der Club lag in Moabit und hieß »Die Etage«. Nie gehört. Das Logo des Clubs wäre auch für ein Wellnesshotel in der Lüneburger Heide passend gewesen, oder für einen Esoterikladen, der Duftkerzen und Traumfänger verkaufte: geschwungene Schreibschrift mit ausladenden Schnörkeln und ein Schmetterling. Frauen, die »Fackeln im Sturm« oder »Vom Winde verweht« guckten, würden dazu »sinnlich« sagen. Vielleicht war der Club so eine Art Stylebar mit Aquarien, Milchglaswänden, die die Farbe wechseln konnten, und diesen beleuchteten Blubberwassersäulen. Und vielleicht hatten Maite und ihr Freund zu Hause auch Airbrushbilder von tropischen Wasserfällen bei Nacht hängen.

»Och ja«, sagte ich. »Da schau ich mal, ob ich kann. Doch.«

Ich steckte den Flyer ein, verabschiedete mich und stieg aus.

Zehn Tage später juckte es mich in der Leber. Ich hatte die letzten Tage gearbeitet und war abends immer brav zu Hause geblieben, und jetzt wollte ich mal wieder raus. Irgendwas: Kneipe, Biergarten oder Libanese, mit der Option, danach noch auf die Juchee zu gehen, wenn alle noch fit und beisammen waren.

Ich telefonierte etwas herum, aber keiner meiner Freunde hatte Zeit oder Lust. Felix wollte unbedingt Kicker spielen, was ich überhaupt nicht konnte, und weigerte sich außerdem, den Bezirk Mitte zu verlassen. Christian sagte, er hätte am Abend Skatrunde und dürfe da nicht fehlen, und Thomas und Jenny wollten sich »einen ruhigen Abend« machen. Is klar, ne, versteh schon. Anna war mit ein paar Leuten unterwegs und hatte mich nicht gefragt, ob ich mitkommen wollte, was mich schon etwas verstört hatte. Na ja, vielleicht brauchte sie auch mal »Zeit für sich«. Mit anderen Leuten.

Mir wurde wieder bewusst, wie viele Freunde ich nach

dem Abschluss an die Mobilität verloren hatte. Eine ganze Reihe hatten Berlin verlassen und waren der Arbeit oder der Liebe wegen in die weite Welt oder die Provinz gezogen: Ecuador, Kopenhagen, New York, Wetterau, Recklinghausen, Los Angeles, Mannheim. Es waren ausschließlich Frauen. Die Männer blieben da, promovierten oder wurden arbeitslos oder Künstler. »Jungs, wir bleiben hier«, hatte einer immer gesagt, wenn eine Frau ihren arbeitsbedingten Wegzug ankündigte. »Und wenn die Damen mal wieder zu Besuch in Berlin sein sollten, finden sie uns mit einem Kasten Sternburg hinterm EDEKA.«

Ich habe keine Lust, heute Abend alleine hier herumzusitzen, dachte ich. Dann geh ich eben auf Maites komische lila-schwarze Party. Wenn es doof ist, kann ich ja immer noch gehen, mir auf dem Heimweg noch zwei Tegernseer Spezial holen und zu Hause zwei Folgen »Curb your enthusiasm« gucken.

Ich sah nochmal auf den Flyer: »Dresscode: dress to impress, Abendgarderobe, Outfit.«

Watn fürn Outfit? Ging es ein bisschen differenzierter? Vielleicht war das ja auch als Networkingevent gemeint und auf dem Mist ihres Businessfreundes gewachsen. Maite selbst war eher die fleißige Studentin mit NEON-Abonnement und wenigen anderen Interessen gewesen. Aber gut, dachte ich, wenn da nur iPhone-Besitzer und Leute herumhängen, die gerne Miles&More-Mitglieder wären, dann mache ich da halt den Ethnologen: teilnehmendes Beobachten. Was ja im Prinzip heißt: bloß nichts zu ernst nehmen. Zur Not bringe ich nochmal die Nummer mit dem Nagelstudio. Hat ja schon mal geklappt.

Ich besaß nur einen richtigen Anzug, einen schwarzen Nadelstreifenanzug, den ich für hundert Euro bei C&A gekauft hatte, aber gern anzog, wenn ich einen Anlass dazu hatte.

Alles fühlt sich anders an, wenn man einen Anzug trägt. Ein Hemd mit Krawatte schien mir etwas übertrieben und außerdem zu heiß, deshalb zog ich wieder das rote kurzärmlige Hemd darunter. So stieg ich gegen zehn in die U-Bahn und fuhr nach Moabit, eine Gegend, in der Anzugträger so selten waren wie Abstinenzler in einem britischen Pub.

Wer in München in Jogginghose und Kapuzenpulli durch die Innenstadt läuft, wird schräg angeguckt. In Berlin darf man alles tragen: eine Jogginghose, einen Skianzug, eine Plastiktüte vom Kaiser's, ein Kettenhemd, ein Hühnerkostüm oder eine NVA-Uniform. Niemand wird sich daran stören. Wenn du aber einen Anzug trägst, musst du dich erklären. Schwabe, Häuserrenovierer, Immobilienhai, Menschenfresser!

Ich stieg an der S-Bahn-Station Westhafen aus und musste noch ein paar Stationen mit dem Bus fahren. Die Gegend um den Westhafen sah genauso aus, wie sie hieß. Druckereien, Gebrauchtwagenhändler und leerstehende Gewerbeflächen. Die »Etage« lag in einem Gewerbehof und war nur über einen Außenaufzug zugänglich. Am Eingang empfing mich eine aufgetakelte Frau.

»Wir haben heute geschlossene Gesellschaft«, sagte sie etwas abweisend.

»Ich weiß«, sagte ich. »Maites Geburtstag. Ich bin eingeladen.«

»Ach so. Na, dann viel Spaß.«

Hinter dem Empfang lag ein langer Gang, der mit dickem rotem Teppichboden ausgelegt war. Die Türrahmen waren golden gestrichen, ein paar Topfpflanzen standen auf dem Boden herum, ab und zu auch mal ein goldener Buddha oder ein chinesischer Drachenkopf. An der Seite war eine Tür mit der Aufschrift »Garderobe«, daneben stand eine Batterie Schließfächer. Komisch.

Am Ende des Ganges lag eine loungeartige Bar im Schummerlicht. Breite Designersofas, indirekte Beleuchtung, Easy Listening Jazz und auch hier dicker roter Teppichboden. Da hab ich ja nicht so ganz unrecht gehabt mit meiner Einschätzung, dachte ich. Der Raum war gut gefüllt mit vierzig bis fünfzig Leuten.

Ich ging direkt an die Bar und bestellte ein Bier. Auch die Barfrau war ziemlich aufgedonnert. Seltsame Styleläden. Ich setzte mich auf einen Barhocker, nahm den ersten Schluck Bier und betrachtete mir die Leute. Die meisten hatten sich tatsächlich an den Dresscode gehalten, dachte ich auf den ersten Blick. Anzüge und ein paar schicke Kleider und Röcke. Die Frau da ist ein bisschen nuttig angezogen mit ihrem weit ausgeschnittenen Top. Die trägt ja auch noch einen Lackrock und so hohe Stiefel, na das ist schon ziemlich nuttig. Die andere Frau da hat einen Minirock im Schottenmuster an, das ist auch schon sehr gewagt. Vielleicht gehören die ja zusammen. Und der Typ da hat ja so ein Fetischistennetzhemd an, bäh. Und der andere Typ ist oben ohne. Und der da auch. Und die Frau da ja auch. Und da läuft ja einer, der hat nur ein Handtuch um.

Ich bin in einem Swingerclub. Fuck!

Fuck!

Fuckfuckfuck!

O.k., Alter, bleib cool. Du trinkst jetzt erst mal das Bier aus. Ganz easy. Du bleibst hier erst mal sitzen. Ganz locker. Als sei es für dich das Normalste der Welt, in einem Swingerclub neben halbnackten Menschen in seltsamen Hemden zu sitzen. Hey, ich bin der Tilman, und ich bin sexuell gesehen der lockerste Mensch auf der Welt. Macht mir gar nix. Steh ich drüber. Is doch nix dabei.

Anscheinend durfte man hier rauchen, und ich drehte sofort eine Zigarette. Was machten Nichtraucher eigentlich, wenn sie sich hinter irgendwas verstecken wollten? Ich musste ausgesehen haben wie ein Typ, der das erste Mal in einem Swingerclub war. Was machte ich denn, wenn mich jemand ansprach? Sorry, I don't speak German. Machte hier wirklich jeder alles mit jedem? Auch auf der Tanzfläche? Konnte ich mir hier allein vom Herumsitzen die Gonokokken holen? Musste ich aufpassen, wo ich hinfasste?

Als ich das Bier zur Hälfte getrunken hatte, lief Maite mit zwei Männern an mir vorbei. Sie trug einen Lederrock, eine Netzstrumpfhose, Pumps und oben ein halbdurchsichtiges Irgendwas. Die Männer waren oben ohne.

»Maite!«

»Ach, hallo!«

Wusste sie eigentlich, wie ich hieß?

»Herzlichen Glückwunsch zum Geburtstag«, sagte ich und umarmte sie etwas unbeholfen.

»Danke, danke«, sagte sie.

Die beiden Männer standen schweigend daneben.

»Na, gefällt's dir hier?«, fragte sie.

»Äh, jooaah...«, zögerte ich. »Ich war etwas überrascht, muss ich zugeben.«

»Ja, wir hatten auch schon Gäste, die sofort wieder kehrtgemacht haben.«

»Ja?«

»Ja.«

»Und wie... Also, warum habt ihr das gerade hier...«

»Wir haben sowieso so viele Freunde in der Szene, und wir wollten auch mal ein paar neue Leute dafür begeistern. Es gibt ja auch so viele Menschen, die Probleme mit ihrer Sexualität haben, und da entstehen dann ganz viele andere Probleme draus. Wir wollen denen auch mal zeigen, dass das nix Schlimmes ist.«

Einer der Männer hinter ihr kratzte sich unterm Arm.

»Das ist auch einfach ein Teil meiner Sexualität. Und da will ich mich auch nicht einschränken lassen.«

»Nein, natürlich nicht.«

»Sonst wird man nur frustriert, und das ist es mir nicht wert.«

»Nein, auf gar keinen Fall.«

»Das ist halt auch immer noch so ein gesellschaftliches Tabuthema, aber wir kämpfen dagegen an. Ist auch interessant zu sehen, wer hier gleich wieder gegangen ist und wer bleibt.«

»Ja, ja. Ja? Ach ja.«

»Na ja, ich wünsche dir auf jeden Fall viel Spaß«, sagte sie. »Vielleicht sehen wir uns ja noch. Da hinten ist der Wellnessbereich, und die Spielwiesen sind da auch. Da liegen auch überall Handtücher und Kondome aus.«

»Öh... ja, okay«, sagte ich, und sie ging mit ihren Männern weiter.

Puh...

Am anderen Ende des Raumes führte ein Gang in die dunklen Eingeweide des Clubs. Männer mit Handtüchern um die Hüften und Badelatschen an den Füßen kamen heraus. Frauen mit mehreren Männern im Schlepptau gingen hinein. Ich war überrascht, dass hier kaum jemand über vierzig war und ich niemanden sah, den ich für typisches Swingerclubpublikum gehalten hätte: verbrauchte Unterschichtsfrauen mit falschen Wimpern und lila Fingernägeln, schnauzbärtige Bankberater- oder Fernfahrertypen mit bouillonfarbener Wellenfrisur, Männer, die außerhalb des Clubs ihr Handy in einer Gürteltasche tragen würden, und ganz allgemein Midlifecrisisgestalten.

Die Musik hatte mittlerweile gewechselt. In der Ecke stand ein DJ hinter seinem Pult, ein paar Leute schüttelten sich auf der Tanzfläche zu allgemeinverträglichen Evergreens: Iggy Pop, Aretha Franklin, Green Day. Derselbe DJ hätte auch auf einer Institutsparty der Anglisten auflegen können.

Ich drehte mich wieder zur Bar, nahm drei Schlucke von meinem Bier und drehte noch eine Zigarette. Was machte ich jetzt? Mitmachen? Gehen? Den Leuten erzählen, dass ich ein Nagelstudio betrieb? Das könnten sie falsch verstehen. Wenn im Filmstudio gefilmt wird...

Die Musik wurde leiser, und Maite stellte sich auf einen Couchtisch:

»Hallo! Alle mal herhören!«

Ach, jetzt kam das: Liebe Freunde, schön, dass ihr da seid und mit uns feiert. Besonders begrüßen wir die Neuen in unserem Kreis. Fühlt euch einfach ganz locker. Auch wenn es immer noch gesellschaftliche Zwänge gibt, die uns verbieten wollen blablabla undsoweiter.

»In der großen Sauna ist in zehn Minuten Aufguss«, rief sie. »Wer mit rein will, sollte sich jetzt schon mal umziehen.«

Sofort stand ein Drittel der Leute auf und ging in den hinteren Bereich. Der DJ spielte »It's getting hot in here«. Aha, ein Witzbold. Ob auf der Spielwiese Jon Lajoies »Show me your genitals« lief?

In den nächsten Minuten leerte sich der Barraum, bis nur noch knapp zehn Leute dort saßen. Eine Gruppe Frauen, die anscheinend auch nicht geahnt hatten, was für eine Art Club und Party hier auf sie wartete, ein Pärchen, das darüber diskutierte, ob sie jetzt auch zum Aufguss gehen sollten oder besser doch nicht, und ein schlechtgelaunter Typ. Er saß nach vorne gebeugt auf einem Sofa, runzelte die Stirn, fuhr sich ständig durchs Haar und rieb sich an der Nase. Unten trug er eine Flanellhose und oben nur die Hosenträger dazu. Kurz blickte er auf.

Martin. Das war Martin.

Na komm, Tilminger, du willst ja auch kein Spielverderber sein. Jetzt gehst du da mal hin und sagst hallo. Sind doch alle ganz locker hier. Ist doch ganz normal. Und der Martin freut sich bestimmt, dich zu sehen.

Ich ließ mein Bier an der Bar stehen und ging zu ihm hinüber.

»Martin?«

Er guckte zu mir hoch, als hätte ich »Guten Tag, Polizei« gesagt.

»Hey, was machst du denn hier?«, sagte ich.

»Ich? Äh... ja, was mach ich hier?«

Dämliche Frage. Na, auch in der Etage?

»Kennst du Maite?«

»Klar«, sagte er und rieb sich wieder an der Nase.

»Ist ja lustig. Ich kenne sie ja eigentlich nur flüchtig aus der Uni. Ich dachte, ich gehe hier einfach auf eine Geburtstagsfeier, und dann lande ich einfach so in einem Swingerclub.«

»Und?«, sagte er.

»Na ja, ich wäre ja sonst nie hierhergegangen. Ich kenne Maite ja auch nicht so gut. Und dass ich dann dich noch hier treffe! Ist ja echt lustig.«

»Wieso?«, fragte er. Er redete mit mir, als ob ich ihn in einer wichtigen Unterhaltung stören würde, obwohl er alleine auf dem Sofa saß.

»Ach, ich dachte, Swingerclubs sind was für dicke Männer, die in ihrer Jugend was verpasst haben und jetzt glauben, sich auspeitschen lassen zu müssen.«

»Hast du ein Problem, dass ich hier bin?«, fragte er.

»Naiiin, überhaupt nicht«, sagte ich. »Es gibt ja auch so viele Probleme... äh, Dings... so viele Menschen, die Probleme mit ihrer Sexualität haben und so. Und da entstehen dann ganz viele andere Probleme draus, ne. Ist doch super, wenn es auch Leute gibt, die wissen, dass das nix Schlimmes ist. Wenn das ein Teil deiner Sexualität ist, dann solltest du dich da auch nicht einschränken lassen. Oder? Also, find ich.«

»Hä?«, sagte er.

»Auch wenn das immer noch so ein gesellschaftliches Tabuthema ist. Aber wir kämpfen dagegen an.«

Er guckte mich schweigend an. Vielleicht war das doch keine so gute Idee gewesen.

Ein Pärchen tauchte neben uns auf.

»Hey, Martin«, sagte die Frau. »In der Sauna ist es echt viel zu voll. Willst du mit auf die Spielwiese kommen?«

»Grad nicht, danke«, sagte Martin.

Sie drehte sich zu mir: »Willst du vielleicht mitkommen?«

»Äh... Ich weiß nicht... Ich glaube... Also ich...«

»Ach so, du bist einer von Maites Unifreunden, wa? Na ja, macht ja nichts. Ich bin Sandy, hallo«, sagte sie und gab mir die Hand. Der Mann stellte sich als Enrico vor. So lief das hier also: Erst fragte man nach Sex, und dann stellte man sich vor. Die beiden setzten sich neben Martin auf das Sofa. Ich blieb stehen.

»Und? Was machst du so?«, fragte Sandy mich.

Ja Malefiz, ist man denn nicht mal im Swingerclub davor sicher? Der DJ spielte »Knowing me, knowing you«.

»Ich bin ein Kollege von Martin. Ich bin auch Stadtbilderklärer.«

»Was fürn Ding?«, fragte der Mann.

»Na, so etwas wie Stadtführer. Auf so einem Touristenschiff auf der Spree. Aber noch nicht so lange. Martin macht das schon ein paar Jahre, der ist da so etwas wie der Stammesälteste.«

»Was bin ich?«, fragte Martin.

»Äh... du machst den Job ja schon lange. Und die Kellner und Bootsmänner erzählen immer, wie gut sie dich finden.«

»Ja, na und?«

Was war mit dem Mann heute los? Immer wenn er mich ansah, kniff er die Augenbrauen zusammen, als wollte er »Was willst du, Arschloch?« sagen. Die Musik spielte nun Black Sabbath: »Finished with my woman, 'cause she couldn't help me with my mind...«.

Ein paar Gruftiswinger, denen es in der Sauna wohl zu heiß war, sprangen auf die Tanzfläche. Martin fuhr sich wieder durch die Haare.

»Nein wirklich«, sagte ich in die Runde. »Martin ist wirklich ein guter Stadtbilderklärer. Ich glaube, der arbeitet da auch mehr als jeder andere.«

»Passt dir das nicht, oder was?«

»Nein... äh, doch... also... was? Natürlich passt mir das.«

»Willst du mir meine Schichten wegnehmen? Ich arbeite da so viel, wie es mir passt, und das geht dich einen Scheißdreck an.«

»Was ist los?«, fragte ich.

Er sprang auf und grunzte mich an.

»Du hast mich doch schon von Anfang an nicht leiden können. Was hast du denn für ein Problem, Arschloch?«

Er packte mich am Hemd und zog mich zu sich heran.

»Du kannst auch gerne mal ein paar aufs Maul haben, wenn du willst. Du wärst nicht der Erste.«

Schlägerei in Swingerclub. Eine Streiterei im Stadtbilderklärermilieu fand einen blutigen Ausgang in einem Moabiter Erotikbetrieb. Ein Siebenundzwanzigjähriger wurde dabei verletzt und erlitt Prellungen im Gesicht sowie einen Nasenbeinbruch. Zum Anlass des Streits konnte die Polizei bei Redaktionsschluss noch keine Angaben machen.

Sandy und Enrico standen auf, zogen an Martin herum und redeten auf ihn ein:

»Hey… lass doch… kein Stress… kannst doch hier nicht…«

Auf einmal tauchte ein muskulöser Mann in Schwarz neben uns auf. Gott sei dank, Security. Er packte Martin, riss ihn von mir los und zog ihn mit sich. Martin wehrte sich und grunzte, konnte sich aber nicht aus dem Griff des kräftigen Sicherheitsmanns befreien.

»Ihr Schweine… Ihr wollt mich doch allemachen… Ihr könnt mich…«

Der Sicherheitsmann kläffte zurück:

»Soll der Scheiß… hier benehmen… ist hier eine Party… für heute für dich vorbei.«

Nach zwei Minuten hatte Martin den Widerstand aufgegeben, schien aber immer noch sehr wütend. Der Securitymensch begleitete ihn zur Tür und ließ ihn nicht aus den Augen.

Sandy, Enrico und ich hatten die Sache mit angesehen und standen nun verloren in der Sitzgruppe. Ich war sehr aufgeregt. Das Herz schlug mir im Hals.

»Was war das denn eben?«, fragte ich.

»Na holla«, sagte Sandy. »Der ist aber schon seit einiger Zeit etwas komisch drauf.«

»Wie kommt das denn?«, fragte ich. »Hat der irgendwas genommen oder so?«

»Keine Ahnung«, sagte Enrico. »Wir kennen ihn eigentlich nur von hier. Was er sonst so macht oder ob er irgendwelche Probleme hat: weeß icke! Ich wusste bis eben auch gar nicht, dass er Stadtführer ist.«

Sie ließen sich wieder ins Sofa fallen.

»Wir sind aber zum Glück nicht auf ihn angewiesen«, sagte Sandy und knöpfte ihrem Freund die Hose auf.

»Und du?«, fragte sie, während sie ihm in der Hose herumfuhrwerkte. »Willst du jetzt mal mit auf die Spielwiese kommen?«

»Hmpff, nee...«, sagte ich. »Ich glaub, ich muss heim.«

Ich ging an die Bar und trank mein Bier in einem Zug aus. Als ich wieder am Sofa vorbeiging, sagte ich nicht tschüss. Sandy hätte mir auch nicht antworten können und Enrico nicht wollen.

Auf dem Weg zum Ausgang kam mir der namenlose Bootsmann entgegen. Ich sagte nicht hallo.

Can you help me occupy my brain?

Die freien Tage waren nötig und gut. Ich hatte mal wieder ein paar Freunde gesehen, die langsam alle aus dem Urlaub wieder da waren, und hatte noch ein letztes Mal Sommer gespielt: Obwohl es schon Ende September war, war es noch so warm, dass wir noch einmal im Park grillen konnten. Allerdings wurde es schon so früh dunkel, dass wir mit unseren Fahrradlampen um den Grill herumstanden und ins Fleisch leuchteten, um sehen zu können, ob es schon gar war.

Jetzt saß ich beim späten Frühstück in der Küche und freute mich auf einen sonnigen Tag. Die Beinahe-Schlägerei mit Martin hing mir allerdings noch hinterher. Ich hatte noch niemandem davon erzählt, weil ich mich nicht dem Verdacht aussetzen wollte, ich verkehre in einem Milieu, in dem tätliche Auseinandersetzungen in Erotikbetrieben ein gewöhnlicher Bestandteil der Freizeitgestaltung sind:

»Neulich, Alter: ich im Swingerclub. Mein Kollege auch da. Gabs fast Schlägerei.«

Keine Geschichte, mit der man unbedingt hausieren gehen muss.

Anna kam in die Küche geschlurft, sagte kurz »Morgen!«, machte sich einen Tee und eine Schüssel Müsli zurecht und verschwand mit beidem wieder in ihrem Zimmer. Schönen Tach auch! Na ja. Wenn die Leute noch nicht richtig wach sind, soll man sie nicht wachpeitschen. Dass meine morgendliche Kommunikationsfreude nicht jedem erträglich war, hatte ich gelernt, als eine Mitbewohnerin mir am Frühstückstisch einmal wörtlich sagte: »Würde es dir was ausmachen, mal für fünf Minuten den Mund zu halten?«

Im Dienstplan hatte ich gesehen, dass Martin an diesem Tag Schicht hatte. So wie fast jeden Tag davor und danach auch. Entweder verjubelte er so viel Geld in der Etage, dass ihm gar nichts anderes übrig blieb, als jeden Tag auf dem Schiff zu stehen, oder Hans war mittlerweile so knapp mit Stadtbilderklärern, dass er einige Leute Sechs-Tage-Wochen machen ließ.

Ich fuhr nach Mitte und war gegen zwölf an der Anlegestelle. Martin stand am Steg, sah sich jeden Gast an und murmelte zu jedem ein mürrisches »Grrn Trrg!«. In der linken Hand hielt er ein kleines Notizbuch, in der rechten einen am Ende angekauten Bleistiftstummel, mit dem er in sehr kleiner Schrift in das Notizbuch kritzelte.

»Hey Martin!«, sprach ich ihn an.

Er blickte mit großen Augen auf.

»Ach du! Hey«, sagte er, als sei er etwas enttäuscht, dass ich nicht der Weihnachtsmann war, blickte wieder nach unten und kritzelte weiter in seinem Notizbuch herum.

»Ich dachte, ich fahre heute mal mit, weil mir alle erzählen, wie toll du das machst. Da dachte ich, vielleicht kann ich da ja noch was lernen.«

»Hm«, sagte er und wieder »Grrn Trrg« zu einem vorbeigehenden Gast.

»Außerdem wollte ich mit dir nochmal über neulich reden.«

»Was neulich?«, sagte er und blickte auf.

»Na ja, neulich in der Etage. Das war ja schon ein bisschen komisch, oder?«

»Findest du?«, sagte er und sah mich fest an.

»Ja, das finde ich.«

Martin hielt mich fest fixiert, sagte aber nichts.

»Na ja, wir können ja gleich nochmal drüber reden, wenn du ein bisschen Luft hast«, sagte ich und ging in den Personalraum im Bug. Dort saß Klaus und las den Berliner Kurier.

»Hallo, Klaus. Na, alles gut?«

»Die Schweine wollen doch schon wieder die Zigaretten teurer machen. Die werden auch immer dreister.«

»Und wie geht es dir sonst so?«

»Das ist doch mittlerweile einmal im Jahr so, dass die Kippen teurer werden. Ich hab langsam den Eindruck, wir Raucher sind die Melkkühe der Nation.«

»Dann musst du dich aber mit den Autofahrern und den Familien streiten. Die beanspruchen den Titel auch für sich.«

»Bringt doch nüscht.«

»Sag mal, was macht denn Martin auf dich für einen Eindruck?«

»Martin ist ein Quatscher. Macht seine Arbeit. Willst du irgendwas Bestimmtes wissen?«

»Na ja, ich hatte neulich eine seltsame Begegnung mit ihm. Ich hab ihn im Swingerclub getroffen, da wollte er mir fast aufs Maul hauen. Wegen nix.«

»Du hast ihn wo getroffen?«

»Ach... lange Geschichte. Aber der war sehr seltsam drauf. Ich glaube, dem geht es nicht so gut.«

»Ach, der ist vielleicht nur ein bisschen überarbeitet.«

»Hast du gesehen, wie der am Eingang steht? Das sieht aus, als würde er alles in sein Notizheft schreiben, was draußen passiert.«

»Oder verliebt.«

»Kifft er noch so viel?«

»Ja, schon. Der raucht schon seine zwei Tütchen pro Schicht. Aber ich glaube, der hat das im Griff. Der liefert hier immer noch erstklassige Touren ab.«

»Ich bin mir da nicht sicher. Gar nicht sicher. Also, ehrlich gesagt, bin ich mir sicher, dass es ihm überhaupt nicht gutgeht.«

Die Tür ging auf, und Martin stand im Raum. Er sah uns ernst an:

»Worüber unterhaltet ihr euch?«

Kurzes Schweigen.

»Ich sage nur hallo, nichts weiter.«

»Nichts weiter?«, sagte Martin.

»Tabaksteuer«, sagte Klaus. »Die Kippen werden zum nächsten Jahr schon wieder teurer. Ist doch ne Sauerei, oder? Sag doch mal! Unseren lieben Kollegen hier scheint das nicht zu stören, der hat anscheinend genug Geld. Für mich ist das aber wirklich ein Einschnitt. Also, wenn das so weitergeht, dann rauche ich halt nicht mehr. Sollen die doch gucken, wo sie dann ihre Tabaksteuer herkriegen. Von mir jedenfalls nicht.«

Martin sah uns fünf Sekunden lang an.

»Aha«, sagte er, drehte sich auf dem Absatz um und schloss die Tür hinter sich.

»Siehst du«, sagte ich.

»Pfff...«, sagte Klaus.

Bevor wir ablegten, suchte ich mir einen Platz etwas weiter hinten auf dem Oberdeck. Martin kam aufs Deck gehetzt, als wir schon fast unter der Rathausbrücke waren.

»Kopp runter!«, brüllte der Bootsmann, und Martin lief gebückt zu seinem Platz und schnappte sich das Mikrofon:

»Guten Tag und herzlich willkommen an Bord, meine Damen und Herren, liebe Kinder und andere Geschöpfe. Zu Beginn gleich eine Warnung: Sie sehen, wie niedrig die Brücken auf unserer Strecke manchmal sind, deshalb bleiben Sie hier auf dem Oberdeck während der gesamten Fahrt bitte sitzen. Wir haben letztes Jahr erst einen Stadtbilderklärer verloren, durch Brückenkontakt. So etwas kann Kopf und Rumpf – na ja, ich sag mal – in einen gefährlichen Dissens bringen. Wir haben ihn, wie es jahrhundertealter Brauch ist, im Becken 2 des Westhafens maritim bestattet. Aber die Rathausbrücke wird sowieso nächstes Jahr abgerissen und durch eine modernere Konstruktion ersetzt, und die soll dann auch deutlich kopffreundlicher sein.«

Ein paar Leute kicherten. Martin hatte zwar eine etwas schnodderige Art zu reden, aber diesen Fauxpas hatte er gerade elegant überspielt. Etwas hektisch, aber immer noch korrekt und beisammen fuhr er mit den üblichen Erklärungen fort. In einer Hand hielt er immer noch sein Notizbuch mit einem Finger zwischen den Seiten, sah aber nicht hinein.

»Das Alte Museum ist ein Bau von Karl Friedrich Schinkel aus den 1830er Jahren. Er hat außerdem eine Reihe von Kirchen, Denkmälern und kleinen Schlössern gebaut. Schinkel wird unter den Berliner Architekten fast wie ein Gott verehrt, und das zu Recht. Was nämlich wenige wissen: Karl Friedrich Schinkel ist auch der Erfinder der Zwiebel. Außerdem hat er an der Entwicklung des grünen Lichts mitgearbeitet, und die Uhrzeit 11:43 Uhr geht maßgeblich auf seine Vorarbeit zurück.«

Wieder lachten ein paar Leute. Auf einmal stand Martin auf und ging schnellen Schrittes ans Heck. Was war eigentlich mit dem englischen Teil, ließ er den einfach weg? Martin sah am Heck hinunter und rüttelte an der Reling. Dann kniete er sich hin, klopfte gegen den Stahlboden und hielt sein Ohr daran, als ob er erwartete, dass ihm vom Inneren des Schiffes jemand antworten würde. Seltsam, seltsam, das alles.

Auch an der Weidendammer Brücke kam noch ein Scherz übers Kopfanstoßen. Selbst die schlechteren Scherze hatten immer noch für einen Lacher gesorgt:

»Brecht ist wohl der berühmteste deutsche Schriftsteller des 20. Jahrhunderts gewesen, noch berühmter als Kotzt, Reiert oder Übergebteuch.«

Die Gäste schienen gut gelaunt und goutierten Martins Albernheiten. »Anarchischer Humor« würde eine Provinzzeitung schreiben. Nur die wenigen Gäste, die anscheinend nicht Deutsch sprachen, waren not amused und fühlten sich ignoriert, weil sie nicht verstehen konnten, worüber alle anderen lachten.

»Auf dem Großen Stern stehen außer der Siegessäule auch mehrere Denkmäler für große preußische Politiker oder Feldherren. Moltke, das war ein General, Roon, der war Kriegsminister, und natürlich Reichskanzler Otto von Bismarck. Bismarck hatte die Einigungskriege gewonnen und damit Deutschland geeint. In fast jeder deutschen Stadt stehen deshalb Bismarckdenkmäler. Er wird aber bis heute wegen seiner unglaublichen Fähigkeit, auf der Blockflöte die Schlacht von Sedan nachzuspielen, von Grundschulmusiklehrern in ganz Deutschland verehrt. Viele sehen in ihm einen frühen Vorläufer Karlheinz Stockhausens.«

Wieder Gekicher.

Klaus sagte im Vorbeigehen:

»Merkst du das, wie der alles aufs Korn nimmt? Diesen ganzen Personenquatsch und so? Super! Find ich echt super!«

Wieder stand Martin auf, ging backbord an die Reling und guckte nach unten. Das Gleiche auf der Steuerbordseite. Dann stellte er sich wieder in die Mitte und guckte in den Himmel. Was macht er denn da?

Wir legten vor dem Haus der Kulturen der Welt an. Fünf Minuten Pause. Martin stand auf und ging an mir vorbei. Ich sah ihm hinterher. Er ging die Treppe hinunter, öffnete die Toilettentür, klappte den Klodeckel hoch und sah in die Schüssel. Er schrieb etwas in sein Notizbuch, klappte wieder zu und kam wieder die Treppe hoch. Ich hielt ihn fest.

»Martin, gehts dir gut?«

»Hä?«

»Ist alles o.k.?«

»Nein. Nein, überhaupt nicht«, sagte er sehr aufgerieben. »Tilman, du musst mir helfen.«

»Äh... ja? Wobei?«

»Die suchen mich.«

Scheiße! Das war ernster, als ich gedacht hatte.

»Wer... äh... was... Wer sucht dich weswegen?«

»Ich weiß was, was auf gar keinen Fall rauskommen darf. Und die wissen, dass ich das weiß. Wenn das rauskommt, dann ist aber die Kacke am Dampfen, dann bricht alles zusammen. Die ganze westliche Welt bricht dann zusammen. Dann werden wir in Zukunft in Erdlöchern hausen. Die Amis sind dran schuld. Die Amis und die Bulgaren.«

Die Bulgaren? Das hätte ja wirklich niemand gedacht.

»Martin, erzähl mir doch keinen Unsinn! Was soll denn das sein?«

»Das kann ich dir doch nicht sagen! Dann bist du auch dran, willst du das?«

»Jetzt mach aber mal einen Punkt.«

»Doch, das ist so. Glaubs mir.«

»Wer denn überhaupt? Wer sind denn ›die‹?«

Martin sah mich von der Seite an:

»Du solltest nicht nachfragen. Du solltest das besser nicht wissen.«

»Doch. Sag doch mal. Vielleicht kann ich dir ja helfen, wenn ich weiß, wer die sind.«

Martin räusperte sich und sagte ganz leise:

»Stasi.«

»Was?«

»Stasi, Mann.«

»Die Stasi gibt es doch überhaupt nicht mehr«, sagte ich.

»Pssssst!«, machte Martin.

»Was?«

»Nicht so laut! Die haben überall Wanzen.«

»Martin, die Stasi ist mit der DDR untergegangen.«

»Siehst du«, bellte er wieder ganz aufgeregt. »Dich haben sie schon. Du glaubst das, was in den Zeitungen steht. Dich haben sie schon erwischt mit ihrer Manipulation. Aber mich nicht. Ich hab die durchschaut. Ich muss nach Venezuela und den Chavez warnen. Der gibt mir Schutz. Ende des Monats hab ich das Geld zusammen für den Flug und die falschen Papiere, und dann hau ich ab.«

»Wieso denn den Chavez?«

»Oder den Morales, ist egal. Einer von denen gibt mir Schutz. Die lassen sich nicht unterkriegen von diesen ganzen Schweinen. Die nicht.«

»Martin, ich glaube, du hast dich in den letzten Wochen etwas überanstrengt. Du bist fast jeden Tag auf dem Schiff, du schläfst kaum, und dann auch noch diese ständige Kifferei. Das ist nicht gesund. Du solltest dich mal für ein paar Wochen ausruhen.«

Jetzt wurde er sauer:

»Nein, Mann! Die suchen mich, raffst du das nicht? Ich hab Beweise. Jeden Tag steht dasselbe Auto vor meiner Tür. Heißt das etwa nichts? In meinem Haus sehe ich immer dieselben Leute. Die wurden auf mich angesetzt, Alter. In dem Laden, wo ich früher immer Kippen gekauft habe, steht immer dieselbe Frau hinterm Tresen. Das kann doch kein Zufall sein.«

»Martin! Das Auto steht vielleicht da, weil es jemandem gehört, der da wohnt. Und dieselben Leute in deinem Haus wohnen doch wohl auch da. Und die Frau in dem Laden arbeitet einfach da. Natürlich ist das immer dieselbe.«

»Aber doch nicht jeden Tag!«

»Natürlich jeden Tag. Warum denn nicht?«

Aus dem Kanzlergarten kam das Geräusch eines startenden Hubschraubers. Martin ging einen Schritt zurück:

»Du gehörst zu denen.«

»Was?«

»Du bist auch einer von denen. Scheiße, Mann, und ich Idiot merke das die ganze Zeit nicht.«

»Was erzählst du denn da, Alter? Ich bin doch nicht –«

»Stasischwein!«, schrie er.

»Martin, jetzt komm mal runter.« Ich machte wieder einen Schritt auf ihn zu. Die Passagiere, die neben uns saßen, rückten zusammen. Hinter den Mauern des Kanzleramtes stieg der Hubschrauber auf und machte Wind. Bäume schüttelten sich, und Staub wirbelte auf. Ein paar Gäste hielten sich die Hand vor die Augen.

»Bleib mir vom Leib«, brüllte Martin mich an. »Ihr kriegt mich nicht. Ihr werdet mich niemals kriegen.«

Ich streckte meine Arme nach vorne, die Handflächen auf ihn gerichtet.

»Martin, das ist doch alles ...«

Der Hubschrauber donnerte über uns hinweg.

»Haut ab, ihr Schweine! Ihr kriegt mich nicht«, brüllte Martin wieder und rannte zum Bug. Ein paar Frauen kreischten.

»Mach keinen Scheiß, Alter!«, rief ich. Er riss sich die Schuhe von den Füßen, warf sie einen nach dem anderen nach mir und sprang mit einem Hechtsprung über Bord.

»Mann über Bord!«, schrie ich. »Mann über Bord!«

»Du immer mit deinen gestelzten Ausdrücken«, sagte Klaus, der plötzlich hinter mir stand. »Wir sind hier nicht bei der Marine.«

Er schlenderte zum Bug, nahm den Rettungsring von der Reling und warf ihn Martin hinterher.

»Martin! Jetzt mach keine Fisimatenten«, rief Klaus. »Komm mal ran hier, wir müssen ablegen.«

Martin kraulte um sein Leben und war schon fast am anderen Ufer.

»Was soll das denn?«, rief Klaus ihm nach. »Wir können doch nicht ohne Quatscher weiterfahren. So ein Stadtbild erklärt sich nicht von allein.«

»Vergiss es, Klaus«, sagte ich. »Der ist nicht mehr ganz bei sich. Ich glaube, wir sollten die Polizei rufen.«

Am anderen Ufer kletterte Martin aus dem Wasser. Klaus brüllte zu ihm rüber:

»Ey, du Arschloch! Wenn du jetzt abhaust, brauchst du morgen gar nicht erst hier aufkreuzen!«

Ich sah, wie Martin auf dem nassen Ufer ausrutschte und der Länge nach hinfiel, sich wieder hochrappelte und an den Mauern des Kanzlergartens entlang Richtung Hauptbahnhof rannte.

»Fuck!«, sagte ich.

»Na, Holla, die Waldfee!«, sagte Klaus.

Die Gäste waren mittlerweile sehr unruhig geworden. Alles tuschelte, Stirnen wurden gerunzelt und Köpfe geschüttelt.

»I've had just about enough of this«, sagte ein Brite. »This is getting too silly.«

»Quite agree, quite agree«, sagte sein Kollege. »Silly, silly, silly.«

»Du musst jetzt weitermachen«, sagte Klaus.

»Was? Wir sollten eher mal die Polizei rufen. Der ist doch nicht mehr ganz dicht. Am Ende passiert ihm noch was.«

»Jaja, ich mach das gleich. Hier am Kanzleramt sind sowieso überall Bullen, die werden ihn da schnell aufgreifen. Aber du musst jetzt die Ansagen weitermachen. Tu einfach so, als ob nix wäre.«

»Äh... ja, gut. Das versuche ich mal.«

Ich nahm das Mikro zur Hand.

»Tja, so etwas kann immer mal passieren, liebe Gäste. Da fährt man einmal mit dem Schiff, und dann bekommt man mit, wie ein paranoider Stadtbilderklärer über Bord springt. Da haben Sie zu Hause was zu erzählen.«

»Das glaubt mir doch eh wieder kein Schwein«, sagte ein Mann.

Ein großartiger freier Tag. Ich machte die Schicht zu Ende und fuhr nach Hause.

Dass Martin so fertig war, hatte ich nicht geahnt. Ich hatte noch nie einen Menschen erlebt, der tatsächlich an Verfolgungswahn litt. Das Gute an diesem Tag: Diesmal konnte ich die Geschichte über den verrückt gewordenen Kollegen endlich loswerden, denn es kam kein Swingerclub darin vor.

Ich saß in meinem Zimmer, als ich den Schlüssel im Schloss hörte. Anna kam hörbar schwer beladen nach Hause. Ich hörte, wie sie in ihr Zimmer ging und die Taschen abstellte, und ging zu ihr hinüber:

»Hallo, Anna!«

»Hi.«

»Sag mal, wollen wir nachher in der Küche noch ein Glas Wein trinken? Ich hatte heute den seltsamsten Arbeitstag, seit ich diesen Job angetreten habe. Das muss ich dir noch erzählen.«

»Nee.«

»Wie nee?«

»Nee, kein Wein.«

»Ist alles o.k. bei dir?«

»Ja. Aber ich setze mich nicht mit dir in die Küche.«

»Wir können auch noch rausgehen, wenn du willst.«

»Gehst du bitte mal aus meinem Zimmer?«

Sie machte mir die Tür vor der Nase zu.

Was war denn da los? So hatte ich sie noch nie erlebt. Dass meine Kommunikationsfreudigkeit auch abends schwer zu ertragen ist, war eine neue Entwicklung, noch dazu von Anna, die sonst wenig aus ihrer guten Laune brachte. Oder war für sie jetzt gerade Morgen?

Ich holte mir zwei Tegernseer Spezial und guckte noch zwei Folgen »Curb your enthusiasm«. Dann halt alleine.

Wo man hier so hingeht

Martin tauchte nicht wieder auf. Niemand wusste genau, was mit ihm war, aber in der folgenden Woche stand er nicht mehr im Dienstplan. Dafür war Hans meiner Bitte nachgekommen und hatte mir vier Schichten pro Woche zugeteilt.

In der Woche um den 3. Oktober ging die Touristenzahl erwartungsgemäß noch einmal nach oben. In diesem Jahr lag er besonders touristenfreundlich auf einem Freitag, und ich hatte an jedem Tag dieses langen Wochenendes Schicht.

Es war Freitagnachmittag, und ich stand an der Anlegestelle Friedrichstraße. Zwei geschätzt zwanzigjährige Typen kamen zu mir. Einer sprach mich an:

»Hey! Wo geht man denn hier so hin?«

»Bitte?«

»Na, wo kann man denn hier so hingehen? Abends mein ich.«

»Abends geh ich nach Hause.«

»Nee, so zum Weggehen.«

Offensichtlich kamen die beiden aus einem Ort, in dem es nur eine Lokalität »zum Weggehen« gab, und jetzt suchten sie das Berliner Pendant dazu.

»Ich weiß ja nicht, was ihr wollt.«

»Na, Party. Leute, Musik, Bier und so. Son bisschen undergroundmäßig, verstehsch? Und da dachten wir, hey, der Stadtführer, der weiß bestimmt was.«

Er hatte einen Akzent, den ich als badisch zu identifizieren glaubte.

»Hier gab es mal einen Keller, wo so etwas war, aber der hat zugemacht.«

Das war in der Tat eine der beschissensten Veranstaltungen, auf denen ich je gewesen bin. Auf der Schlossfreiheit, dem Westrand des Schlossplatzes direkt am Ufer des Spreekanals, war ein Loch im Boden, durch das man drei Meter tief in eine alte Kelleranlage hinabklettern konnte. Wahrscheinlich waren Ulbrichts Sprengmeister zu faul gewesen, nach dem Schloss auch noch den Keller abzureißen, oder das Dynamit hatte nicht gereicht. Allerdings gab es dort unten nicht viel, außer dass viele Menschen in mehreren hintereinanderliegenden Gewölbekellerräumen standen und zu lauter Musik Beck's tranken. Sitzen konnte man nirgends, weil der Boden mit hunderte Jahre altem Staub und märkischem Sand bedeckt war. Seit dem Krieg hatte dort unten nichts von Belang stattgefunden, und hinter jeder Ecke erwartete man einen toten Wehrmachtssoldaten oder den versteckten hundertzwanzigjährigen Adolfittler persönlich. Nach einer Stunde hustete man Staub. Licht gab es nur von in den Mauerlücken stehenden Teelichten, und die Herrentoilette war ein großer Raum, in dem man auf einen Biertisch, einen darauf stehenden kleineren Tisch und einen wackligen Bierkasten steigen musste, um in ein in zwei Metern Höhe hängendes Urinal zu urinieren, während sich am Biertisch die Kokser eine Line legten und immer riefen: »Ey, hör doch mal auf zu wackeln, Alter. Wir wollen hier koksen!« Die Damen waren noch ärmer dran. Sie mussten zu den Dixieklos wieder über die Leiter durch das Loch nach draußen, während ihnen dauernd Leute von oben entgegenkamen. Man musste aufpassen, dass man sich nicht aus Langeweile fürchterlich besoff, denn am

Ende des Abends hatte man noch die drei Meter lange Leiter vor sich. Das einzig wirklich Komische an dieser Party war der Anblick von außen. Über dem Einstiegsloch stand ein Gartenzelt und davor eine Schlange von Menschen, die niemals alle in das Zelt gepasst hätten. Trotzdem gingen fünf Leute pro Minute hinein, und niemand kam heraus. Wenn das ein Horrorfilm gewesen wäre, hätte in dem Zelt ein Häcksler gestanden, der kleine rote Stückchen in die Spree gespien hätte. Eine eigentlich völlig überflüssige und langweilige Veranstaltung, aber sicher etwas für aufgekratzte zwanzigjährige Touristen, die zu Hause etwas erzählen wollten.

»Ein Keller, das ist geil! Gibt es den Keller noch?«

»Nee, ich sag doch, der hat zugemacht.«

»Und was gibt es sonst so?«

Nach so einer undifferenzierten Frage hätte ich die beiden am liebsten in den »Henker« geschickt, eine Naziknie in Schöneweide.

»Ich weiß ja nicht, worauf ihr so Lust habt.«

»Tja, was gibt es denn in Berlin so?«

»Wollt ihr Swing tanzen oder lieber cool rumstehen? Wollt ihr Drogen kaufen oder Currywurst essen? Steht ihr eher auf Hausbesetzerkneipen mit warmem Sternburg oder Neonlichtcocktailbars, in denen überschminkte Umlandtussis mit riesigen Creolen sitzen und sich über Shopping unterhalten? Wollt ihr nackt zu Achtzigerjahreschlagern tanzen? Habt ihr ein getuntes Auto und wollt mit anderen Prolos Rennen fahren? Oder seid ihr schwul und wollt euch heute noch im Darkroom in den Po ficken lassen? Ich kenn auch einen Regieassistenten, mit dem könnt ihr auf dem Klo in der Kantine der Volksbühne koksen. Der freut sich, wenn jemand mitmacht. Dit is Berlin, hier gibts alles.«

Drei Sekunden lang sah mich der Badener an. Ob sein

Kollege auch aus Baden kam, konnte ich nicht feststellen, denn er schien nicht gern zu reden.

»Na ja, es isch so, weisch: Wir ham gedacht, in Berlin da gibts doch so viele Clubs. Irgendwas Angesagtes, mit coolen Leuten und Musik. Am besten Electro, verstehsch.«

Electro. Dieser Trendspaß im monotonen Umpfsound hatte es offensichtlich bis nach Baden geschafft. In Berlin hatte er sich schon in alle Lebensbereiche gefressen wie die Treue zum Geliebten Führer in Nordkorea und der Nationalismus in einem Land, das mit -stan aufhört. Klassische Wochenendfrage eines beliebigen Bekannten: »Kommst du heute Abend mit nach Kreuzberg/Friedrichshain/in so ein stillgelegtes Heizkraftwerk in Köpenick? Da ist Eröffnung von einem Projektraum/ein Poetry Slam zum Thema Asylrecht/die Insolvenzeröffnung meiner Galerie/eine Bewährungsanhörung/ein guatemaltekisches Kurzfilm- und Ausdruckstanzfestival, und danach legt noch ein Electro-DJ auf.«

In den Siebzigerjahren ging dieser Witz herum: Wie kommt man an einen Starfighter? Einen Hektar Land kaufen und warten. Ähnlich ist es mit Electromusik in Berlin. Wie lässt sich eine gleichgeschaltete Masse junger Menschen herstellen? Eine Musikanlage mit Electro auf die Straße stellen und warten. Auf der Friedrichshainer Modersohnbrücke, einem eigentlich hässlichen Ort mit Blick über viele Kilometer Gleisbett, stehen im Sommer zweihundert Leute mit Fliegenaugensonnenbrillen auf der Nase um einen Electro-DJ herum und hüpfen, bis die Brücke knarzt. Wenn im Winter die Rummelsburger Bucht zufriert, stellt sich ein DJ aufs Eis, und hundert Studenten stehen davor und wackeln mit ihren Extremitäten. Das werden die so lange machen, bis sie durchs Eis brechen oder die Brücke einstürzt. Dann kommen Tausende trauernder Electrofreunde und machen aus dem massenhaften Unfalltod das, was ihnen am besten gefällt: einen Event. Sie stellen Kerzen auf, legen Kuscheltiere an der Unfallstelle ab, stehen stundenlang herum und umarmen einander, und was auf gar keinen Fall fehlen darf, ist das Pappschild mit der roten Aufschrift: »Warum?« Ja, warum wohl! Weil sie auf Hängebrücken und zu dünnen Eisdecken herumgehüpft sind, darum! Und das hat man vom Electro!

»Entschuldigung, Jungs«, fragte ich die beiden. »Hab ich euch da richtig verstanden? Ihr wollt in einen ›Club‹ und ›Electro‹ hören?«

»Ja, klar. Wir wollen auch net so touristisch unterwegs sein. Sag uns doch einfach, welcher Club in Berlin gerade der angesagteste ist.«

»Ihr meint das wirklich ernst, oder?«, sagte ich. »Clubs! Ich kann nicht glauben, dass da wirklich noch jemand hingehen will. Ihr seid doch junge Burschen, und ihr wollt so eine abgeschmackte Unterhaltung? Das ist so was von Neunziger! Was es hier noch an Clubs gibt, ist alles nur Fake und Touristenverarsche. Da geht doch kein einziger Berliner mehr hin.«

Die beiden guckten mich an, als hätte ich ihnen gerade gesagt, ich wüsste, wer Kennedy erschossen hat. Der Stille war sogar so erstaunt, dass er nun auch den Mund aufbekam, allerdings nicht zum Reden, sondern nur, um seinen verdutzten Blick mimisch zu untermauern.

»Die Disco – oder der ›Club‹, wie ihr es nennt – als Begegnungsort der städtischen Jugend hat ausgedient«, begann ich ihnen die Situation zu erklären. »Die jungen Menschen haben sich voneinander entfremdet, ja manche sogar von sich selbst. Ist euch schon mal aufgefallen, dass man sich in keiner dieser Trenddiskos mehr unterhalten kann? Da kann man doch niemanden kennenlernen.«

»Also unter uns«, sagte der Chefbadener. »Ich hab schon in der ein oder anderen Disko eine Frau kennengelernt.«

»Und als sie auf deinem Bett gesessen und zum ersten Mal den Mund aufgemacht hat, hast du gedacht: Mann, ist die dämlich.«

Er räusperte sich und guckte nach unten.

»Siehst du. Wir lehnen das ab. Die Stadt macht uns wahnsinnig, krank und aggressiv. Jeden Tag müssen wir das Geratter von Autos und Straßenbahnen ertragen, gehen in Menschenmassen unter und trinken überzuckerte Brause, die uns dick und dumm macht. Und dann rennen wir auch noch in den Club, um dort das Gleiche zu erleben. Warum eigentlich? Entschleunigung und Begegnung, das ist das neue Ding. Wenn du das mitgemacht hast, wirst du eines feststellen: eine Frau, mit der man sich wirklich gut unterhalten hat, mit der macht es auch im Bett viel mehr Spaß.«

»Pfff...«, sagte der Badener. »Du redsch wie mein Opa.«

»Vielleicht hat dein Opa recht. Und Musik aus der Konserve gibt es bei uns auch nicht. Nur Livemusik ist legitim.«

»Aber was macht man denn dann, wenn es da keine Musik gibt? Wo geht ihr denn dann hin, wenn ihr nicht in den Club geht?«

Ich trat einen Schritt näher an die beiden heran und senkte verschwörerisch meine Stimme:

»Das bleibt jetzt aber unter uns«, sagte ich und sah mich um. »In der Donaustraße in Neukölln gibt es eine bayerische Kneipe, die heißt Valentinstüberl. Da werden die Trends der Zukunft geschmiedet. Da seid ihr richtig. Dann könnt ihr in zwei Jahren sagen, dass ihr das schon in Berlin mitgemacht habt, bevor es jeder cool fand.«

»Und was sind das für Trends?«

»Wir trinken Bier, essen Obazdn oder Leberkäs oder so Zeug und unterhalten uns.«

»Unterhalten?« Er schien verwirrt. »Wie jetzt? Worüber denn?«

»Was man mag. Es gibt da keine Beschränkungen. Das ist eine libertäre Bewegung. Was dich in deinem Leben bewegt, das kannst du da am Tisch loswerden.«

»Isch des so eine Art Eso-Ding, oder was? Seid ihr ne Sekte?«

»Nein. Back to the roots, Mann. Come as you are. Wir brauchen keine hautengen Hosen und keine überteuerte Zuckerbrause mit Rum drin, um akzeptiert zu werden und Spaß zu haben. Eine Halbe für zweiachtzig! Weißwurst mit Brezn! Warum soll ich fünf Euro für ein Bier bezahlen, wenn ich weiß, der größte Teil davon geht für eine sterile Einrichtung, nervtötende Musik und die Betonschminke der Barfrau drauf? Und dann diese Aggressionen! Messerstecherei vor Technodisko, das lese ich jeden Tag in der Zeitung. Habt ihr schon mal die Schlagzeile ›Messerstecherei vor bayerischer Kneipe‹ gelesen? Ich nicht.«

Der Schweigsame beugte sich zum Wortführer, und ich meinte hören zu können, wie er ihm ins Ohr flüsterte: »Das ist ein Nazi. Komm, gehen wir.«

Ich kam in Fahrt.

»Wenn die da oben das Rauchen in Kneipen verbieten können, dann können wir auch gefälschte Musik verbieten. Dann gibt es nur noch Blasmusik. Da werdet ihr mit eurem Electro ganz schön alt aussehen.«

Jetzt wurde der Schweigsame lauter.

»Komm, wir gehen.«

Die beiden wandten sich ab und gingen.

»Dann geht halt in eure Scheißdiskos«, rief ich ihnen hinterher. »Ihr werdet mit dreißig am Herzinfarkt sterben und euch die Gehirnzellen weichgestampft haben. Und out werdet ihr sein! Total out und uncool!«

Plötzlich begannen sie zu rennen.

»EWIGE TOURISTEN, DIE BERLIN NICHT VERSTANDEN HABEN! ICH LACHE EUCH AUS, IHR PROVINZLER. DISKOS SIND FÜR LANDEIER! HA! HÖRT IHR MICH? HAHAHA!«

Die beiden Jungs rannten die Treppen hoch und verschwanden hinter den Büschen des Marx-Engels-Forums.

Ich hatte noch eine Viertelstunde Zeit, bevor die nächste Tour begann, setzte mich auf eine Bank und rauchte eine Zigarette. Ganz schön anstrengend, diese Schreierei. Ich könnte mal wieder etwas Entspannung vertragen, dachte ich. Mal abends mit ein paar netten Leuten weggehen, ein bisschen was trinken, nette Musik hören und sich etwas unterhalten. Vielleicht mit Anna und ihren hübschen Freundinnen, wenn sie sich wieder beruhigt hat und wieder mit mir redet. Ich wollte schon immer mal ins Berghain. Soll ja gerade total angesagt sein.

Klaus IV

Klaus muss irgendwie schlecht drauf gewesen sein. Schon den ganzen Tag über hatte er bei den Gästen immer wieder die verbale Bresche gesucht, in die er vorstoßen konnte, und war dabei über das übliche Maß hinausgegangen.

»Kann ich zahlen?«, hatte ein Gast gefragt, und Klaus hatte zurückgebellt:

»Dit will ick aber schwer hoffen, sonst steck ich Sie zum Spülen in die Kombüse.«

Selbst für neutrale Formulierungen wurde man von Klaus angefahren:

»Ein Bier bitte.«

»Bier, wat denn, wat denn? Groß oder klein, zum Mitnehmen oder zum hier Trinken? Vom Fass oder aus der Flasche? Wollen Sie ein frisches oder stehen Sie eher auf abgestandene Plörre?«

Und der Evergreen:

»Ich hätte gern eine Apfelschorle.«

»Und ich hätte gern einen Job, wo ich einfach mal meine Ruhe haben kann, wir kriegen beide nicht, was wir wollen.«

Klaus hatte den Vorteil, dass auf einem Schiff niemand einfach aufstehen und gehen konnte. Nur ein Mal hatte ihm jemand die Stirn geboten. Zwei Leute hatten sich an einen reservierten Tisch gesetzt, Klaus kam sofort angewatschelt und hatte sie angebrummt:

»Sie sitzen falsch!«

»Wieso?«, hatte der Mann geantwortet. »Wie sitzt man denn bei Ihnen?«

Wenn der Kellner die Gäste schon auf seine miese Laune heruntergezogen hat, muss der Stadtbilderklärer doppelte Arbeit leisten, um doch noch etwas Trinkgeld herauszupressen. Klaus und ich lehnten wieder am Geländer an der Anlegestelle Friedrichstraße.

»Klaus, manchmal glaube ich, ihr Berliner seid einfach das unfreundlichste Volk der Welt.«

»Halt die Fresse, du Arschloch! Dit stimmt überhaupt nicht.«

»Außerdem seid ihr kleinkarierte Dorfdeppen. Bei dir zählt ja noch das Blutrecht. Wer nicht gebürtiger Berliner ist, ist für dich grundsätzlich ein Mensch zweiter Klasse und hat schon mal gar nichts zu melden.«

»Dit muss ick mir von nem Schwaben wie dir nich sagen lassen!«

»Kannst du mal mit diesem Klischeeberlinertum aufhören? Ich meine, du kannst die Touristen nicht leiden, du berlinerst, du machst alberne Sprüche. Wie weit soll das denn noch gehen? Wenn man dich in einen Film stecken würde, würde jeder Kritiker sagen: So ein Klischeeschwachsinn, solche Leute gibt es doch gar nicht.«

»Ich versteh nich, was du fürn Problem hast?«

»Guck mal, ich kenn da einen Griechen, Dimitri, der betreibt am Bahnhof Lichtenberg das Chinarestaurant Venezia. Der pfeift auf diesen ganzen Kram. Der ist zwar Grieche, aber du würdest den nie Sirtaki tanzen sehen, mal ganz abgesehen davon, dass Sirtaki gar kein richtiger griechischer Tanz ist, sondern nur für den Alexis-Sorbas-Film erfunden wurde.«

»Boah, wie du dich auskennst, Alter!«

»Der isst kein Gyros, der trinkt keinen Ouzo, der hat an seinem Hemd maximal einen Knopf offen, der trägt kein Goldkettchen, der hat sich die Haare blond gefärbt und fährt ein Liegefahrrad. Der scheißt auf die Klischees. Da müssen wir hinkommen! Du kannst doch nicht ständig diese Klischees bedienen, dann wird sich nie was ändern.«

»Ich bediene keine Klischees, ich bediene Touristen, und das ist schon schlimm genug.«

»Siehste, siehste!«

»Was ist denn mit dir? Bist du etwa kein Klischeewessi?«

»Nein, bin ich nicht. Wenn ich ein Klischeewessi wäre, würde ich zu Hause in Frankfurt sitzen und auf den Osten schimpfen. Faule Ossis, kosten nur Geld, sind undankbar und wählen immer noch SED.«

»Nee, du kommst hierher und beschwerst dich darüber, dass die Leute hier anders drauf sind als in deinem Dorf. Dafür wohnst du in unseren Häusern, nimmst uns die Arbeit weg und rufst die Polizei, wenn im Hinterhaus zu laut gefeiert wird. So sind die Wessis drauf, die ich kenne, und deshalb bist du ein Klischeewessi. Tut mir leid. Isso.«

»Wenigstens bin ich aus meinem Kaff rausgekommen und sitze nicht immer noch da rum, wo ich geboren bin, und bin da auch noch stolz drauf.«

»Und bis wohin hastes geschafft? Nach Berlin. Spitzenleistung!«

»Ich habe halb Europa bereist.«

»Und was haste da gemacht?«

»Bin rumgefahren und hab mir Sachen angesehen.«

»Sag doch gleich Urlaub. Toll! Bist voll der Kosmopolit, wa? Weißte, andere Leute in deinem Alter haben schon ein Jahr in den USA und ein Jahr in Südamerika verbracht. Und du findest dich super, weil du mit Rainbowtours zum Kiffen nach Amsterdam gefahren bist und dich aufm Campingplatz mal mit zwei Negern unterhalten hast. Super, Alter!«

»Ich bin Stadtbilderklärer. Ich unterhalte mich jeden Tag mit mehr als zwei Schwarzen.«

»Ein Stadtbilderklärer, der noch nie länger aus Deutschland weg war als für drei Wochen Cluburlaub.«

»Klaus, nur weil du –«

»Ach komm, erzähl mir doch nüscht! Du kommst hierher und erzählst uns, was hier alles doof ist und wie wir zu leben haben. Kollege, ich verrat dir ein Geheimnis: Du bist zwar im Osten, aber die Mauer ist offen. Geh doch rüber, wenns dir hier nicht passt! Auf sone Leute können wir hier verzichten.«

»Also... Klaus! Das... das find ich jetzt gar nicht witzig, was du da gerade gesagt hast.«

»Da gehts doch schon wieder los. Ihr Wessis, ihr haltet euch für so supertoll und weltgewandt, aber wenn man mal was kritisiert, dann seid ihr immer gleich eingeschnappt.«

»Also... also... Jetzt hör mir mal... Also, mit dir kann man sich ja wirklich nicht unterhalten.«

»Siehste.«

»Ich geh jetzt wieder rein.«

»Tschö!«

Und wenn du noch was wissen willst, dann fragst du einfach

Jetzt war ich auch sauer. Danke, Klaus. Klaus war ein Arschloch, der Job bald zu Ende, und zu Hause saß die seit Wochen schlecht gelaunte Anna und gab sich Mühe, mir aus dem Weg zu gehen. Das waren ja feine Aussichten.

Ich stieg an der Friedrichstraße in die S-Bahn. Wenn man richtig schlecht gelaunt ist, ist nichts schlimmer, als öffentliche Verkehrsmittel benutzen zu müssen. Menschen stehen im Weg herum, rempeln einen an oder sehen einfach nur scheiße aus. Junggesellenabschiedsgruppen, deren Zahl in den letzten Jahren ins Unermessliche gestiegen war, kommen besoffen und grölend in Strapsen oder Hühnerkostümen in die Bahn gestunken und wollen einen zu schwachsinnigen Spielen animieren. Ein bescheuerter Trend, der aus Köln, der Hauptstadt der Vulgarität, nach Berlin geschwappt zu sein schien. Bleibt bloß weg! Rumänische Akkordeonmafia: Fangt hier nicht mit eurer Betrügermusik an, sonst zertrete ich eure Quetschkommode, und ihr müsst eure immer gleiche Scheißmelodie in Zukunft auf dem Kamm blasen. Obdachlosenzeitungsverkäufer: Quatscht mich nicht mit eurem Jammerton an. Ich weiß, dass es nicht schön ist, obdachlos zu sein. Dafür muss ich keine Zeitung kaufen, die mir das jeden Monat aufs Neue erzählt.

Ich setzte mich neben eine Mutter und ihre vielleicht achtjährige Tochter. Fang jetzt bloß nicht an zu quengeln, du dämliches Balg, sonst kann ich für nichts garantieren.

Ohne Unterlass quatschte die Mutter auf ihre Tochter ein.

»Siehste«, sagte sie, als die S-Bahn über die Spree fuhr und zwischen Bode- und Pergamonmuseum die Museumsinsel überquerte. »Jetzt fahren wir über die Havel.«

Ach du liebe Zeit!

»Guck mal, die ganzen Schiffe! Mit denen fahren die Leute jetzt von der Arbeit nach Hause.«

Genau! In Berlin wohnen die Menschen bekanntermaßen auf Inseln – auf den Regenbogeninseln weit draußen im stillen Nebelsee, wo sie mit den Hobbits und den Elfen in friedlicher Eintracht in ihren Hüttendörfern leben und jeden Tag auf dem Dorfplatz ein Fest feiern, Wildschweine grillen, Met trinken, die Laute schlagen und Tanderadei singen.

»Und da drüben, da stand früher mal ein Schloss. Da hat der König von Deutschland drin gewohnt.«

Ach was! Rio Reiser oder wer?

»Guck mal, da fährt ein Trabbi«, sagte die Mutter und zeigte auf einen vorbeifahrenden Mini. »Das ist das Auto, das die in der DDR alle gefahren sind. Die hatten nämlich kein Geld, deshalb gab es für die nur so kleine Autos.«

»Der sieht aber lustig aus«, sagte das Mädchen.

»Nein, der sieht nicht lustig aus, Jessica. Das war ganz schlimm damals. Da gab es nur diese Autos. Stell dir mal vor, wir müssten in so einem kleinen Auto in Urlaub fahren. Da könnten wir den Wuffi gar nicht mitnehmen. Und für den Papa wäre das auch viel zu eng mit seinen langen Beinen.«

»Aber der Papa fährt doch jetzt sowieso immer mit dieser anderen Frau in Urlaub.«

»Ja, äh... aber das wäre trotzdem zu klein.«

Es tat so weh!

»Siehste, das ist der Fernsehturm. Der heißt so, weil der so viele Fernsehsender empfängt.«

Jetzt war es genug.

»Erzählen Sie dem Kind doch nicht so einen Quatsch«, brach es aus mir heraus.

»Bitte?«, sagte die Mutter sehr erstaunt. »Was wollen Sie denn?«

»Glauben Sie, da oben sitzen lauter Leute rum und gucken fern? Weil man da auch Al Jazeera bekommt, oder was? Na klar, die DDR hat da ein 368 Meter hohes Ding hingestellt, nur damit ein paar Typen da ›Ein Kessel Buntes‹ gucken und Salzstangen fressen können. Wie bekloppt sind Sie eigentlich?«

»Dann sagen Sie mir doch mal, warum der Turm so heißt.«

»Das weiß ich doch, Mama«, sagte das Mädchen. »Das hat der Mann in dem Bus gestern doch erklärt. Da stehen die Antennen drauf, und was wir im Fernsehen sehen, das kommt von da.«

»Sehen Sie! Sogar Ihr Kind weiß das, aber Sie erzählen ihm Schmonzes. Was erzählen Sie denn noch? Dass im Alten Museum der Alte Fritz wohnt, oder was? Oder dass das Pergamonmuseum aus Pergament ist? Halt, ich weiß was Besseres: Der Checkpoint Charlie war der Grenzübergang für alle, die Charlie hießen. Ha! Wenn man Billy, Johnny, Faruk oder Nebukadnezar hieß, konnte man da nicht rübergehen.«

»Und im Reichstag sind die Leute alle ganz reich«, sagte das Mädchen.

»Gut!«, sagte ich. »Also, das stimmt jetzt wirklich. Und am Hackeschen Markt sind die Leute alle ganz hacke. Aber glaub bloß nix, was deine Mutter dir erzählt. Die redet mehr, als sie weiß.«

»Haahaa! Mama hat was Falsches erzählt, hihihi. Du weißt nämlich doch nicht alles. Ätsch!«

»Jessica!«

Das Mädchen begann zu singen:

»Mama isn Doofi! Mama isn Doofi!«

»Jessica Charlotte! Du hörst jetzt auf!«

»Na-hein, na-hein. Mama isn Doofi.«

»Jetzt sehnse, was Sie davon haben«, sagte ich. »Und das nächste Mal passen Sie ein bisschen besser auf, was Sie Ihren Kindern erzählen. Irgendwann werden die nämlich erwachsen und glauben das immer noch. Und dann gehen sie mit ihren bescheuerten Fragen armen Stadtführern auf die Nerven. Na, vielen Dank auch!«

»Sind Sie Stadtführer?«

»Nein, ich habe ein Nagelstudio. Und in meiner Freizeit dressiere ich Zwergdromedare und trete mit denen in Altersheimen auf.«

Wir fuhren in den S-Bahnhof Alexanderplatz ein. Ich stand auf und ging.

»Tschü-hüüs!«, rief das Mädchen mir noch hinterher.

»Ach warte«, sagte ich, griff in meine Hosentasche und gab dem Mädchen eine kleine Packung Gummibärchen.

»Eine richtige Antwort, eine Packung Gummibärchen. Und für Sie«, sagte ich zur Mutter gewandt »zwei Stunden nachsitzen. Ich frag das beim nächsten Mal ab.«

Man muss ja helfen,
wo man kann

Die Saison war so gut wie vorbei. Immer öfter mussten wir Wartetouren drehen, weil niemand kam. Das Schiff fuhr nur noch vier Touren pro Schicht, und während der letzten Tour wurde es schon dunkel. Das Schönste war es, bei Sonnenuntergang in den Tiergarten zu fahren. Sobald man das Kanzleramt passiert hatte, ließ man den Lärm hinter sich und fühlte sich wie in seinem eigenen Privatpark. Manchmal konnten dann selbst die wenigen Gäste, die noch kamen, einfach mal Ruhe geben.

Ende der vorletzten Tour, fast Feierabend. Eine sicherlich siebzigjährige Amerikanerin in einem pinkfarbenen Kostüm, mit viel Make-up im Gesicht und einer getönten Brille blieb vor mir stehen.

»Thank you very much, young man. That was very interesting.«

Ich hatte die richtige Antwortformel schon tausendmal in Schnellrestaurants, Abfertigungshallen oder Fernsehserien gehört:

»You're welcome.«

»Are you from Berlin?«, fragte sie.

»Yes, I am.«

Zwar war mir klar, dass Klaus mich für diese Antwort köpfen lassen würde. Andererseits war ich mir sicher, dass die Vorstellung, man sei erst in der dritten Generation echter Berliner, einer Amerikanerin nicht zu erklären war.

Außerdem hatte ich keine Lust, ihr einen biographischen Abriss zu geben.

»Do you like your job?«

Ah, ein kleiner Smalltalk. Das war meistens ein gutes Zeichen. Denn eines hatte ich in diesem Sommer gelernt: Menschen entsprechend ihrem Umgang in ihrem Trinkgeldverhalten einzuschätzen. Grundsätzlich stand die Länge der Unterhaltung in proportionalem Zusammenhang zur Höhe des Trinkgeldes, insbesondere bei Amerikanern, die gern redeten und gern Trinkgeld gaben. Deutsche waren schwieriger gewesen. Manche hatten mich nur angesprochen, wenn sie etwas nicht verstanden hatten, noch eine Information wollten oder glaubten, mir widersprechen zu müssen. Hier dagegen war jetzt schon mit mindestens fünf Euro zu rechnen.

»Yes, I really like it. You get to meet so many people from all over the world. It's really interesting.«

Eine wunderbare Plastikantwort von der Stange. I am the King of Small Talk. You may call me the Master of Shallow Conversation. Get down on your knees and beg for mercy, unfreundliche Berliner Einzelhandelsbratzen! Die Amerikanerin lachte.

»Tsihihi! Your English is really good«, sagte sie und klopfte mir dabei auf die Schulter, wie man einem Zehnjährigen auf die Schulter klopft, der bei der Schulaufführung der Weihnachtsgeschichte seinen Text als zweiter Hirte fehlerfrei aufgesagt hat. Schulterklopfer geben Bonuspunkte. Spätestens jetzt mussten wir im zweistelligen Bereich sein.

»Thank you«, sagte ich und lächelte mein Profilächeln.

»Have you been to the US?«, fragte sie.

»Yes, twice. I've been to Portland, Oregon, and San Francisco in 1996 and then to Chicago in 2003.«

»Tsihihihi!«

Wieder lachte die Amerikanerin wie ein Schulmädchen, dem man einen schmutzigen Witz erzählt hat.

»You have kind of a long work day, I guess.«

Lief die Sache etwa auf zwanzig Euro hinaus? So viel hatte ich noch nie von einem einzelnen Gast bekommen. Ich sah mich schon am Abend mit einem Baconburgermenü vom Frittiersalon und zwei Flaschen Tegernseer Spezial in meinem Sessel im wohlverdienten Feierabend sitzen.

»It's okay«, sagte ich. »I start at ten a.m. and the last tour ends at six. Sometimes at half past seven.«

»Oh, that's really a long work day. I guess that's really hard. You can be proud of yourself.«

Jawoll! Ich kann so stolz sein. Ich bin so ein hart arbeitender Mann, mache meinen Job aber trotzdem voller Hingabe, bin immer um steigende Qualität bemüht, liebe meine Stadt und meine Kunden, und genau deshalb wird mir gleich eine alte, reiche Amerikanerin einen Fünfzigeuroschein in die Hand drücken, von dem ich am Abend meine Freunde zu Bier und Schnitzel einladen, obendrauf eine Runde Obstler schmeißen und danach immer noch mit dem Taxi nach Hause fahren kann. Hell, yeah!

Sie wühlte in ihrer Handtasche herum und gab mir tatsächlich einen zusammengefalteten Schein.

»Here you are. Buy something for your kids.«

»Thank you very much, madam. I am most exceedingly obliged.«

Allein für diesen Satz hatte es sich gelohnt, als Student der Anglistik in der Theatergruppe den Mr Darcy zu geben.

»Tsihihi! You're welcome.« Es hätte nicht viel gefehlt, und sie hätte mich umarmt. »Good bye. Ah, how do you say that? Ahf Veederzayn.«

»Auf Wiedersehen.«

Und weg war sie.

Ich faltete den Schein auseinander. Es waren fünf Dollar. Was sollte ich mit fünf Dollar? Umtauschen? Für den nächsten USA-Besuch aufheben? Warum gab sie mir überhaupt Dollars? Ich drehte den Schein ratlos in meiner Hand.

»Mensch, du hast ja Valuta«, sagte Klaus im Vorbeigehen.

»Was hab ich?«

»Valuta. Frei konvertierbare Währung. Was machst du denn jetzt mit so viel Geld? Auf in den nächsten Intershop, wa?«

Ich sah ihn mit gerunzelter Stirn an, aber er war schon an mir vorbeigelaufen und wieder hinter seiner Bar verschwunden.

Er hatte recht. Die Amerikanerin hatte gedacht, sie würde mir mit ihren Dollars, die sie für eine steinharte Währung hielt, einen Gefallen tun. Ich könnte mir davon endlich etwas Richtiges zum Anziehen kaufen, und meine zwanzig unterernährten Kinder (Kondome gab es nicht in Deutschland) könnten endlich mal richtig satt werden. Oder ich könnte alle Dollars sparen und mir eines Tages einen Kühlschrank kaufen, einen Warmwasseranschluss legen lassen oder einen Beamten bestechen.

Und dann ging mir auf, warum sie gelacht hatte: Sie fand mich niedlich. Sie war erstaunt darüber, dass ein Europäer, noch dazu ein ehemaliger Kommunist, Diktaturopfer und Drittweltlandbewohner, überhaupt Englisch sprach, und dann noch mit einem so lustigen britischen Akzent. So wie man bei Disneys sprechenden Tieren »O wie süß« sagt, dachte sie dasselbe über einen Englisch sprechenden jungen Menschen, den sie für einen Ostdeutschen hielt.

Und jetzt wusste ich auch, warum die Touristen vom Schiff winkten: Sie fühlten sich auf einer Art Safari. Auf dem Boot war man sicher und konnte den wilden Tieren zuwinken. Sobald man aber wieder zu Fuß durch den Dschungel musste, sah man lieber zu, dass einem niemand zu nahe kam. (»Sie sind zwar süß, aber sie sind immer noch Raubtiere.«)

Es war eine Art umgekehrter Karneval der Kulturen. Dort werden Menschen aus fernen Ländern in sicherem Abstand auf Lkws zur Belustigung der einheimischen Bevölkerung vorbeigefahren. Hier fahren die Zuschauer mit dem Schiff mitten durch das Reservat der Wilden, geschützt durch Wasser und ein paar Tonnen Stahl.

Ich steckte den Fünfdollarschein zum restlichen Trinkgeld. Er liegt heute in einer finsteren Schreibtischschublade und kann dort besichtigt werden.

Klaus V

»Weißte was, Klaus?«
»Nee, weiß ich nicht.«
»Ich glaub, du hast recht.«
»Das glaubst du? Das weiß ich schon lange.«
»Willst du nicht wissen, was ich meine?«
»Rede ruhig, mich stört das nicht.«
»Es gibt schon ein paar Touristen, die einem gehörig auf den Sender gehen können.«
»Na, das ist ja mal eine Erkenntnis!«
»Die Amis zum Beispiel. Die wundern sich darüber, dass wir hier auf der Straße Alkohol trinken dürfen. Bei denen kommste dafür vor Gericht. Hier ist das völlig normal.«
»Ja, aber das finden die doch gut.«
»Die Jungen finden das bestimmt gut, dass man hier überall saufen darf und dass das auch noch fast nix kostet. Aber die Alten glauben, das wär ein Zeichen des Niedergangs. Die sagen dann: hach, diese Berliner! Die haben einen schwulen Bürgermeister, der mit den Kommunisten paktiert. Das kommt alles nur vom Sittenverfall und dem uneingeschränkten Alkoholkonsum.«
»Aber die Amis geben wenigstens noch Trinkgeld.«
»Ja, das schon. Aber die halten sich doch für was Besseres. Nur weil wir hier auf der Straße Bier trinken, sind wir doch noch keine Affenmenschen. Sternburg saufen und auf der Straße rumgrölen, das ist Berliner Folklore.«

»Samma, willste dich irgendwie bei mir einschleimen oder so?«

»Und dann tun die noch so tolerant. Neulich kam eine zu mir und hat gesagt, sie würde Berlin ja total toll finden. Das Hostel wäre ein bisschen dreckig, aber da würde sie sich nicht beschweren, weil sie ja weiß, dass sie hier in Europa ist, und da wär das ganz normal, und man könnte hier ja nicht den amerikanischen Standard erwarten. Blöde Punze!«

»Na komme! So schlimm sind die ja jetzt auch nicht. Es gibt doch auch Touristen, die ganz okay sind. Du zum Beispiel bist ganz in Ordnung.«

»Ich bin doch kein Tourist, Mann. Ich arbeite doch hier.«

»Aber von hier biste trotzdem nicht.«

»Ich wohne hier seit acht Jahren.«

»Sag ich doch.«

»Dann die Spanier, die sind total rücksichtslos und unhöflich. Die sind ja noch lauter als die Berliner. Die stellen sich direkt vor mich und brüllen irgendwas auf Spanisch und glauben auch noch wie selbstverständlich, dass ich das verstehe. Die machen Lärm, als wären sie taub. Wie die Vandalen.«

»Ich glaube, das ist Rache für Mallorca.«

»Und die Franzosen, die können ja mal gar nix. Sprechen nicht Deutsch, nicht Englisch, nicht mal Italienisch oder wenigstens Latein.«

»Ach, wie schlimm! Die Franzosen sprechen kein Latein! Na, haste aber wirklich einen schweren Missstand aufgedeckt, Kollege. Was willste denn da jetzt machen? Unterschriftenaktion? Oder offenen Brief an Sarkozy?«

»Die Japaner andererseits, die fragen nach dem Weg, und du erklärst und erklärst, und die nicken und machen: hmm... hoh... hm. Und wenn sie dann losmarschieren, gehen sie an der nächsten Ecke natürlich in die falsche Richtung. Warum fragen die denn nicht nach, wenn sie es nicht verstanden haben?«

»Ich glaube, das gilt bei denen als unhöflich. Man muss immer so tun, als ob alles okay ist.«

»Ja, aber das ist doch total bekloppt! Das ist doch wie Orgasmus vortäuschen. Der Mann glaubt, es ist alles in Ordnung, und nach jahrelanger Beziehung kriegt man das dann vorgeworfen.«

»Glaubst du, die Japaner kommen wieder und werfen dir was vor?«

»Ach was! Die würden ja schon den Weg nicht finden.«

»Gibt es sonst noch irgendwelche Ausländer, gegen die du was hast, mein kleiner gefiederter Rassistenfreund?«

»Ich hab doch nichts gegen Ausländer!«

»Aber?«

»Nichts aber. Es gibt auch genug Deutsche, die mir auf die Nerven gehen.«

»…«

»Aber das Schlimmste, das Allerallerschlimmste…«

»Also doch aber.«

»Das Schlimmste ist: Ich mache den Job echt gern. Ich würde gern nächste Saison weitermachen. Geht aber nicht.«

»Wenn du glaubst, ich mach jetzt hier mit dir einen auf Time To Say Goodbye, haste dir geschnitten. Dafür musste ins Kino gehen.«

»Was machst du eigentlich den Winter über?«

»Ich bin auf meinem Landsitz in der Toskana. Mann, ich bin Kellner, Alter, was glaubst du, was ich mache? Das geht im Winter genauso weiter: Was darf es denn sein? Darf ich kassieren? Bitte schön, danke schön. Wo kommen Sie her? Ach, das ist ja interessant. Und alle reden mich mit ›tschuldigung‹ oder ›hallo‹ an. Neulich hat mal einer ›Herr Ober‹

zu mir gesagt, da hab ich mich noch drei Tage später drüber gefreut.«

»Wenn ich nächste Saison mal aufs Schiff komme, treff ich dich dann noch?«

»Kann schon sein. Aber dann mach ich keinen auf Time To Say Hello.«

»Du bist ein ganz Harter, was?«

»So isses.«

»Na ja...«

»Ja...«

»War schon nett hier bei euch.«

»Ick sare nüscht.«

»Ja gut...«

»...«

»Tschüss, Klaus.«

»Tschö, du.«

»Ach, Klaus? Warum bin ich für dich immer noch ein Tourist?«

»Ein Pferd, das im Schweinestall wohnt, ist immer noch ein Pferd. Und Berlin ist eine Schweinestadt.«

Vielen Dank für Ihre Aufmerksamkeit

Es war Mitte November, und die letzte Schicht auf dem Schiff lag hinter mir. Ich hatte 2 800 Kilometer auf der Spree zurückgelegt, 16 000 Touristen die Stadt erklärt, 3000 Euro Trinkgeld bekommen, 400-mal denselben Text in zwei Sprachen gesprochen, 66 Flaschen Club Mate getrunken und drei Touristen davor bewahrt, sich an der Rathausbrücke den Kopf zu stoßen. Ich hatte einen Kollegen seinen Kopf verlieren und über Bord springen sehen, wurde zweimal vom Bordkellner vor körperlichen Schäden bewahrt, wurde einmal als Nazi beschimpft und einmal für einen Drogendealer gehalten.

Schön war es. Vorbei.

Ich saß über den Jobanzeigen: Schneeschipper, Lagerarbeiter (nur Studenten!), Barmann (mit Erfahrung!), Catering, Callcenter, 400-Euro-Basis, acht Euro pro Stunde. Der Chef einer Tankstelle hatte »Da suchen wir nur Frauen. Und tschüss!« ins Telefon gebellt und sofort wieder aufgelegt. Eine schlechtgelaunte Barbetreiberin hatte mich gefragt, woher ich ihre Nummer hätte, und wollte mir nicht glauben, dass die in der Anzeige gestanden hatte. Die Frau im Büro eines Museums hatte gesagt: »Sie können sich natürlich bewerben, aber ich sag Ihnen gleich: Sinn hat das auch nicht.« Alle Anbieter von Stadtführungen, bei denen ich angerufen hatte, hatten sich hörbare Mühe gegeben, mich nicht auszulachen. Die Saison sei um, ob ich mal aus dem Fenster gesehen hätte, ob mir klar sei, dass der Rest der Welt nicht das ganze Jahr über Urlaub habe.

Und nun? Ich hätte meine Eltern um Geld bitten können. Oder meine Großeltern. Ich hätte meine Gitarre verpfänden oder meinen Fernseher verkaufen können. Viel würde ich dafür aber auch nicht mehr bekommen. Ich hätte mein Zimmer weitervermieten und mich bei Thomas und Jenny in der drei Quadratmeter großen Abstellkammer einquartieren können.

Bub, hättest du was Anständiges gelernt.

Warum ging ich nicht weg? Irgendwohin, wo es mehr Arbeit gab als in Berlin. Aber mich irgendwo anders neu einrichten? Neue Freunde, neue Lieblingsläden und eine neue Wohnung finden, nur wegen eines schnöden Jobs, den ich ja noch nicht einmal hatte? Und dann bräuchte es in der neuen Heimat ja auch noch eine regionale Charaktereigenschaft, über die ich mich aufregen könnte.

Wegzug war auch nicht das Allheilmittel. Bei manchen Freunden, die weggezogen waren, hatte ich den Eindruck, sie wollten damit das eigentliche Problem umgehen. Ihre Strategie ging so: Ich bin unzufrieden, wenn ich jetzt aber nach Oldenburg oder Addis Abeba gehe, geht es mir da zwar auch nicht besser, aber das kann ich ja dann auf Oldenburg oder Addis Abeba schieben. Dann muss ich mich nicht mit mir selbst auseinandersetzen und kann mich zudem damit trösten, dass ich ein flexibler, mobiler, engagierter junger Mensch bin, der kein Problem damit hat, einfach mal so den Wohnort zu wechseln.

Nee, nee, nicht mit mir. In Berlin war es gar nicht so schlecht. Wo sonst hätte ich einen Sommer lang lässig vom Tourismus leben können, wo sonst wäre ich Lemmy begegnet, könnte ich zu jeder Tageszeit frühstücken, brunchen oder Mittag essen, hätte ich die halbe Welt vor der Tür, könnte ich mich entscheiden, ob ich mich lieber mit schwulen Künstlern mit Alkoholproblem oder mit kapuzenpullitragenden Autoanzündern herumtrieb? Vielleicht noch in Hamburg, aber sicher nicht in Essen, Nürnberg oder Kiel. Und die paar Idioten, die einem in der Stadt auf den Nerv gingen – über die musste man lächeln oder sie wenigstens ignorieren können, ob es nun miesepetrige Berliner oder überkandidelte »Schwaben« waren. Wer das nicht konnte, sollte besser nicht in einer Großstadt wohnen.

Und unzufrieden war ich auch nicht. Ich hatte halt nur keine Arbeit.

Anna klopfte an meine Tür.

»Du?«

»Ja?«

»Ich müsste mal mit dir reden.«

Hallelujah, das wurde aber auch Zeit.

»Aber gern.«

»Ich zieh aus.«

Scheiße!

Ich schwieg.

Sie auch.

»Warum?«, fragte ich.

Anna atmete scharf aus. Vielleicht hatte sie gehofft, nichts erklären zu müssen. Was jetzt kam, hatte sie sich anscheinend sorgfältig zurechtgelegt:

»Ich hab in letzter Zeit gemerkt ... Deine Vorstellung vom WG-Leben ... arbeite auch sehr viel ... passen auch nicht wirklich zusammen ... sehr anstrengend ... auch wirklich viel zu tun ...«

Was redete sie da? Seit Wochen war sie genervt von mir, und ich wusste nicht warum. Ich war nicht anders mit ihr umgegangen als sonst, hatte ihr keine eindeutigen Angebote gemacht, sie nicht beleidigt, nicht zurückgewiesen, mit keiner ihrer Freundinnen geschlafen, ihr kein Geld gestohlen oder sonst irgendetwas angestellt, wofür man üblicherweise die Freundschaft gekündigt bekommt. Es war nichts passiert, jedenfalls nichts, wovon sie mir erzählt hätte. Sie war nur einfach plötzlich genervt von mir und verpackte diese Tatsache in freundliche Umschreibungen. Nun ging ich ihr durch meine bloße Existenz wohl so auf die Nerven, dass sie ausziehen musste.

»Versteh ich nicht«, sagte ich. »Was ist denn jetzt anders als vor zwei Monaten? Da war doch alles okay, oder wie?«

Anna sagte wieder das Gleiche und musste sich große Mühe geben, noch freundlich zu klingen:

»Ja. Nee... Veränderung... Vorstellung vom WG-Leben... auch wirklich bei der Arbeit sehr... wir zwei uns auseinander...«

»Aber das war doch mal anders«, sagte ich.

»Ja, aber jetzt ist es halt so.«

»Aber warum denn? Erklär es mir bitte.«

Wieder atmete sie scharf aus.

»Nein«, sagte sie. Es klang nicht mehr freundlich. »Nein, das mache ich nicht. Ich bin dazu nicht verpflichtet.«

Für den Fall, dass ich mich nicht mit ihren Euphemismen zufriedengab, hatte sie sich offenbar nichts zurechtgelegt. Ich konnte nur herumstammeln:

»Anna, du kannst mir doch nicht so einfach... Ich hab dir doch nichts...«

Anna fiel mir ins Wort:

»Weißte, du musst auch mal einsehen: Ich bin nicht deine beste Freundin, ich bin deine Mitbewohnerin. Ich frage mich, wo du da die Grenze ziehst.«

Das war ein Tiefschlag.

»Was? Aber wieso... Darf man nicht befreundet sein, wenn man zusammenwohnt, oder wie?«

Sie sah mich hart an:

»Befreundet? Das kannst du doch nicht ernsthaft geglaubt haben! Wir haben doch nur zusammengewohnt.«

Es war, als hätte mir ein Braunbär mit einer Dachlatte auf den Kopf geschlagen und mir gleichzeitig »Arschloch!« ins Gesicht gebrüllt.

»Aber... was...? Ich... äh...«

»Nix äh! Ich will dir hier nichts erklären müssen. Ich ziehe aus, Schluss! Wenn du was anderes geglaubt hast, ist das nicht mein Problem.«

Sie hätte mich gefesselt und mit heruntergelassenen Hosen an die Weltzeituhr auf dem Alexanderplatz ketten können und wäre damit nicht in die Nähe der Demütigung gekommen, die sie mir jetzt verpasst hatte. Sie verzog sich in ihr Zimmer und schmiss die Tür zu.

Sudden Death. Plötzlicher Ausfall einer Mitbewohnerin mit unerklärlicher Ursache. Es passierte mir nicht zum ersten Mal. WGs sind so, Menschen sind seltsam, weiß der Geier. Dass es mir aber mit Anna passierte, darauf war ich nicht vorbereitet. Am nächsten Tag lag die Kündigung ihres Untermietvertrages auf meiner Türschwelle: »Sehr geehrter Herr... Mit freundlichen Grüßen...«

Es kam alles zusammen. Kein alter Job, kein neuer Job, keine Mitbewohnerin, dazu eine verlorene Freundschaft wegen nichts. Ich musste mich aufs Rad setzen und sechs Kilometer an der Spree entlanggrasen, bis es besser ging.

Vielleicht hatte ich doch einen Hang dazu, mir alles etwas zu einfach vorzustellen. Meine Damen und Herren, wenn Sie hier in diese Friedrichshainer Zweizimmerwohnung schauen, sehen Sie einen armen Naivling.

Einen Mitarbeiter suchen

|:*pada-bada pam-pam-pam:*|
|:*pida-pada pim-pam-pim:*|

Johann Sebastian Bach

Tata-UFF, tata-UFF, tata-UFF-tatatata-UFF!
»Ja?«
»Hallo, bin ich da bei Herrn Tilman?«
»Na, wen haben Sie denn angerufen?«
»Guten Tag, mein Name ist Frank Kuttenkeuler, ich...«
»Kuttenkeuler? Kenn ich nicht.«
Klick.

Tata-UFF, tata-UFF, tata-UFF-tatatata-UFF!
»Ja?«
»Ja, Kuttenkeuler nochmal. Wir sind wohl gerade unterbrochen worden.«
»Nee, sind wir nicht. Ich hab aufgelegt.«
»Passts Ihnen gerade nicht, oder...«
»Ich mach bei keiner Umfrage mit, und ich will auch keine Weinprobe machen, bei der sich der Weinhändler dann als Versicherungsvertreter herausstellt.«
»Jetzt warten Sie es doch erst mal ab. Es geht um ein Geschäft.«
»Ich werde kein Auto über die Grenze nach Polen brin-

gen, und ich habe keine 10 000 Euro, mit denen ich Ihren armen, armen nigerianischen Cousin auslösen könnte, der seine Erbschaft von zwei Millionen Dollar wegen politischer Verfolgung nicht annehmen kann.«

»Also, weniger um ein Geschäft, mehr um Ihren Job.«

»Sie können mich nicht feuern. Die Stelle wird in der nächsten Saison gestrichen.«

»Ich habe Ihre Nummer von Herrn Dietrich. Der hat mir erzählt, dass Sie Ansager auf so einem Ausflugsschiff waren, und ...«

»Das heißt nicht Ansager, das heißt ...«

»Bitte?«

»Ach, ist ja egal.«

»Der Herr Dietrich hat uns erzählt, Sie würden einen neuen Job suchen. Was haben Sie sich denn da vorgestellt?«

»Ich hab mir vorgestellt: Ich arbeite, und der Chef zahlt.«

»Und woran haben Sie da gedacht?«

»Was habe ich denn gerade gesagt?«

»Also, es ist so: Wir sind eine private Stiftung für Studienförderung und akademischen Austausch. Wir fördern ausländische Studenten, die an unseren Winterseminaren hier in Bad Fallingbostel teilnehmen, und damit die nicht nur Niedersachsen sehen müssen, organisieren wir für die auch immer noch Wochenendausflüge nach Berlin. Wir haben aber niemanden mehr, der das in die Hand nehmen würde. Früher hab ich das noch selbst gemacht, aber vor ein paar Jahren haben wir das outgesourct an Profis. Bisher hat das immer Ihr Kollege Martin Brockhausen gemacht, aber der ist uns leider aus gesundheitlichen Gründen kurzfristig abgesprungen.«

»Martin? Äh ja, der ... der ist abgeprungen. Wie geht es ihm denn?«

»Das weiß ich nicht. Ich weiß nur, dass er länger ins Krankenhaus muss. Aber sowohl er selbst als auch der Herr Dietrich haben Sie mir empfohlen. Da dachte ich, der Mann scheint ja auch ein Profi zu sein.«

»Äh... ja. Doch. Schon.«

»Die Stipendiaten sprechen aber alle kein Deutsch, das muss Ihnen klar sein.«

»Das macht ja nichts.«

»Aber Herr Dietrich sagte, Sie sprechen sehr gutes Englisch und haben in der Schule lange Französisch gelernt.«

»Ja, Französisch, da habe ich ausbaufähige – sehr weit ausgebaute Kenntnisse, meine ich.«

»Na doll.«

»Ja, das finde ich auch total doll.«

»Sie sprechen nicht zufällig noch Russisch oder Chinesisch?«

»Nein, leider nicht. Latein und Jiddisch könnte ich Ihnen anbieten.«

»Äh...?«

»Kleiner Scherz.«

»Sie würden also die Gruppe am Bahnhof abholen, das sind meistens so acht bis zwölf Leute, und dann machen Sie drei Tage Berlin. Was man halt so braucht: Reichstag, Deutsches Historisches Museum, Checkpoint Charlie, den ganzen Kram halt. Und abends können Sie ja in so eine Tanz-Hüpf-Sing-Show im Friedrichstadtpalast gehen oder auch nur in eine Kneipe oder so. Da kennen Sie sich ja bestimmt besser aus als ich.«

»Bei Kneipen kenne ich mich gut aus, da haben Sie den Richtigen gefunden.«

»Dachte ich mir. Sie könnten das so zwei- bis dreimal im Monat machen. Pro Gruppe bekommen Sie vierhundert Euro und meistens auch noch Trinkgeld von den Stipendiaten. Und die Spesen übernehmen wir sowieso.«

»Das klingt alles sehr gut. Ich würde das machen.«

»Das ist allerdings nur den Winter über. Wir fördern die Studenten im Wintersemester, das heißt bis circa Mitte Mai.«

»Ach so. Ja. Na, wenigstens das.«

»Und Sie müssen aufpassen, dass da niemand verloren geht oder über die Stränge schlägt. Es gibt da Stipendiaten, die sind zum ersten Mal in einem Land, in dem Prostitution legal ist. Der Alkohol ist hier spottbillig, und von anderen Drogen will ich gar nicht reden.«

»Kenne ich.«

»Sie brauchen da auch ein bisschen Durchsetzungsvermögen.«

»Hab ich.«

»Wenn Sie mit einer Gruppe Chinesen über die Oranienburger Straße laufen, da kann es schon mal sein, dass einer abhaut und meint, er müsste jetzt unbedingt mit einer der Damen vom Gehsteig mitgehen. Und wenn Sie mit Neuseeländern unterwegs sind, passen Sie auf, dass Sie nicht irgendwo vorbeilaufen, wo ›Oktoberfest‹ draußen dransteht. Dann sind die sofort da drin, und Sie kriegen die da nie wieder raus.«

»Ich glaube, das kriege ich hin. Ich würde den Job nehmen.«

»Also, wir würden uns wirklich freuen, wenn Sie das machen könnten. Wir suchen dringend Mitarbeiter, und zwar Leute, die was können, und nicht diese ›Ich gucke gern Guido Knopp‹-Leute.«

»Ich sag doch, ich mach es.«

»Ich habe Ihnen gerade auch noch ein E-Mail geschrieben. Also schicken Sie uns nochmal eine Bewerbung, damit das formal seine Richtigkeit hat, aber ich wüsste nicht, was dem noch entgegenstehen sollte.«

»Ich darf Sie beglückwünschen, Herr Kuttenkeuler, Sie haben den Mitarbeiter.«
»Gut! Wir hören voneinander, ja?«
»Ja.«
»Na dann, auf Wiederhören.«
»Tschö.«
Klick.

Tilman dankt:

Lisa
Jenny, Thomas und Friedel
Nicola
meinen Eltern
Severin und Elis
der Lesebühne Ihres Vertrauens, der Samstagsshow
der Lesedüne, dem Kreuzbergslam
Jakob Krüger und Torben Brown
Johannes Berthold für die Jobvermittlung
Dag Eich für den Job

Tilman möchte sich bei folgenden Kollegen, Veranstaltern, Agenten, Exmitbewohnerinnen und Mitmenschen aufrichtig für sein Verhalten entschuldigen: